OLAF KOOB

Gesundheit - Krankheit - Heilung

Grundbegriffe einer menschengemäßen Heilkunst in der Anthroposophie Rudolf Steiners

VERLAG FREIES GEISTESLEBEN

2. Auflage 1978
Gesamtherstellung Arpa-Druck, Langnau/Zürich
ISBN 3 7725 0633 X

Inhalt

Vorwort

Es soll in dem vorliegenden Buch versucht werden, vom anthropologischen und anthroposophischen Standpunkt aus das Rätsel der menschlichen Krankheit zu ergründen. Wie nie zuvor in der Geschichte der Menschheit ist der kranke Mensch zum Spielball von Ideologen, Politikern, von Industrie und Journalisten geworden. Gesundheit und Krankheit geraten immer mehr in den Sog einer sich ausbreitenden Technik: das Menschsein wird in Frage gestellt, die Medizin selber als Gefahr empfunden.

Die Selbstbesinnung auf "den Menschen im Menschen" scheint mir der einzige Ausweg aus unserer Ratlosigkeit zu sein. Eine neue, am Menschen orientierte Medizin ist nötig, um einen menschengemässen Gesundheits- und Krankheitsbegriff zu entwickeln.

Den Ausführungen liegt meine Dissertation "Die Idee von Gesundheit, Krankheit und Heilung bei Rudolf Steiner (1861 - 1925)" zugrunde, die ich im Jahre 1972 im Institut für Geschichte der Medizin der Universität Freiburg i. Br. (Direktor: Prof. Dr. med. E. Seidler) verfasst habe. Sie ist unter Berücksichtigung der neueren anthropologischen Ansätze in der Medizin und Philosophie entstanden, die mir den Mut gaben, diese Arbeit innerhalb der Universität vorzulegen. Sie wäre aber nicht ohne die "Anthroposophisch-Medizinischen Studienkurse" unter der Leitung von Dr. med. H. Sieweke im Rahmen der Medizinischen Sektion am Goetheanum/Dornach zustandegekommen, an denen ich seit neun Jahren teilnehme. Dieser Arbeit bin ich zu tiefstem Dank verpflichtet. Im wesentlichen sind die vorliegenden Ausführungen mit meiner Dissertation identisch. Einige sachliche und stilistische Verbesserungen wurden vorgenommen, die Einleitung und das Kapitel "Erkenntnisprozess ist Heilungsprozess" wurden neu geschrieben.

Die zahlreichen Zitate wurden belassen, um Steiner möglichst wortgetreu wiederzugeben und um den Charakter der Dissertation beizubehalten. Die Anmerkungen im Text sind reine Literaturhinweise und enthalten keine weiteren sachlichen Ausführungen, so dass die Arbeit ohne dauerndes Nachschlagen im Anhang gelesen werden kann.

An dieser Stelle möchte ich auch der Weleda AG für die finanzielle Unterstützung der Vorarbeiten meinen Dank aussprechen.

Wittnau, im Mai 1973 *Olaf Koob*

Vorwort zur 2. Auflage

In den vier Jahren seit Erscheinen dieses Buches hat sich im politischen und sozialen Bereich für die Medizin manches zu ihren Ungunsten geändert, aber auch vieles von ihrer eigentlichen Grundproblematik verdeutlicht. Einerseits ist die Medizin durch die weiteren technischen Fortschritte und Heilungsversprechungen zum letzten "Notausgang" des modernen Menschen geworden, der, durch Leistungsdruck und Konsumstress sich selbst entfremdet, von ihr Hilfe für seine enteignete Subjektivität sucht, andererseits erkennt sie selbst immer mehr ihren Sündenfall in eine perfektionistische Technisierung und Vorsorge und sucht wieder Anschluss an ihre innerste, geistige Bestimmung: Heil-*kunst* zu sein, die vor der Krankheit und ihrer Heilungsmöglichkeit dem Einzelnen durch Gesundheitserziehung Fähigkeiten in die Hand gibt, seine individuelle Gesundheit, die immer Einzigartigkeit, Sonderheit, ja Abweichung von der Norm sein *muss,* autonom zu bestimmen.

Dabei wird sehr deutlich, wie tief heute die Kluft ist, die sich zwischen der Masse von naturwissenschaftlichen Einzeldaten und dem täglichen Gesundheitsverhalten des heutigen Menschen auftut. Die exakte Kenntnis vom Wesen des Menschen und seiner irdischen und geistigen Bedürfnisse ist durch die Anthroposophie für Patient und Arzt gleichermassen zugänglich und bildet die Grundlage zum Erweitern und Vertiefen der eigenen Fähigkeiten, um nicht nur abstrakt vom Geist zu reden, sondern immer mehr aus geistigen und mit geistigen Kräften zu arbeiten. In diesem Heranbilden eines "menschenverständigen Laienpublikums" sah Rudolf Steiner eine der wesentlichsten Aufgaben der anthroposophisch erweiterten Medizin und die Grundlage für jegliches Vertrauensverhältnis zwischen Arzt und Krankem, das auch zu einer sozialen Gesundung führt. Die Grundlagen dieser neuen "spirituellen Hygiene" hoffe ich ausführlicher in einem zweiten Band darstellen zu können. An den vorliegenden Ausführungen ist nichts hinzugefügt oder geändert worden.

Salem, im Februar 1978

Einleitung

> *"Denn die Heilkunst hat mit dem Menschen zu tun. Der Mensch ist ein Wesen, das sich gliedert nach Leib, Seele und Geist. Eine wirkliche Medizin kann daher nur bestehen, wenn sie auch eindringt in eine Erkenntnis des Menschen nach Leib, Seele und Geist."*
>
> Rudolf Steiner (1).

Medizin als Philosophie der Wirklichkeit

Die Medizin ist eine Erfahrungs- und Erkenntniswissenschaft. Ihr Hauptthema ist das "Rätsel Mensch" in Gesundheit und Krankheit. Der Mensch als ein im Leibe sich vorfindendes und in der Welt existierendes Wesen ist sich selbst Rätsel: das Geheimnis seines Seins besteht in der Ambiguität von leiblichem Dasein (Leben) und geistigem Vermögen (Bewusstsein).

Sein Erkenntnisbedürfnis entspringt aus der Quelle eines zunächst intuitiven Erlebens (vorwissenschaftlichen Verständnisses) von Raum, Zeit, ausser- und innermenschlicher Welt, Ich und Du etc., das er durch sein Denkvermögen aus der Verborgenheit in das "Gebiet der erscheinenden Wirklichkeit" versetzen und bewusst handhaben kann. Dadurch wird ein kultureller Prozess in Gang gesetzt und der Menschheitsfortschritt gewährleistet.

Wir können festhalten, dass das Infragegestelltsein des Menschen immer gleichzeitig den Infragesteller, in diesem Falle den Arzt, mit einschliesst, denn auch er ist von dem Menschenrätsel nicht ausgeschlossen, auch wenn er es manchmal aus Mangel an Selbstreflexion nicht wahrhaben will.

Erst das aktive Ideenvermögen des Menschen ist imstande, die verborgenen Inhalte im eigenen Innern und in der Welt in das Licht einer neuen Wirklichkeit zu versetzen: dadurch entsteht *Wahrheit* in der Welt, die sich durch den Menschen erst offenbart. Der Mensch muss aber zum Hervorbringen dieser Wahrheit in zweierlei Hinsicht tätig sein: einmal im Beobachten der Aussenwelt und zum anderen in ihrer denkerischen, begrifflichen Durchdringung. Der Erkenntnisprozess ist gelungen, wenn ein gegenseitiges Verständnis (eine Übereinstimmung) dieser zwei verschiedenen Sprachen hergestellt wird. Objekt und Subjekt werden in einer höheren Einheit, nämlich durch das Denken, zusammengefasst. Die menschliche Erkenntnis wird so zu einer Frage nach dem Denken und seiner Aufgabe für jede Wissenschaft, in unserem Falle für die Medizin. Kann es ein Denken geben, das das innerste Wesen eines Gegenstandes qualitativ so differenziert zu ergründen vermag, dass durch den Erkenntnisakt eine echte "Begegnung" zwischen dem innermenschlichen und aussermenschlichen Sein stattfinden kann? Das bedeutet aber einen neuen Vollzug einer echten — und nicht intellektuell distanzierten — Hingabe an den zu ergründenden Gegenstand, z.B. an den kranken Menschen in seinem einmaligen Dasein in der Welt, damit durch diesen neuen "engagierten Erkenntnisvollzug" eine "innere Berührung der eigenen (Erkenntnis-) Bewegung mit der Seinsbewegung im Begegnenden erfolgt." (2).

Die Erkenntnisfrage, als eine echte Grundfrage jeder Wissenschaftsbemühung, muss an ihrem Anfang die Selbstbesinnung auf die eigene Denktätigkeit beinhalten und diese Tätigkeit immer wieder neu in Frage stellen. Wir können so verstehen, warum Steiner am Anfang seiner Geisteswissenschaft und ihrer Anwendungsgebiete die Erkenntnisproblematik neu aufwerfen und sie so in den Bewusstseinsmittelpunkt jedes Einzelnen rücken musste, dass von der Basis einer bewussten *Selbsterkenntnis* aus ein Neubeginn für die Welterkenntnis, z.B. für die Medizin, entstehen konnte. Diese neue, auf die eigene Innenwesenheit gerichtete Erkenntnistätigkeit wurde von Steiner "Bewusstseinsseele" genannt. Sie zeichnet sich dadurch aus, dass sie sich nicht wie beim normalen Erkenntnisprozess dem hingibt, was die "Natur" von aussen anbietet, sondern durch die Selbstbesinnung auf die eigenen schöpferischen Kräfte in der Seele ein Bewusstsein der eigenen Geistigkeit bekommt. Erst in der produktiven Ideenbildung gewahrt der Mensch sich als ein in der Welt existierendes Geistwesen und kann so selbst zu einem "Organ" für die in der Welt tätigen geistigen Wirkenskräfte werden.

Es war Steiners Anliegen, die Erkenntnisarbeit an der Natur als eine Art Selbsterziehung der Seele zu betrachten und das durch strenge Selbstbeobachtung Anerzogene auch auf das nichtsinnliche Gebiet anzuwenden. Dadurch kann eine Entwicklung im Seelischen auftreten, welche die vorher nur aus der menschlichen "Natur" stammenden gewöhnlichen Erkenntniskräfte in höhere Fähigkeiten umzuwandeln vermag. Der Erkennende selbst wird jetzt zum Instrument für die geistige (übersinnliche) Welt.

Aus strenger Selbstbeobachtung und aus dem freien Willen, seine Erkenntniskräfte durch Übungen zu erweitern, erwächst eine neue Haltung des Menschen sich selbst und der Welt gegenüber, die Steiner "intellektuelle Bescheidenheit" nannte. Erst sie ist in der Lage, die Welt nicht wie gewöhnlich mit vorgefertigten Begriffsnetzen zu überziehen und alles Dasein einzuebnen, zu katalogisieren und aus der inneren Distanz zu betrachten, sondern die Wesen der verschiedensten Seinsbereiche sich ihre eigene Sprache äussern zu lassen und die eigenen Seelenfähigkeiten so umfassend wie nur möglich an ihnen zu entwickeln. Diese intellektuelle Bescheidenheit ist dem heutigen Menschen nicht von Natur aus gegeben, sondern erfordert eine energische Seelenanstrengung in der Meditation (s. Kapitel 1), um durch ein freiwilliges, bewusstes Verzichten auf das fast automatenhafte Fortrollen gedanklicher Assoziationen, die von aussen oder der eigenen Leiblichkeit stammen, die volle Seelentätigkeit auf einem überschaubaren Bewusstseinsmittelpunkt (Gedankeninhalt oder Symbol) verharren und ihn sich so in das innere Tun der Seele einleben zu lassen. Die Seelenkräfte werden so immer mehr von den leiblichen Bedingungen unabhängig und zu Wahrnehmungsorganen für eine "geistige Welt".

Für das hier zu besprechende Gebiet einer neuen, ins Geistige erweiterten Medizin ist es von Bedeutung, dass auch der Arzt in Selbstbesinnung diesen angedeuteten Weg gehen muss, um sich allmählich erst in die Wirklichkeit des individuellen Menschen und seiner Krankheit erkennend einzuleben. Somit enthält das, was wir "anthroposophische Medizin" nennen, nicht den Charakter einer Aussenseiterströmung, die mit ihren Denkklischees nur andere Etiketten als die üblichen der Welt aufklebt, sondern sie erschliesst durch ihren Erkenntnisweg dem Arzt vorher verborgene Wirklichkeitsbereiche. Einmal muss dieser Übungsweg unabdingbar die Wahrnehmung der eigenen Denktätigkeit mit ihren Gesetzmässigkeiten beinhalten, um sie immer selbstbewusster handhaben zu können, wie es Steiner 1894 in seiner "Philosophie der Freiheit" beschrieben hat. Auf der anderen Seite wird der Arzt nicht umhin können, seine Wahrnehmungsfähigkeit an der menschlichen und aussermenschlichen Umwelt (Mineral, Pflanze, Tier und Mensch) so differenziert heranzubilden, um zu neuen Seelenerlebnissen am Lebendigen und

Unlebendigen zu kommen, wie es Steiner 1904/05 in "Wie erlangt man Erkenntnisse der höheren Welten?" ausgeführt hat.

Am Beispiel der Krankheit, die immer eine bestimmte Bezeichnung trägt, kann uns klar werden, dass der Diagnosename (eines Symptoms oder Syndroms) nie die Wirklichkeit des menschlichen Daseins in der Krankheit umfassen kann, da er ja immer ein "den Umfang eines Wortes überschreitender Ausdruck eines Geschehens" ist, für das der auf übliche Art und Weise gewonnene Name nur ein abstraktes Zeichen sein kann (z.B. Migräne, Gastritis, Karzinom). Koch sagt über die medizinische Diagnose, die im allgemeinen Motive des Wissen- und daraus abgeleitete Ziele des Helfenwollens beinhalten muss, wenn sie Anspruch auf die Realität eines krankhaften Geschehens erhebt: "Die Diagnose kann deshalb ebensowenig wie der Name für eine Krankheit die Erkenntnis der gesamten, innerhalb eines Organismus ablaufenden krankhaften Vorgänge sein, weil es eine solche Erkenntnis nicht geben kann" (3).

Die Aufgabe einer anthroposophischen Medizin besteht nun nicht darin, für einen bestehenden Krankheitsnamen einen anderen zu finden oder für ein bestehendes Heilmittel ein noch besseres zu erfinden, sondern die Wirklichkeit einer Krankheit in dem individuellen Fall so zu erfassen, dass daraus echte Heilungsmöglichkeiten für den Kranken in physischer, seelischer und geistiger Hinsicht erwachsen und auch der Arzt seinen Erkenntnishorizont daran erweitern kann. Sie wird somit von einer bloss tradierten Empfehlungsmedizin zu einer echten *Ideenmedizin*, die sich am Menschen und an der Welt schult und als Erkenntniswerkzeug nicht die Maschine, sondern den Arzt selber heranbildet.

An zwei Beispielen sei das oben Genannte verdeutlicht, um zwei anthropologische Ansätze in die Anthroposophie Steiners münden zu lassen.

Einmal ist wohl an dieser Stelle die Frage erlaubt, ob das Denken heute im allgemeinen noch die Kraft hat, im Erkenntnisprozess sich so weit vorzutasten, dass echte "Grenzerlebnisse" dort auftauchen, wo Sinnenfälliges und Nicht-Sinnenfälliges zusammenwirken (z.B. in der menschlichen Gestalt) und das Denken zu einer wirklichen Selbstbesinnung an dieser Grenze kommt? Wie verhält es sich heute in der Medizin, für die die Machbarkeit und der "unreflektierte Positivismus" (4) das wichtigste Kriterium zu sein scheint? Lüth sieht z.B. darin eine der grössten Gefahren: "Mehr als in jedem anderen Berufe, sollte man meinen, käme es für die Ärzte auf Ausbildung des kritischen Denkens an. Mehr als in jedem anderen Beruf fehlen in ihrem curriculum die Möglichkeiten dafür. C.G. Jung hat sich darüber einmal sehr drastisch geäussert: 'Das medizinische Studium besteht einerseits in der Aufstapelung eines unheimlich grossen Gedächtnismaterials, welches ohne wirkliche Kenntnis der Grundlagen einfach memoriert wird, andererseits in der Erfahrung in praktischen Fertigkeiten, welche nach dem Prinzip: Da wird nicht lange gedacht, sondern in die Hand genommen! erworben werden muss. So kommt es, dass von allen Fakultäten der Mediziner am wenigsten Gelegenheit hat, die Funktion des Denkens zu entwickeln.' Wo kritisches Denken zur Sprache kommt, handelt es sich nur noch um Methodologie, so dass auf dem Boden eines unreflektierten Positivismus (ein naturwissenschaftliches Vulgärdenken) Modelle, Klischees fertig geliefert, jedoch nicht Chancen für Denkprozesse freigestellt werden" (5).

Der Mensch, der nicht mehr die Frage nach seiner eigenen Wesenheit stellt, befindet sich in der Gefahr einer "existentiellen Selbstaufhebung" (6). Die meist intellektuell distanzierte Weltbetrachtung, die nicht die Ganzheit seines Menschseins als denkendes, fühlendes, handelndes, der seelischen Entwicklung und der Sittlichkeit fähiges Wesen in den Erkenntnisprozess integriert, führt ihn in eine geistige Verarmung und die Erkenntnis zu einer unsachlichen, d.h. der Sache nicht gerecht werdenden "phänomenologischen Reduktion" (7).

In der modernen philosophischen Anthropologie hat Hengstenberg wieder einen hoffnungsvollen Erkenntnisansatz gewagt, den er die "neue Sachlichkeit" nennt, die nicht das zu erkennende Gegenüber "verdinglicht", sondern so mit dem Objekt erkenntnismässig "konspiriert", dass in dieser Begegnung das wahre Sein bzw. die "Seinsbewegung" des Gegenstandes in Erscheinung tritt. Das ist natürlich nicht mit dem üblichen nur kombinierenden und analysierenden Verstand zu erreichen, der nur mit Hilfe physikalischer und mathematischer Methoden Versuche so anordnen kann, dass die Grundgesetze des Anorganischen sich selber aussprechen (z.B. das "Urphänomen" im Sinne Goethes). Wendet man diese Anschauungsweise auf das Lebendige an, so ist das Denken nicht ausreichend, um "sachgemässe" Aussagen zu machen, da es niemals das Qualitative des Lebendigen zu erfassen vermag. Steiner hat z.B. dem intellektuellen Verstand nur eine methodologische und keine qualitative Bedeutung zuerkannt. Diese qualitative Bedeutung für das Lebendige in Pflanze, Tier und Mensch bekommt es erst, wenn es von dem blossen Abbilden in Vorstellungen zur Anschauung in der Imagination aufrückt (s. Kapitel 1).

Hengstenberg versucht nun auch, die "Sachlichkeit" des Fühlens und Wollens in den Erkenntnisprozess zu integrieren, da beide als "eine aus der Gesamtheit der Person kommende Entscheidung" den "unsachlichen Verstand", der an dem Sein des Lebendigen vorbeizielen muss, "zur Ordnung" rufen können (8). So hält es Hengstenberg für nötig, dass man, um z.B. Musik überhaupt erkennend wahrzunehmen, die innere Begeisterungsfähigkeit des Fühlens regsam machen muss, um ein "sachgemässes" Erlebnis auf diesem Gebiet zu haben, oder zum anderen sein Wollen im "wohlwollenden" Sinne mit einem anderen Wesen gleichrichtet, um dessen Intentionen zu erfassen (z.B. beim Tier oder Menschen).

Die Suche nach der Ganzheit des Erkennens führt uns auf direktem Wege zu Steiner, dessen Erkenntnisweg über die Erweiterung von Denken, Fühlen und Wollen in die geistige Wirklichkeit geht. Die höchste Stufe der Erkenntnisfähigkeit ist im Hengstenbergschen Sinne die, wo die Seele so tief in das Gegenüber einzutauchen vermag, dass einmal ihr eigenes Wesen dabei die grösste Zurückhaltung erübt und den Gegenstand sich ausdrücken lässt und zweitens innerlich schöpferisch über das sichtbare Formelle hinaus das innere Sein (den verborgenen geistigen Inhalt) entwirft, das im äusseren physisch Erscheinenden nur einen unvollkommenen Ausdruck findet. In diesem "Verschmelzen" des Erkennenden mit dem Gegenstand liegt eine neue, bewusst handzuhabende Erkenntnismöglichkeit, die imstande ist, sich immer mehr in den "Weltengrund" einzuleben.

Ein anderer wichtiger Erkenntnisansatz scheint mir heute auch in der medizinischen Anthropologie zu liegen, welche die Gestalt des Menschen als ein Ergebnis körperlichen und geistigen Seins (als "Doppelnatur") zu erfassen sucht. Hier wird die Grenzfrage besonders deutlich erlebt, weil der Leib als eine "anschaubare Grenze" zwischen einer Innen- und Aussenwelt (9) nicht mit den üblichen wissenschaftlichen Methoden begriffen werden kann. Die "wahrnehmbare" Gestalt wirft die Frage nach der "wirksamen" Gestalt auf, wie sie F.J.J. Buytendijk in seinem Buch "Prolegomena einer anthropologischen Physiologie" zu enträtseln versucht hat. Gerade am Menschen wird deutlich erkannt, wie sich eine seelisch-geistige Innenwesenheit durch das Sich-Aufrichten, die Sprache, Sich-Bewegen, Sich-Befinden etc. in einem leiblichen Aussen mit seinen anatomischen und physiologischen Gesetzen kundtut und eins ohne das andere nicht betrachtet werden kann, will man eine Wirklichkeit beschreiben. Die menschliche Gestalt, die nicht durch mechanische, sondern durch biologisch-biographische Gesetzmässigkeiten gebildet wird, sie ist "realisiertes Leben von Vergangenem her zu Zukünftigem hin", wie es V. v. Weizsäcker in "Gestalt und Zeit" ausgedrückt hat (10).

Hat die anthropologische Forschung einmal erkannt, dass sich der Leib des Menschen "in seinen menschlichen Leistungen und Strukturierungen durch den Geist organisiert" (11), so bedarf sie, um die polare Einheit von Körper und Geist zu begreifen, anthroposophischer Methoden.

Die Erkenntniswissenschaft, die zum sinnlich Erfassbaren das Übersinnliche hinzufügt, wurde von Steiner "Anthroposophie" genannt. Sie will für die medizinische Erkenntnis eine Erweiterung und Vertiefung sein. Da sie sich an das erkennenwollende Ich des Menschen in Freiheit wendet, ist sie immer nur soweit auf Erden vorhanden, in wieweit spirituelle Inhalte von dem einzelnen Menschen — in diesem Falle Ärzten — bewusst ergriffen werden. Die anthroposophische Medizin steht somit noch am Anfang eines langen Weges. Die Lösung des "Rätsels Mensch" versucht der anthroposophische Arzt auf dem inneren Schulungsweg zu finden, der sein tägliches Tun speisen muss und nie abgeschlossen sein kann. Die Frage nach dem eigenen Selbst bildet für ihn den Schlüssel für die verborgenen Inhalte alles übrigen Seins in der Welt. Das Erfassen des in der Welt wirksamen Geistes beginnt nach Steiner mit der Selbstbeobachtung: "Die Selbstbeobachtung bildet den Anfang der Geistbeobachtung. Und sie kann deshalb den rechten Anfang bilden, weil der Mensch bei wahrer Besinnung nicht bei ihr stehen bleiben kann, sondern von ihr fortschreiten muss zu weiterem geistigen Weltinhalt. Wie der menschliche Körper verkümmert, wenn er nicht physische Nahrung erhält, so wird der im rechten Sinne sich selbst beobachtende Mensch sein Selbst in Verkümmerung empfinden, wenn er nicht sieht, wie in dieses Selbst die Kräfte einer ausser ihm tätigen geistigen Welt hineinwirken" (12).

Der Mensch offenbart sich im Leiblichen zugleich körperlich, seelisch und geistig. Er ist somit nach Steiner auch gesamthaft als Ergebnis dieser drei voneinander verschiedenen Welten aufzufassen. Um aber über ihn als Gesamtwesenheit zu wirklichkeitsgemäßen Aussagen zu kommen, bedarf es wegen der wesenhaften Verschiedenheit dieser drei "Welten" auch verschiedener Erkenntnis- bzw. Betrachtungsarten. Es ist seine Auffassung, daß es mit der Sinnesbeobachtung und verstandesgemäßen Denkbewegung und den primär kausal-naturwissenschaftlichen Methoden nicht möglich ist, ein der vollen Wirklichkeit entsprechendes Bild des Menschen zu geben, da immer nur die Naturgesetze am Leibe erfahren werden können, der Leib also immer ein "Außen" bleibt, während die Realität des Seelisch-Geistigen beziehungslos danebenstehen muß.

Steiner kam somit auf die Frage: ist es denn dem Menschen möglich als eine körperliche, seelische und geistige Einheit, über das Seelisch-Geistige in sich und in der Welt zu genauso exakten und sicheren Erkenntnissen zu gelangen wie auf dem Gebiet der Sinne durch Beobachtung und denkerischer Verarbeitung? Er kam zu der Anschauung und Erfahrung, daß im Menschen außer seinen intellektuellen Denkkräften noch Seelenkräfte vorhanden sind, die der gewöhnlichen Tätigkeit von Fühlen und Wollen zugrunde liegen und die als bewußte Erkenntnisorgane für Seelisch-Geistiges herangebildet werden können, um mit diesem nun umgestalteten, verlebendigten Denken in den Geistgehalt der Welt erkennend einzudringen (siehe Kapitel 1). Nimmt so der ganze Mensch mit den umgewandelten Kräften des Denkens, Fühlens und Wollens am Erkenntnisprozeß der Welt teil, so entwickelt er nach und nach auch ein anderes Verhältnis zu sich selber, zu den anderen Menschen und zur Welt. Mit dieser erweiterten Erkenntnismöglichkeit, in der der Mensch in seinem Zusammenhang mit der Welt und die Welt in der Beziehung zum Menschen durch die nun gemachten Erfahrungen im Nicht-Sinnlichen exakt erforscht und in vom Denken erfaßbare Ideenformen geprägt werden, entwickelte Steiner allmählich ein neues Verständnis von Mensch und Kosmos. Steht der Mensch im normalen Erkennen abgesondert von der Welt und stößt er mit seinem Denken überall an Erkenntnisgrenzen, so umspannt nun das neue, erweiterte Bewußtsein die eigene Geistigkeit und die des Kosmos und findet sich mit den eigenen Denkgesetzen in Übereinstimmung mit der Weltordnung und wird damit erst zu einem "Einheimischen" in der Welt (13).

Steiner baute mit seiner Erkenntnismethode auf die schöpferischen Erkenntnisbemühungen Goethes auf, da Goethe auch die Übereinstimmung von Idee und Erfahrung in der selbstschöpferischen Tätigkeit des eigenen Geistes als Wirklichkeitserfahrung suchte, um die Welt so zu erleben, wie sie von der erfahrbaren Idee ausgehend erscheint, die ihrerseits selber als schöpferisches Prinzip, als "höhere Erfahrung in der Erfahrung" im Erkennenden gefunden werden kann (14).

Diese Forschungsergebnisse im Nicht-Sinnlichen über Mensch, Welt und Kosmos mit Hilfe übersinnlicher Erkenntnisse brachten eine neue Anschauungsweise für sämtliche Wissenschaftsgebiete. Steiner führte aus, wie das Seelisch-Geistige des Menschen, seine einmalige Individualität mit dem Geistigen im Weltall zusammenhängt und welche Kräfte ihn und die Naturreiche bis in die Physis hinein organisieren. Durch die von Steiner beschriebene geistige Entwicklung soll der Mensch immer mehr zum Begreifen seiner eigenen Wesenheit kommen, indem er ja die gleichen Kräfte zur bewußten Erkenntnis heranbildet, die ihm und auch der Welt gemeinsam zugrunde liegen ("Gleiches wird vom Gleichen erkannt") (15). Durch die von Steiner genau beschriebenen höheren Erkenntnisstufen von Imagination. Inspiration und Intuition soll der Mensch sich erst als selbstbewußtes Ich in der vollen Wirklichkeit fühlen und in ihr seinem Wesen gemäß leben können.

Die Grundlagen zu den einzelnen geistigen Forschungsresultaten z.B. in der Medizin oder den Naturwissenschaften wurden nach den mehr erkenntnistheoretisch-philosophischen Darlegungen am Anfang diese Jahrhunderts gelegt:

1904 mit der "Theosophie. Einführung in übersinnliche Welterkenntnis und Menschenbestimmung", in der Steiner u.a. die Abhängigkeit von körperlichen, seelischen und geistigen Vorgängen im Menschen beschreibt und die Siebengliedrigkeit der Menschennatur genau darstellt. 1904/05 folgt mit "Wie erlangt man Erkenntnisse der höheren Welten?" die Schilderung des geistigen Schulungsweges in der von ihm vertretenen Geisteswissenschaft. 1909 wird von Steiner dann in der "Geheimwissenschaft im Umriß" die Abhängigkeit von mikrokosmischer und makrokosmischer Welt und das gemeinsame Evolutionsgeschehen von Mensch, Erde und Kosmos geschildert. Das alles bildete die Voraussetzungen, die auch zu einer neuen Sicht des Menschen in der Medizin und anderen Lebensgebieten führen mußten. Durch die Erforschung des menschlichen Organismus, der nach Steiner gesamthaft durchseelt und durchgeistigt ist und in einer differenzierten Abhängigkeit zu den Naturreichen und den kosmischen Kräften steht, und durch die Entdeckung und Erforschung des dreigegliederten Menschen in Nerven-Sinnessystem, rhythmisches System und Stoffwechsel-Gliedmaßensystem und deren leiblicher Grundlage für die Seelenbetätigung von Denken, Fühlen und Wollen (1917 in "Von Seelenrätseln" zum ersten Mal dargestellt), kam Steiner auch zu neuen Gesichtspunkten für die Pathologie und Therapie. Durch das Erkennen der objektiven geistigen Kräfte, die allem Leibesgeschehen zugrunde liegen, soll der Arzt in die Lage kommen, wieder zu einer sicheren und menschengemäßen Urteilsgrundlage für sein diagnostisches und therapeutisches Tun zu gelangen.

Steiners erkenntniswissenschaftlicher Ansatz beginnt einmal bei der Wesenheit des Menschen als Gleichzeitigkeit von physischem, seelischem und geistigem Dasein, das sich in dem individuellen Leibesgeschehen ausdrückt, zum anderen bei seinem ihm zur Verfügung stehenden Denken, das er zur vollen Umgreifung der geistigen Wirklichkeit heranzubilden vermag, und letztlich bei seiner unlösbaren Beziehung zu der physischen, seelischen und geistigen Umwelt, die seinen Leib konstituiert.

Es ist Steiners Meinung, daß, wenn der Mensch die Welt erkennend durchdringen will, er über sich und sein Dasein nie zu gültigen Aussagen kommen kann, indem er, um "objektiv" zu erkennen, sich erst als erkennendes Subjekt auszuschalten versucht. Dadurch löst er sich selber aus der Realität der Welt heraus. Erst im immer tieferen Hereindringen mit seinem Ich in die Welt kann er die Dinge in ihrem wahren Stellenwert untereinander und zu ihm selber erkennen und so die wahre Objektivität erfahren.

Steiners Geisteswissenschaft (Anthroposophie) wollte der nur einseitigen Betrachtung des Menschen im Physischen die Ergänzung aus dem vollbewußt erlebbaren Geistigen hinzufügen. Es war sein besonderes Anliegen, sich mit der Anthropologie, die das durch die normalen Sinne erfahrbare einmalig Menschliche und seine Zusammenhänge zur Umwelt in den Mittelpunkt ihrer Forschung rückt, aber mit ihrer Erkenntnismethode, sobald sie über das Seelisch-Geistige konkrete Aussagen machen will, an Erkenntnisgrenzen stoßen muß, zu verständigen, um zu einer umfassenden Darstellung des Menschen zu kommen (siehe Kapitel 1). Aus der Beobachtung der neueren philosophischen und medizinischen Anthropologie erscheint es mir heute nötig und möglich zugleich, eine "Konfrontation" zwischen Anthropologie und Anthroposophie zu wagen, da neue, essentielle Fragen und Überlegungen in der modernen Wissenschaftsgesinnung auftauchen. Einige anthropologische Hauptthematiken seien hier nur kurz angeführt: die Beschäftigung mit der "Doctrina geminae naturae hominae", dem Eigentlich-Menschlichen in der Situation des Kranken und die Einbeziehung der Subjektivität in den wissenschaftlichen Entwurf (Doerr, Vonessen, V. v. Weizsäcker), das Verlassen nur sogenannter objektiver Erkenntnismethoden und die Ausschau nach anderen Erkenntnismöglichkeiten, die den erkennenden Menschen selber wieder in den Mittelpunkt rücken (Heisenberg, Heitler, C.F. v. Weizsäcker), das Verlassen der klassischen Diagnosebegriffe und der Laborbefunde, die für insuffizient gehalten werden, um über den kranken Menschen zu wirklichkeitsgemäßen Aussagen zu gelangen (Hartmann, Doerr, Lüth), das Bestreben, zu der Erkenntnis einer Einheit in der Natur vorzudringen (C.F. v. Weizsäcker) und ein neues subjektives Erleben, das sich so in der Welt verhaftet weiß, daß dadurch neue Anschauungsweisen möglich werden, die alles menschliche Leben, Handeln und auch alle Wahrheit erst in der Welt sinnvoll machen (Merleau-Ponty).

Um sich auf Steiners Gedankengänge im speziell Medizinischen einzulassen, bedurfte es für mich unabdingbar auch des Studiums seiner Erkenntnisvoraussetzungen und seiner menschenkundlichen Darstellungen vor seinen speziellen medizinischen Ausführungen vor Ärzten im Jahre 1920. Die Auseinandersetzung der offiziellen Wissenschaft mit Steiners medizinischen Ansätzen bedarf meines Erachtens auch der Auseinandersetzung mit seiner Erkenntnislehre und seinen fundamentalen menschenkundlichen Forschungen, ohne die das Verständnis für seine medizinischen Intentionen ausbleiben muß. Diese wissenschaftliche Begegnung ist noch nicht geleistet und führt bei oberflächlicher Kenntnis des Werkes von Steiner zu Mißverständnissen, da die Grundlagen ungenügend gekannt werden.

Musterbeispiele dieses Mißverständnisses finden sich in den kürzlich erschienenen Büchern von Lippross und Lippert (16), die zeigen, wie isoliert dargestellte Ausführungen Steiners in der Medizin ohne die Beachtung der grundlegenden menschenkundlichen Ansätze sinnlos sind.

Jeder neue Denkansatz hat für eine praktizierbare d.h. auf den Menschen und die Natur anwendbare Methode seine relevanten Folgen. Nur unter großen, mit dem Denken zu leistenden Überblicken lassen sich die Einzelphänomene geistig bewältigen. Erst dadurch wird ein Fortschritt in der Menschheit ermöglicht.

Steiner hat die Frage nach dem "Rätsel Mensch" erneut aufgeworfen und in seinen Büchern und Vorträgen von den verschiedensten Seiten seine Forschungsergebnisse dargestellt, die nachzuprüfen sind, ob sie sich verifizieren lassen und ob sie unsere Kenntnis von uns selber und der Welt vertiefen können.

Wie Steiner es mit seiner anthroposophischen Geisteswissenschaft in Anspruch nahm, die geistige Seite des Daseins zu erforschen, und so zu neuen Erkenntnissen über das physisch-leibliche Sein des Menschen und der Welt kam, so kann von der anthropologischen Seite durch die Entdeckung neuer Phänomene auf der leiblichen Seite eine andere Fragestellung nach dem Wesen Mensch und die ihn konstituierenden Kräfte auftauchen. Als ein Beispiel möchte ich als eine für die gesamte Medizin verbindliche Entdeckung die neuere Anschauung über die Herzfunktion wiedergeben, die die klassisch mechanistische Theorie verlassen hat und zu neuen Betrachtungsarten über den Menschen kommt. So schreibt P. Vogler in seinem Aufsatz "Disziplinärer Methodenkontext und Menschenbild" (17): "Wir erkennen heute: das Herz ist wesentlich ein regulierendes Organ.... Die Frage ist nun: sind diese Ergebnisse anthropologisch relevant, oder ist es gleichgültig, welche Vorstellungen von Herz, Gefäßen, Blutlauf und Peripherie geformt und dem öffentlichen Bewußtsein eingegeben werden?.... Kann es beliebig sein, mit welchem Modell einer lebt, mit dem mechanischen der Druck- und Saugpumpe oder mit dem beinahe pflanzlichen Modell, wie es sich in der modernen Forschung abhebt? Wird sich hier nicht auch das Körpererleben und das Lebensgefühl ändern? Lassen sich nicht viele kleine Beobachtungen in ganz anderer Weise verstehen, wenn sie sich keinem System kommunizierender Röhren mehr einpassen müssen, ganz abgesehen von dem Wegfall eines Stückes Preisgegebenheit und einer veränderten Deutung von Soma, Psyche und Kosmos?"

Der Anthropologe im aktuellen Sinne arbeitet bewußt nicht voraussetzungslos, denn sonst würde ihm der "Gegenstand" Mensch und damit er selber verlorengehen. Er stellt sich selber die Frage: "Was ist dem Menschen körperlich-geistig-seelisch möglich zu leisten, was hilft ihm sicher, und was taugt für ihn auf keinen Fall, was kann man ihm zumuten, ohne ihn im Kern anzugreifen?" (18).

Die methodische Basis der modernen Anthropologie ist eine "grundsätzliche Offenheit" (19), um den Menschen jenseits von althergebrachten Erkenntnisüberlieferungen und Vorurteilen neu zu erfahren. Anthropologie und Anthroposophie sind sich darin einig, daß es die Wissenschaft des Menschen nicht mehr erlaubt, bloße Ergebnisse weiterzureichen und sich von den Konsequenzen zu distanzieren, sondern daß es für den Menschen einer immer wieder neuen Erkenntnisanstrengung bedarf, um seine menschliche Aufgabe zu erfüllen. Steiner hat den Versuch unternommen, den Menschen in der Welt und im Kosmos als eine einmalige geistige Wesenheit, in einem individuellen Leibe inkarniert und in ein Schicksalsfeld verwoben, neu zu begreifen.

Sein Bemühen ging sein ganzes Leben dahin, sich mit den Vertretern anderer Wissenschaftsrichtungen über die Grundfragen des Menschen zu verständigen.

"Man verliert den Menschen aus dem seelischen Gesichtsfelde, wenn man nicht sein ganzes Sein in allen seinen Lebensoffenbarungen ins Seelenauge faßt. Man sollte nicht von der Erkenntnis sprechen, sondern von dem ganzen Menschen, der sich erkennend offenbart. Erkennend gebraucht der Mensch sein Sinnes-Nervenwesen als Werkzeug. Fühlend dient ihm der Rhythmus, der in der Atmung und dem Blutkreislauf lebt. Wollend wird der Stoffwechsel zur physischen Grundlage des Daseins. Aber in das physische Geschehen des Sinnes-Nervenwesens pulst der Rhythmus hinein; und der Stoffwechsel ist materieller Träger des Gedankenlebens. Auch in dem abstraktesten Denken lebt das Fühlen und wogt das Wollen" (20).

1. Anthropologie und Anthroposophie

Im Jahre 1917 erschien von Steiner das Buch "Von Seelenrätseln", dessen erstes Kapitel die Überschrift "Anthropologie und Anthroposophie" trägt. In dieser Ausführung hat der Autor versucht, zwei verschieden geartete Forschungsmethoden zu beschreiben, voneinander abzugrenzen und am Ende ihres Erkenntnisweges zu einem Zusammentreffen kommen zu lassen, das er als eine "Philosophie über den Menschen" (21) bezeichnete.

Die materielle Erkenntnis

Die Wissenschaftsrichtung, die Steiner die anthropologische nennt, ist einerseits identisch mit der damals und heute gepflogenen naturwissenschaftlichen Forschungsmethode, wie sie in der anorganischen und organischen Welt vorherrschend ist. "Ich möchte in dem Folgenden, um fortwährenden langatmigen Umschreibungen zu entgehen, die auf Sinnesbeobachtung und verstandesgemäße Bearbeitung der Sinnesbeobachtung gestützte Wissenschaftsrichtung Anthropologie nennen" (22). Der Kern dieser genannten Erkenntnismethode ist der, Erkenntnisse zu gewinnen, die in ihrer Ganzheit im menschlichen Bewußtsein überschaubar sein müssen. Das Denken stützt sich dabei ausschließlich auf das sinnlich Wahrgenommene, um es dann weiter intellektuell zu verarbeiten und auszugestalten, um zu gewissen überschaubaren Grundstrukturen zu gelangen, die man als Naturgesetze bezeichnet. Der Leitgedanke, der diese Forschungsmethode durchzieht, ist der von der Beziehung von Ursache und Wirkung, die unter der Grundbedingung der Feststellbarkeit im Experiment letzthin verifiziert wird und somit jederzeit unter den gleichen Bedingungen wiederholbar sein muß.

Heisenberg sagt hierzu: " Man kann, das sei hier besonders betont, den Ergebnissen der modernen Naturwissenschaft sicher nicht entgehen, wenn man ihre Methodik zugibt; und ihre Methodik lautet: Beobachtung, die zum Experiment verfeinert wird, und rationale Analyse, die in mathematischer Darstellung ihre präzise Gestalt annimmt. Die Richtigkeit der Ergebnisse kann man nicht ernstlich in Zweifel ziehen, wenn man Experiment und rationale Analyse zuläßt" (23). Jeder Gegenstand muß also, um sich der naturwissenschaftlichen ("anthropologischen") Erfassung zu fügen, vom erkennenden Subjekt (Mensch) distanziert, aus seiner natürlichen Umwelt heraus isoliert, d.h. verobjektiviert werden, um ihn in den Griff zu bekommen, ihn beherrschen und beeinflussen zu können. Der Forscher, der sich dieser Methode bedient, bleibt in der Sinneswelt verhaftet, denn alle ihm zur Verfügung stehenden Verstandesbegriffe sind von den Sinneserlebnissen abgeleitet. Indem das Denken nur diesen Abbildcharakter hat, verhält es sich rein passiv.

Steiner nennt auch diese Art von Erkenntnis die "materielle" (24), da sie rein von aussen, durch "Sensationen" bedingt ist. Wenn auch der Forscher mit Hilfe immer feinerer Hilfsinstrumente seine Kenntnis von der Welt umfangreicher, komplizierter und logischer ausgestaltet, so bleibt er doch bei der gleichen Erkenntnisart wie vorher, nämlich der rein sinnlichen, stehen.

"Alle Ergebnisse der gegenwärtig anerkannten Naturwissenschaft sind im Grunde aus den Eindrücken der menschlichen Sinne geworden. Denn wenn auch der Mensch im Experiment oder in der Beobachtung mit Werkzeugen das erweitert, was die Sinne ihm geben können, so kommt dadurch nichts wesentlich Neues zu den Erfahrungen über die Welt hinzu, in der der Mensch durch seine Sinne lebt. — Aber auch durch das Denken, insofern dieses bei der Erforschung der physischen Welt tätig ist, kommt nichts Neues zu dem sinnenfällig Gegebenen hinzu. Das Denken kombiniert, analysiert und so weiter die Sinneseindrücke, um zu Gesetzen (Naturgesetzen) zu gelangen; aber es muß sich der Erforscher der Sinneswelt sagen: dieses Denken, das da aus mir hervorquillt, fügt etwas Wirkliches zu dem Wirklichen der Sinneswelt nicht hinzu' (25).

Wenden wir z.B. dieses verstandesgemäße Erkennen, in dem das "operative Denken" (Merleau-Ponty) (26) vorherrscht, auf den Menschen an, so gelangt man zur Erkenntnis des physischen Menschen. Wieweit nun wiederum dieser physische Mensch in den übrigen Weltenzusammenhang hineingestellt und interpretiert wird, hängt von den Vorverständnissen (Weltbild) und Erkenntnisinteressen ab, mit denen die Wissenschaft arbeitet und die auf alle Erkenntnisgebiete mehr oder weniger willkürlich übertragbar sind.

Einige Beispiele eingehender Kritik an den Vorverständnissen und Erkenntnisinteressen in der Wissenschaft finden sich bei Habermas, H. Arendt und Knapp (27).

Merleau-Ponty wendet sich gegen diesen obengenannten Denkansatz in der Wissenschaft: "Heute haben wir es — nicht in der Wissenschaft, aber in einer ziemlich verbreiteten Wissenschaftstheorie — mit der ganz neuen Erscheinung zu tun, daß die konstruktive Praktik sich als autonom ansieht und daß das Denken sich bewußt auf die Gesamtheit der Aneignungstechniken, die es erfindet, reduziert. Denken heißt jetzt, Versuche machen, Operieren und Transformieren unter dem alleinigen Vorbehalt einer experimentellen Kontrolle, bei der nur stark bearbeitete Phänomene auftreten, die von unseren Apparaten mehr hervorgebracht als bloß registriert werden"(28).

Diese eine Seite der genannten Erkenntnismethode kann mit ihren exakten Ergebnissen zu bedeutenden Aussagen über den physischen Menschen kommen, muß aber an einem bestimmten Punkte haltmachen, da sie nur einzelne Ausdrucksphänomene im Physischen aufzeigen kann und somit das eigentlich Menschliche nicht zu fassen vermag. Auf die konkrete Situation z.B. des Kranken angewandt, muß sie sich ihrer Grenzen bewußt werden. So schreibt beispielsweise der Pathologe Doerr über die Beziehung Arzt und Patient: "Wir haben als Personen in Beziehung zu treten zu kranken Personen und nicht nur zu Laboratoriumsbefunden oder zu krankhaften Erscheinungen. An der Wirklichkeit des kranken Menschen gemessen, ist die streng kausal-naturwissenschaftliche Medizin nur eine Methode von Verbindlichkeiten, aber nicht ein Bild dessen, was wirklich ist. Ihre Geltung ist eine kritische, keine ontische. Dies bedeutet, daß die naturwissenschaftlichen Daten alle richtig sind, das ausschließlich hierauf gegründete Bild des Menschen aber doch falsch ist. Richtigkeit und Wahrheit machen einen Unterschied" (29).

Da sich aber der Mensch als erkennendes Wesen in der Anthropologie selber zum Erkenntnisobjekt macht, erlebt er, daß er sich nicht nur auf den physikalisch-deterministischen Standpunkt stellen kann, um über sich zu gültigen Aussagen zu kommen, sondern daß er seinen eigenen "Lebensraum" durch die Selbsterkenntnis so weit ausdehnen und durchdringen muß, damit eine umfassendere Darstellung von ihm selber ermöglicht wird. Das führt zu der anderen Seite der obigen Betrachtungsart, die das spezifisch Menschliche in den Mittelpunkt rückt, ohne auf Exaktheit und auf ihre "mit Sinnlichkeit affizierte Vernunft" (Hegel) (30) zu verzichten, und von biologischer, theologischer, philosophischer, kultureller, psychologischer, soziologischer und medizinischer Seite Erkenntnisse heranträgt, um zu integrierenden Einheiten zu gelangen, damit über die menschliche Wesenheit "fundamentale Kategorien" (31) zum Vorschein gebracht werden.

Ist auch bei der erstgenannten Methode der Begriff "Anthropologie" im üblichen Sinne nicht angebracht, da das spezifisch Menschliche im physikalisch-chemischen oder zellulären Bereich nicht zutage treten kann (keine "Speziesspezifität", Doerr) (32), und bezeichnet gerade die letztgenannte sich als "Anthropologie" in bewußter Abgrenzung zu allen anderen Forschungsgebieten, da sie durch die Einbeziehung aller dem Menschen zugeordneten sinnlich-sichtbaren Erfahrungs- und Lebensgebiete zu neuen Deutungen kommt, so bezeichnet Steiner als das "Anthropologische" nur eine bestimmte Erkenntnisart, nämlich die rein auf das Sinnliche gerichtete, wie sie ja in den verschiedensten Wissenschaftsgebieten die vorherrschende ist.

Braucht der Mensch im wissenschaftlichen Erkennen seine ihm zur Verfügung stehenden zwölf Sinne und sein normales denkerisches Vermögen, so kommt er nach Durchschreiten aller Erfahrungsgebiete zu einem selbstbewußt sich erlebenden Wesen, welches sein Denken, mit dem es sich wirklichkeitsgemäße Begriffe über sich und die Welt bildet, als eine in seine Leiblichkeit hereinragende "andere Welt", nämlich eine Geistwelt, erlebt. Da er aber das wesenhaft Geistige und Seelische, das in ihm Platz ergreift, mit seinem normalen, der Leiblichkeit verhafteten Denken, Fühlen und Wollen nicht vollbewußt schauen kann, so muß er an dieser Grenze ein anderes, dem Geistigen entsprechendes Erfahrungsgebiet in Anspruch nehmen.

Mit der rein anthropologischen Erkenntnismethode ist es also nach Steiner unmöglich, über rein Geistiges zu exakten Erfahrungen zu kommen. Will man nach seiner Meinung über den Menschen hinausfragen, um über sein geistiges Sein, das nicht von dieser Welt ist und im Nicht-Irdischen urständet, zu Erfahrungen zu kommen, und will man nicht im Rahmen von reinen Spekulationen und Hypothesen bleiben, die nur auf dem Wege des Nachdenkens gewonnen worden sind, so bedarf es einer Forschungsmethode, die über das Geistige im Menschen und in der Welt zu genauso exakten und überschaubaren Aussagen kommt, wie die auf anthropologisch-naturwissenschaftlichem Wege gewonnenen. Steiner stellte so der anthropologischen Methode eine andere entgegen, die er die "anthroposophische" nannte und die ihre Methodik genauso exakt darlegt, wie die Naturwissenschaft die ihrige. "Die Anthroposophie bildet, bevor sie über das Geistige Aussagen macht, die Methoden aus, die sie berechtigen, solche Aussagen zu machen" (33).

Die verschiedenen, von Steiner ausgebildeten geisteswissenschaftlichen Erkenntnismethoden sollen die gewöhnlichen Fähigkeiten des Denkens, Fühlens und Wollens so umgestalten und erweitern, daß sie zu neuen Erkenntnisfähigkeiten in einem höheren Sinne heranwachsen und zu bewußt handhabbaren (nicht physischen) Wahrnehmungsorganen für Seelisch-Geistiges werden können. Diese Art, die menschlichen Seelentätigkeiten nach einer bestimmten Methode zu schulen, zu kultivieren, wurde von ihm "Meditation" genannt. "Die Meditation besteht darin, daß man die Aufmerksamkeit von allem äußerlich und auch innerlich Erlebten abwendet, daß man an nichts denkt, als nur den einen (nicht auf einen gewöhnlichen Sinneseindruck bezogenen) Gedanken, den man ganz in den Mittelpunkt des Seelenlebens stellt. Indem man so alle Kraft, die man in der Seele hat, auf einen einzigen Gedanken wendet, geschieht mit den seelischen Kräften etwas, was sich damit vergleichen läßt, daß man immer mehr und mehr eine Handbewegung als Übung ausführt. Was geschieht dabei? Die Muskeln verstärken sich, man bekommt kräftigere Muskeln. Genauso geht es mit den Seelenkräften. Wenn man sie immer und immer wieder auf einen Gedanken hinrichtet, so erkraften sie sich, verstärken sich" (34).

Rückt der Mensch von dem gewöhnlichen Gedankenbilden ab, das die Vorstellungen nur auf sinnliche Wahrnehmungen, Gefühle oder Erinnerungen bezieht, und rückt er nun Gedanken in den Mittelpunkt seines hellen Bewußtseins, die sich auf nichts Äußerliches oder

Subjektives beziehen, so kommt er nach Steiner immer mehr dazu, die übersinnliche Tätigkeit, die dem Denken zugrunde liegt, ins Geistesauge zu fassen. Auf diese Weise kann der Mensch sein Denken, das bisher an seine Leibesorganisation gebunden war, immer mehr bewußt lösen (entbinden) und durch kontinuierliches Üben seine nun neu gemachten Erfahrungen geistig "verdichten". Ein Gleiches wird mit der Umwandlung des Fühlens und Wollens erreicht (siehe unten) und kann nach Steiner zu "unbegrenzten Steigerungen" der Seelenfähigkeiten führen. Der Mensch kann somit zu einem vollbewußten Erleben der eigenen seelisch-geistigen Wesenheit und der der Welt aufrücken, welches von den Bedingungen der leiblichen Organe unabhängig, aber mit dem klaren Denken voll überschaubar ist. Er erlebt so außerhalb seines Leibes sein wahres Wesen, das sich im normalen Bewußtsein am Leibe nur "spiegelt" und dadurch die gewöhnlichen Seelenbetätigungen von Denken, Fühlen und Wollen ermöglicht, jetzt aber in dem neuen Erleben sich selbst ergreifen und zum "schauenden Bewußtsein" (35) aufrücken kann. Dieses bewußte Eindringen in rein geistige Welten und deren exakte Erforschung nannte Steiner "Anthroposophie" oder "Geisteswissenschaft". "Die hier gemeinte Geisteswissenschaft zeigt auf ein Erleben, das die Seele unabhängig vom Leibe haben kann. Und dieses Erleben offenbart sich als ein Individuelles. Es tritt auf wie ein höherer Mensch, der zu dem physischen Menschen wie zu seinem Werkzeug steht. Was durch das geistige Erleben der Seele frei vom physischen Leibe sich erfühlt, ist ein geistig-seelisches einheitliches Menschenwesen, das so einer geistigen Welt angehört, wie der Leib der physischen. Erlebt die Seele dieses ihr geistiges Wesen, dann erkennt sie auch, daß dies in einem gewissen Verhältnis zum Leibe steht" (36).

Die imaginative Erkenntnis

Die erste Stufe dieser neuen Erkenntniskraft, die sich durch das oben beschriebene Üben einstellt, wird von Steiner die "imaginative" genannt. (Steiner hat, wie wir im folgenden noch sehen werden, teilweise ältere Begriffe übernommen, ihren Gehalt aber im modernen, geisteswissenschaftlichen Sinne genau erläutert). Wie sich die intellektuelle

Erkenntniskraft auf die Wirklichkeit des Physischen, z.B. des physischen Menschen bezieht, so richtet sich die imaginative Erkenntniskraft auf den "ätherischen Menschen", der eine real im physischen Menschen wirkende Wesenheit (Ätherleib) ist. "Es handelt sich dabei nicht um den hypothetischen Äther der gegenwärtigen Physik, sondern um ein wirklich geistig Geschautes. Der Name wird im Einklange mit älteren instinktiven Ahnungen dieser Welt gegeben. Diese haben gegenüber dem, was gegenwärtig klar erkannt werden kann, keinen Erkenntniswert mehr; aber will man etwas bezeichnen, so braucht man Namen" (37).

Der Mensch lernt so, in sich eine tätige Wesenheit zu erkennen und zu erschauen, die mit den Naturgesetzen, die nur für eine physische, d.h. mineralische Welt gelten, nichts zu tun hat, sondern die direkt entgegengesetzten Charakters ist und ihren sinnlich-physischen Ausdruck im menschlichen Flüssigkeitsorganismus hat.

"....ohne daß man irgendwie einzugehen braucht auf die mechanistische oder vitalistische Methode, zeigt sich doch der unmittelbaren Anschauung ...., daß die gesamte ätherische Organisation, die Sie sich nur als eine Struktur von Funktionen zu denken brauchen, nun unmittelbar eingreift in alles dasjenige, was flüssiger Natur in der menschlichen Organisation ist. So daß wir die physische Denkweise beschränken müssen auf alles dasjenige, was fest in der menschlichen Organisation ist, also im Grunde genommen auf den festen Aggregatzustand, und daß wir zurechtkommen mit der menschlichen Organisation nur dann, wenn wir dasjenige, was flüssig ist in dieser Organisation, als nicht bloß Flüssiges, so wie wir es in der äußeren unorganischen Natur haben, sondern als Flüssiges betrachten, das durch und durch belebt ist, als lebendiges Flüssiges. Das ist das, was gemeint ist, wenn gesagt wird, daß der Mensch einen Ätherleib hat.... Wenn wir sagen: die Zelle ist belebt, so wie es der krasse Empiriker auch sagt, so zeigt sich für die unmittelbare Anschauung, die sich ergibt für die Methode, die ich hier bespreche, daß das, was flüssiger Natur ist im Menschen, eben belebt ist. Das deckt sich aber mit dem, wenn wir sagen: der Mensch hat einen Ätherleib" (38).

Dieser den Menschen organisierende Äther- oder Bildekräfteleib hat aber seine eigene Gesetzmäßigkeit, die nicht der rein irdisch-mineralischen unterliegt, sondern im Gegenteil das bloß Stofflich-Feste in den verlebendigenden Strom aufnimmt und so auch zwischen dem

Materiellen und dem Seelisch-Geistigen eine vermittelnde Rolle spielt.

"In dieser Welt gilt nicht das Gesetz der Anziehungskraft der Erde, sondern im Gegenteil, es tritt eine Kraft auf, die nicht von dem Mittelpunkt der Erde nach auswärts wirkt (wie die Schwerkraft), sondern umgekehrt so, daß ihre Richtung von dem Umkreis des Weltalls her nach dem Mittelpunkt der Erde geht" (39).

Diesen so charakterisierten Ätherleib erlebt der Mensch in sich als Verursacher des Bleibenden, Formgestaltenden im Auf- und Abbaustrom der physischen Stoffe und als Träger der Wachstums-, Ernährungs- und Erinnerungskräfte. Diese innere Wesenheit des Ätherleibes, die der Mensch nun in sich erlebt, erlebt er aber genauso in der ihn umgebenden Welt, z.B. in dem blühenden, wachsenden Reich der Pflanzenwelt, die das sichtbare Ergebnis der physischen und ätherischen Wirksamkeiten ist.

"Diese ätherische Leiblichkeit ist etwas, das sich ihrem Wesen nach auch in der Pflanzenwelt findet. Die Pflanzen haben ihren Ätherleib. Die physischen Gesetze gelten tatsächlich nur für die Welt des leblosen Mineralischen. Die Pflanzenwelt ist auf der Erde dadurch möglich, daß es Substanzen im Irdischen gibt, die nicht innerhalb der physischen Gesetze beschlossen bleiben, sondern die alle physischen Gesetzmäßigkeiten ablegen und eine solche annehmen können, die dieser entgegengesetzt ist" (40).

Durch diese geübte und erfahrene erweiterte Selbsterkenntnis gelangt der Mensch auch zu einer erweiterten Welterkenntnis. Der Mensch lernt zum Beispiel erkennen, daß der ihn durchdringende Ätherleib, der sich am deutlichsten in der Embryonal- und Säuglingszeit in seiner Wachstums- und Gestaltungsdynamik offenbart, im Verlaufe des Lebens zum Teil umwandelt, sich von der Wachstumstätigkeit des Leibes emanzipiert und zur gewöhnlichen Denkkraft wird, die im Menschen als schattenhafte Gedankenwelt erlebbar ist. "Es ist von der allergrößten Bedeutung zu wissen, daß die gewöhnlichen Denkkräfte des Menschen die verfeinerten Gestaltungs- und Wachstumskräfte sind. Im Gestalten und Wachsen des menschlichen Organismus offenbart sich ein Geistiges. Denn dieses Geistige erscheint dann im Lebensverlaufe als die geistige Denkkraft. Und diese Denkkraft ist nur ein Teil der im Ätherischen webenden menschlichen Gestaltungs- und Wachstumskraft. Der andere Teil bleibt seiner im menschlichen Lebensbeginne innegehabten Aufgabe getreu" (41).

Diese Denkkräfte, die der Mensch im gewöhnlichen Leben zur Verfügung hat und die die gleiche Wurzel haben wie die lebendigen Wachstums- und Ernährungskräfte, die der Mensch aber bei jeder Sinneswahrnehmung herablähmt, um sie bewußt als Vermittler der äußeren Wirklichkeit zu erleben, können im oben angeführten Sinne so verstärkt und vertieft werden, daß sie als lebendige, bildhafte Vorstellungen, die nicht von der Sinneswelt abgeleitet sind, sondern aus der imaginativ erlebbaren ätherischen Welt stammen, in der Seele vollbewußt erfaßt werden.

Die inspirative Erkenntnis

Der Mensch kann aber auch sein Fühlen bewußt durch Übungen umgestalten, das ihm ja im gewöhnlichen Leben seine Innenwelt bildet und keine eigentliche Erkenntnisquelle ist. Durch weiteres verstärktes Üben, indem man nun eine erhöhte Kraft anwendet, die erlangten Imaginationen, die man als Bilder einer übersinnlich-ätherischen Wirklichkeit kennengelernt hat, zu unterdrücken, gelangt man zu einem Zustand des "völlig leeren Bewußtseins", d.h. man schläft nicht wie gewöhnlich bei diesem Zustand ein, sondern ist völlig wach, doch hat das Bewußtsein keinen Inhalt. Aber dieser besondere Zustand, so sagt Steiner, dauert nicht an, sondern hat man diese verstärkte Kraft erreicht, so erfüllt sich das leere Bewußtsein mit Inhalten einer real geistigen Welt, die auf den Menschen hinströmen und genauso exakt erfahrbar und überschaubar sind, wie die Eindrücke der physischen Welt. Die so erlangte Erkenntnisfähigkeit nennt Steiner die "Inspiration", mit der der Erkennende eine weitere übersinnliche Wesenheit in sich kennenlernt, die "Astralleib" genannt wird und im Luftorganismus des Menschen seinen physischen Ausdruck findet.

"Ferner, wenn man dann kommt zu demjenigen, was im Menschen gasförmiger Natur ist, so ergibt sich, daß alles dasjenige, was als Gasiges den Menschen erfüllt, in einem fortwährenden Austausch miteinander steht...., daß es nicht nur in einem unorganischen Austausch und auch nicht bloß in einem durch die festen Organe vermittelten Austausch steht, sondern daß im Menschen eine eigene Gesetzmäßigkeit herrscht, welche den inneren Gasaustausch, das Ineinanderwirbeln der Gase beherrscht.... Und diese Gesetzmäßigkeit, die nun dem Gas- oder Luftorganismus unmittelbar zugrunde liegt, bezeichnen wir in der Anthroposophie für den Menschen zunächst als astralische Gesetzmäßigkeit, die astralische Organisation. Diese Gesetzmäßigkeit würde im Menschen nicht da sein, wenn der Mensch nicht eben durchsetzt hätte seine feste und flüssige Organisation mit der luftförmigen Organisation. In das Feste und Flüssige greift nicht unmittelbar die astralische Organisation ein, sondern sie greift unmittelbar in die luftförmige Organisation ein, und erst mittelbar greift wieder die luftförmige Organisation in jeder Art in die feste und flüssige ein...." (42). Der den Leib organisierende Astralleib ist noch weiter als der ätherische Leib von außerirdischen Gesetzmäßigkeiten beherrscht, die die Stofflichkeit umwandeln. Durch ihn, der im Luftförmigen des Menschen seinen leiblichen Abdruck findet, kommen die Bewegungen und die innere Welt der Gefühle zustande. "Spricht man aber von 'astralischer Welt', so geht man in Gemäßheit dessen, was das inspirierte Bewußtsein beobachtet, von den Wirkungen aus dem Weltumfange zu bestimmten Geist-Wesenheiten über, die in diesen Wirkungen sich offenbaren, wie in den von der Erde ausgehenden Kräften sich die Erdenstoffe offenbaren...."

"Auch in diesen astralischen Leib muß die Erdenstofflichkeit einströmen. Sie entfremdet sich damit weiter ihrer physischen Wesenheit. — Wie der Mensch seinen ätherischen Leib mit der Pflanzenwelt, so hat er seinen astralischen Leib mit der Tierwelt gemeinsam" (43). Dabei darf man "Leib" nicht mit sinnlicher Körperform verwechseln. Der Ausdruck Steiners bezeichnet ein Wesenhaftes, das einem lebendigen Wesen von irgendwelcher Art Gestalt und Form gibt und ein in sich abgeschlossenes Glied ist, wie physischer und ätherischer "Leib". Durch diese weitere, vertiefte Erkenntnis lernt sich der Mensch als ein Wesen kennen, das eine Seele hat, die unabhängig von Geburt und Tod als schöpferische Wesenheit (Steiner nennt auch die verschiedenen im Menschen wirksamen Leiber "Wesensglieder") am Leibe tätig ist und im seelischen Bereiche der Gefühle und Leidenschaften, die wir ja gewöhnlich als Seelenleben bezeichnen und die auch bei den Tieren, wenn auch in anderer Erlebnisart, auftreten, wirkt. Wie das Auftreten der Gefühlswelt vom Leiblichen abhängt und auf es einwirkt, soll später noch erörtert werden, da es mit der Krankheitsidee Steiners wesenhaft zu tun hat.

Als letzte und höchste Erkenntnisart, die der Mensch handhaben kann, wird die "Intuition" genannt, die durch die geschulte Umgestaltung der gewöhnlichen, im Unterbewußtsein wirkenden, geistig realen Willenskräfte erfolgt. Dazu ist es nötig, daß man eine bestimmte Erkenntniskraft ausbildet: ".... man muß die Liebe ausbilden als Erkenntniskraft, das selbstlose Hinausgehen in die Dinge und Vorgänge der Welt" (44). Dieser höchste Grad der menschlichen Erkenntnisfähigkeit bedarf nach Steiner der höchsten seelischen Aufmerksamkeit und der "liebevollen Hingabe an das von der Seele Erlebte". Mit dieser Fähigkeit soll es dann auch möglich sein, die Dinge nicht nur von außen zu betrachten, sondern innerhalb derselben zu "leben". Das Ich des Menschen ist jetzt "selbstlos" mit den anderen Wesen zusammengeflossen; was jetzt in der Seele lebt, ist nach Steiner der Gegenstand selbst. "Das Leben der Dinge in der Seele ist nun die Intuition"(45).

Wie der Mensch im gewöhnlichen Bewußtsein sein eigenes "Ich" nach Steiner nur durch Intuition, d.h. durch innere Wahrnehmung erleben kann, so ist diese Art der eigenen Ich-Wahrnehmung Vorbild für alle bewußt angestrebte intuitive Erkenntnis (siehe auch Kapitel 3). Die Liebe und die "Selbstlosigkeit" beziehen sich auf Seelenfähigkeiten, die eine reale geistige Verbindung mit einer anderen Wesenheit einzugehen vermögen. "Um so in die Dinge hineinzukommen, muß man allerdings erst aus sich selbst heraustreten. Man muß 'selbstlos' werden, um mit dem 'Selbst', dem 'Ich' einer anderen Wesenheit zu verschmelzen" (46). (Das real geistig Wesenhafte des Anderen kann durch die Intuition im Bewußtsein gegenwärtig werden. So sagt Steiner in seiner "Philosophie der Freiheit": "Intuition ist das im rein Geistigen verlaufende bewußte Erleben eines rein geistigen Inhaltes") (47).

Indem man es so vermag, gewissermaßen leibfrei, körperfrei die Welt zu erleben, kann man sich vollständig erfassen als geistiges Wesen in der geistigen Welt. So gelangt man durch die höchste Erkenntnisstufe, die Intuition, zum vierten Glied der menschlichen Wesenheit, zum eigentlichen "Ich", das leiblich im Wärmeorganismus des Menschen seinen Ausdruck findet.

"Und ebenso kommen wir zur Ich-Organisation. Die greift unmittelbar nur ein in die Wärmedifferenzierungen, die im menschlichen Organismus sind, so daß man sprechen kann von einem Wärmeorganismus, einem Wärmemenschen. Und in diesen Wärmemenschen greift unmittelbar ein die Ich-Organisation, die natürlich dadurch, daß sie da ist als etwas Übersinnliches, die Wärmedifferenzierungen bewirkt, aber vor allen Dingen auch perzipiert, in ihnen lebt. In den Wärmedifferenzierungen lebt dann die Ich-Organisation unmittelbar, mittelbar im übrigen Organismus dadurch, daß die Wärme nun wirkt auf alle gasförmige, flüssige und feste Organisation" (48). Die irdische Stofflichkeit hat somit im menschlichen Leibe ihre höchste Stufe erreicht und ist damit erst zum eigentlich menschlichen Substrat geworden, das für die geistigen Fähigkeiten des Menschen die leibliche Grundlage abgeben kann.

"Wieder wird man gewahr, wie die Erdenstofflichkeit, indem sie sich dem Weben und Wesen des 'Ich' einfügt, sich noch weiter ihrem physischen Wesen entfremdet. Die Wesenheit, welche diese Stofflichkeit als 'Ich-Organisation' annimmt, ist zunächst die Form des Erdenstoffes, in der sich dieser am meisten seiner irdisch-physischen Art entfremdet" (49). Man gelangt so zu der realen Menschenwesenheit, die sich im Leibe als Bewußtsein, d.h. Selbstbewußtsein offenbart und die den Menschen von allen Wesenheiten unterscheidet.

Der menschliche Leib in Anthropologie und Anthroposophie

Ist der Mensch auch in gewisser Beziehung verwandt mit den Wesen der ihn umgebenden Naturreiche: "Gleich den Mineralien baut er seinen Leib aus den Stoffen der Natur auf; gleich den Pflanzen wächst er und pflanzt er sich fort; gleich den Tieren nimmt er die Gegenstände um sich herum wahr und bildet aufgrund ihrer Eindrücke in sich innere Erlebnisse...., so ragt er durch seine individuelle Geistwesenheit, das 'Ich', das auch die anderen Wesensglieder umgestaltet und die leibliche Substanz auf den Menschen und sein Denken hinorientiert, aus der übrigen Natur heraus und bildet durch seine spezifisch menschliche Daseinsform ein Reich für sich" (50).

Wie wir sahen, erscheint nach Steiner als die höchste Seelenbetätigung im menschlichen Leibe das selbstbewußte Denken, das sich nur seinem Wesen nach entfalten kann, wenn die einzelnen Wesensglieder auf es hingeordnet sind, d.h. ihm zur leiblichen und seelischen Grundlage dienen. "Der Menschenleib hat einen dem Denken entsprechenden Bau. Dieselben Stoffe und Kräfte, die auch im Mineralreich vorhanden sind, finden sich im menschlichen Leibe so gefügt, daß sich durch die Zusammenfügung das Denken offenbaren kann. Dieser mineralische, in Gemäßheit seiner Aufgabe gebildete Bau soll für die folgende Betrachtung der physische Körper heißen" (51).

Durch die Umwandlung der außermenschlichen Substanz durch physischen Kraftleib, Ätherleib, Astralleib und Ich hindurch entsteht ein Substanzstrom, durch den erst menschliche Substanz gebildet wird, die Träger des bewußten Geisteslebens ist. Bis in die kleinsten Teile seiner Substanz hinein ist der Mensch in seiner Gestaltung also Ergebnis seiner Ich-Organisation. "Der Geist benutzt nicht den Körper, sondern er entfaltet sich durch ihn hindurch, indem er ihn gleichzeitig aus dem physikalischen in einen anderen Bereich überführt" (Merleau-Ponty) (52). Wir werden im folgenden immer wieder die Auffassung Steiners finden, daß der Mensch, will man ihn in seiner Wirklichkeit in Gesundheit und Krankheit verstehen, zugleich als physischer, seelischer und geistiger angeschaut werden muß. Kehren wir noch einmal zu unserem Ausgangspunkt zurück: Steiner geht es darum, daß die anthropologische Forschungsmethode, wenn sie wahrhaft ausgeschritten wird, sich mit der anthroposophischen Forschungsmethode begegnen kann. Erforscht der Anthropologe die Reiche der Sinneswelt, so kommt er als deren höchstem Glied zum Menschen, dessen Leibesorganisation er erforschen kann, die im Menschen so zusammengefaßt ist, daß in ihr die äußere Wirklichkeit in Vorstellungen und Gedanken auftritt. Die Betätigung des Menschen in seinem Gedankenleben, das nicht mehr von den Gesetzen der Leibesorganisation, sondern von den "leibfreien" Denkgesetzen der Logik getragen wird, ist nach Steiner mit den gewöhnlichen anthropologischen Forschungsmethoden nicht mehr zu ergründen. "In dem von dem logischen Wesen getragenen Vorstellungsleben offenbart sich dem Anthropologen der in die Geisteswelt hineinragende Sinnesmensch" (53).

Der anthroposophische Forscher, der das geistige Wesen des Menschen als ein Glied der geistigen Welt betrachtet, kommt auf seinem Wege zu der Erkenntnis, wie sich der "geistige Mensch im Menschenleibe offenbart" (54). Von dem Fortschreiten von einer außermenschlichen geistigen Welt bis zum geistigen Menschen hin, findet der Geistesforscher ihn "zuletzt in einem Sinnesleibe lebend" (55) und an der sinnlichen Wirklichkeit Bewußtsein entwickelnd. Gewissermaßen am Ende seines Forschungsweges erkennt er imaginativ die in der Seele lebenden Vorstellungen, die aus der imaginativen, geistigen Wirklichkeit stammen und erst durch die wahrnehmende leibliche Sinnestätigkeit zu den gewöhnlichen Vorstellungsinhalten herabgelähmt werden, damit sie als Denkinhalte für das gewöhnliche Bewußtsein erlebbar sind. "Die Anthroposophie bringt (...) das Bild des lebendigen Geistesmenschen mit und zeigt, wie dieser durch das Sinnensein das zwischen Geburt und Tod bestehende Bewußtsein entwickelt, indem das übersinnliche Bewußtseinsleben abgelähmt wird. Die Anthropologie zeigt bei dem Begegnen das Bild des im Bewußtsein sich selbst erfassenden Sinnesmenschen, der aber aufragend in das geistige Dasein in dem Wesen lebt, das über Geburt und Tod hinausliegt. Bei diesem Zusammentreffen ist eine wirklich fruchtbare Verständigung zwischen Anthroposophie und Antropologie möglich. Diese muß eintreten, wenn beide sich zur Philosophie über den Menschen fortbilden...." (56).

Es ist die Meinung Steiners, daß erst in der Begegnung beider Forschungsarten, die von dem Menschen beide bewußt gehandhabt werden können, und die er vorbildhaft zum ersten Mal in seiner "Theosophie" (1904) aufgezeigt hat, umfassende Aussagen über die menschliche Wirklichkeit gemacht werden können. Diese Neubegründung einer geisteswissenschaftlichen Menschenkunde mit exakt erfahrbaren übersinnlichen Phänomenen, die auch die sichtbaren Dinge neu anschauen lernen, mußte konsequenterweise auch zu einer Erneuerung in der Medizin führen. "Allein wir fügen zu dem, was man mit den heute anerkannten wissenschaftlichen Methoden über den Menschen wissen kann, noch weitere Erkenntnisse hinzu, die durch andere Methoden gefunden werden und sehen uns daher gezwungen, aus dieser erweiterten Welt- und Menschenerkenntnis auch für eine Erweiterung der ärztlichen Kunst zu arbeiten"(57).

Neben den allgemein gegebenen Büchern und Vorträgen zur Methodik einer erweiterten Erkenntnis, beginnt Steiner mehrere medizinische Bücher und Vorträge mit der Schilderung des erweiterten Erkenntnisweges, den auch der Arzt beschreiten muß, um wirklichkeitsgemäße, menschliche Wesenserkenntnis zu treiben. So kann man den Anfang der anthroposophisch orientierten Medizin mit "der Arzt als die Wirklichkeit Erkennender" bezeichnen, ein Problem, das in der Medizin und Naturwissenschaft heute im höchsten Grad aktuell ist.

H. Schipperges sieht den Grund der "Medizin der Sackgassen" in dem methodologischen Problem: "Es konnte trotz aller Anthropologie und Pathosophie keine adäquate wissenschaftliche Methodik entwickelt werden. Dieses aber ist das einzige Problem, das uns auf den Nägeln brennt: die Methode der Medizin — das Vorgehen des Mediziners als Theoretiker und als Praktiker, das Gehen überhaupt auf einem Wege, der einem etwas anderes, etwas Besseres, etwas Heiles verspricht"(58).

Eine gewisse Wendung von der immer feiner werdenden und die Natur nur analysierenden Beobachtungsmethode zum erkennenden Subjekt selber, das ja, je nach der gewählten Methode, andere Zugänge zur Natur hat und selber wesenhaft in der Welt "verankert" (Merleau-Ponty) ist, beschreibt Heisenberg: "Im Hinblick dieser Wissenschaft steht vielmehr vor allem das Netz der Beziehungen zwischen Mensch und Natur, der Zusammenhänge, durch die wir als körperliche Lebewesen abhängige Teile der Natur sind und sie gleichzeitig als Menschen zum Gegenstand unseres Denkens und Handelns machen. Die Naturwissenschaft steht nicht mehr als Beschauer vor der Natur, sondern erkennt sich selbst als Teil dieses Wechselspiels zwischen Mensch und Natur. Die wissenschaftliche Methode des Aussonderns, Erklärens und Ordnens wird sich der Grenzen bewußt, die ihr dadurch gesetzt sind, daß der Zugriff der Methode ihren Gegenstand verändert und umgestaltet, daß sich die Methode also nicht mehr vom Gegenstand distanzieren kann.

Das naturwissenschaftliche Weltbild hört damit auf, ein eigentlich naturwissenschaftliches zu sein" (59). Nach Steiner hatte aber gerade das naturwissenschaftliche Erkennen die positive menschheitliche Aufgabe, durch seine "Geistlosigkeit" und Sachlichkeit die Menschheit durch ein Erlebnis zu führen, bei welchem das alte Geisterlebnis an der Natur erstirbt und nur das Gewordene, Materielle, erkannt wird. Dadurch, daß der Mensch eine nur auf das Äußere gerichtete Naturerkenntnis entwickelt hat, ist er nach Steiner von einem unfreien, das Gedankenwesen der Welt instinktiv erlebenden Wesen, im eigenen Gedankenbilden freies Wesen geworden, das im eigenen Innern die einst verlorene Geistigkeit auf neue Art wiederfinden kann. Steiner sah es als seine Aufgabe an, diejenigen Methoden zu entwickeln, die im Menschen neue "Organe" zur Entwicklung bringen, welche dann im Geistigen (Übersinnlichen) zu genauso exakten und besonnenen Aussagen führen können wie im Physisch-Materiellen. Bezeichnenderweise trägt seine "Philosophie der Freiheit" (1894) den Untertitel: "Seelische Beobachtungsresultate nach naturwissenschaftlicher Methode".

2. Die physischen und geistigen Abhängigkeiten der Menschen-Wesenheit

Betrachten wir den Menschen vom anthropologischen und anthroposophischen Gesichtspunkt wie im vorangehenden Kapitel, so bleibt die Frage offen, in welchem Verhältnis das Seelisch-Geistige zum Physischen des Menschen steht, da es ja von "anderer Natur" als das rein Physische ist, jedoch gesamthaft im Menschen in der geistig-seelischen Betätigung zum Ausdruck kommt und andererseits vom Leibesleben beeinflußbar ist. Mit der oben genannten erweiterten Forschungsmethode muß es der Geisteswissenschaft möglich sein, exakte Aussagen über das Wirken des Seelisch-Geistigen im Menschen zu machen. Dazu gehört nach Steiner genaues anthropologisches und anthroposophisches Studium der Menschenwesenheit.

Steiner gliedert nun das normale Seelenleben des Menschen in drei Tätigkeiten: 1. Denken — 2. Fühlen — und 3. Wollen. Wie treten diese Tätigkeiten im Menschen auf und wie werden sie durch die leibliche Organisation hervorgebracht? "Ist es denn möglich, nach der Erscheinung, die sich in der Erfahrung darbietet, so zu sprechen, daß das gesamte Seelenleben nach Denken, Fühlen und Wollen an das Nervensystem und Sinnessystem gebunden ist? Es ergab sich für mich dabei ein unmöglicher Widerspruch: an das Nerven-Sinnessystem sollen Denken, Fühlen und Wollen gebunden sein?" (60)

Denken, Fühlen und Wollen in ihrer Beziehung zur Leiblichkeit

Steiner hat nach seinen eigenen Worten mehrere Jahrzehnte gebraucht, um in die komplizierte menschliche Organisation mit gewissen Leitlinien erkennend einzudringen, um zu einer den ganzen Menschen umfassenden Überschau zu gelangen. Er kam zu dem Ergebnis, daß man die menschliche Gesamtorganisation in leiblicher Hinsicht nach drei Aspekten beurteilen kann, die sich, zwar aufeinander und ineinander wirkend, jedoch grundlegend voneinander unterscheiden: 1. Die Nerven-Sinnesorganisation, 2. die rhythmische Organisation und 3. die Stoffwechsel-Gliedmaßenorganisation. Als in sich geschlossene Organisationen, in denen die Wesensglieder des Menschen in sehr unterschiedlicher Weise wirken, stehen sie sich gegenüber und bilden die leibliche Grundlage der seelischen Tätigkeiten von Denken, Fühlen und Wollen. Steiner betrachtet nun zuerst das Seelische, das als Vorstellen erlebt wird, und sucht nach den leiblichen Vorgängen, mit denen es in Beziehung zu setzen ist. Er findet es wie die physiologische Psychologie in den Vorgängen des Nervensystems. "Die körperlichen Gegenstücke zum Seelischen des Vorstellens hat man in den Vorgängen des Nervensystems mit ihren Ausläufern in die Sinnesorgane einerseits und in die leibliche Innenorganisation andererseits zu sehen" (61). Geht man nun weiter von der Betrachtung des Vorstellens zum Fühlen, so ist Steiner der Meinung, daß man das Fühlen nicht mehr unmittelbar mit dem Nervensystem in Beziehung setzen kann, sondern mit der rhythmischen Organisation, mit denjenigen Lebensrhythmen, die in der Atmungstätigkeit ihre Mitte haben, sich aber in allen anderen rhythmischen Prozessen offenbaren: so im Rhythmus des Blutkreislaufs, der Stoffwechselrhythmen, von Schlafen und Wachen etc. An dem Musikalischen macht Steiner klar, daß sein Erleben zunächst auf einem Fühlen beruht, der Inhalt des Musikalischen aber in dem Vorstellen lebt, das durch die Gehörwahrnehmung vermittelt wird. Dieses Hören, bzw. Vorstellen des Tongebildes, zu dem ja Gehör und Nerv gehören, vermittelt noch nicht das musikalische Erlebnis. Dieses kommt zustande, indem der Atmungsrythmus in seiner leiblichen Fortsetzung im rhythmisch auf- und absteigenden Liquor an das Nerven-Sinnessystem heranschlägt. "Und die Seele lebt nun nicht in dem bloß Gehörten und Vorgestellten, sondern sie lebt in dem Atmungsrhythmus; sie erlebt dasjenige, was im Atmungsrhythmus ausgelöst wird dadurch, daß gewissermaßen das im Nervensystem Vorgehende heranstößt an dieses rhythmische Leben" (62).

Das bewußte Erleben der Gefühlswelt ist eine Funktion des Nervensystems, das das Fühlen, welches sich auf die rhythmischen Prozesse stützt, wahrnimmt."....Die Seele erlebt fühlend, indem sie sich dabei ähnlich auf den Atmungsrhythmus stützt, wie im Vorstellen auf die Nervenvorgänge" (63).

Das Erlebnis z.B. des Musikalischen gehört unmittelbar dem rhythmischen System an, und was dann für den Menschen bewußt erlebte Gefühlswelt wird, ist nach Steiner schon Vorstellung, die vom Nervensystem getragen wird. Obwohl aufeinander wirkend und voneinander abhängig, sind Nervensystem und rhythmisches System innerlich, organisatorisch voneinander geschieden.

Gehen wir nun zu der dritten Seelenbetätigung des Menschen, dem Wollen, über. Das Wollen stützt sich auf die Stoffwechsel-Gliedmassenorganisation, die Steiner als eine Organisation zusammenfaßt. "Aber Sie brauchen nur zu bedenken, wie alles Motorische, alles, was in Bewegung ist und mit den Gliedmaßen zusammenhängt, auf den Stoffwechsel zurückwirkt" (64).

Wie nun durch eine Modifikation im Atmungsrhythmus in der Seele ein Gefühl entsteht, so geht, wenn etwas "gewollt" wird, ein Stoffwechselvorgang vor sich, der die leibliche Grundlage für das als Wollen in der Seele Erlebte ist. Hat der Mensch in dem bewußten Vorstellen ein Erlebnis des Wachseins, so in der Gefühlsbetätigung der Seele ein Bewußtsein in jener Stärke, welche die Traumvorstellungen haben. Das Wollen nun, das sich auf die Stoffwechselvorgänge stützt, kann nur mit jenem dumpfen Bewußtsein erlebt werden, das im Schlafe vorhanden ist. Wird nun das Wollen zu einem Gedankenerlebnis, so muß es erst in die Sphäre der Nervenorganisation heraufgeholt werden, damit der Mensch sich an ihm vorstellend betätigt. Wie beim Fühlen die Atmungsrhythmen und ihre Ausläufer an das Nerven-Gehirnsystem heranfluten, so beim Wollen die Stoffwechselvorgänge mit ihren Verzweigungen und Ausläufern. "Wir entwickeln unsere Gefühle in unserem Willen, indem unser Wille sich unmittelbar in den Stoffwechselvorgängen auslebt, unmittelbar! Wir erleben mittelbar im rhythmischen System, fühlend den Willen. Und wir machen uns Gedanken über das, was wir wollen, indem Stoffwechselsystem und rhythmisches System heraufkraften in das Nerven- und Sinnessystem" (65).

Steiner ist nun der Auffassung, daß man mit dieser der leiblichen und seelischen Organisation abgelauschten Gliederung Leitlinien entwickeln kann für die menschliche kranke und gesunde Organisation.

"....und gerade unter dem Einflusse dieser Prinzipien über die Gliederung des Menschen ist dasjenige entstanden, (...), diese therapeutische Strömung innerhalb unserer anthroposophischen Bewegung" (66). Das Verhältnis von Nerventätigkeit, Atmungs- und Stoffwechseltätigkeit ist genau zu beachten, denn sie liegen ja nicht nebeneinander, sondern durchdringen sich gesetzmäßig in der Leiblichkeit. "Stoffwechseltätigkeit ist im ganzen Organismus vorhanden; sie durchdringt die Organe des Rhythmus und diejenigen der Nerventätigkeit. Aber sie ist, auch wenn sie die anderen Systeme durchdringt, immer die Grundlage für die Willenswirksamkeit. So ist auch das, was man im Nerven physiologisch erkennen kann, als Stoffwechselvorgänge oder rhythmische Prozesse, niemals Nerventätigkeit" (67). Die Nervenphysiologie muß nach Steiner zu der Erkenntnis kommen, daß die wahre Nerventätigkeit sich der physiologischen Sinnesbeobachtung entzieht. Was im Nervenleben nicht sinnlich beobachtbar ist, nämlich die ablähmenden Prozesse beim Vorstellen, das ist eigentlich Nerventätigkeit.

Wie schon im 1. Kapitel dargestellt, treten nur dann Vorstellungen auf, wenn das Seelisch-Geistige durch das Nervensystem herabgelähmt wird. In diesem nicht sinnlich-sichtbaren Vorgang muß die Nerventätigkeit liegen. Somit sind nach Steiner die am Nerven zu beobachtenden Stoffwechselvorgänge nur physisch sichtbare Auswirkungen des "Wollens".

Die menschliche Einheit

Der Mensch ist jedoch nicht nur ein in sich abgeschlossenes denkendes, fühlendes und wollendes Wesen, sondern er ist in eine Umwelt gestellt, auf die Welt hin "orientiert" (Merleau-Ponty (68)). Auf der einen Seite erstreckt sich sein Vorstellen in die Sinneswahrnehmung und auf der anderen Seite sein Wollen in die Bewegungsfähigkeit. Damit tritt der Mensch im eigentlichen Sinne aus der Welt seines eigenen Organismus heraus, denn indem die Seele das Sinnesgeschehen in sich aufnimmt, nimmt sie an einer Außenwelt teil, die sich durch die Sinne "golfartig" (69) in ihren eigenen Organismus erstreckt, d.h. aber: die Außenwelt übergreift ein Stück den menschlichen Leib.

Auf der anderen Seite stellt sich der Mensch in dem Bewegungsvorgang in die Wirksamkeit außerhalb ihm liegender Gleichgewichts- und Kräfteverhältnisse. Die Seele übergreift so mit ihren Bewegungsvorgängen den Bereich des Organismus und lebt mit ihrem Tun das "Geschehen der Außenwelt" mit (70).

Steiner ist der Auffassung, daß die einseitige Zuordnung des gesamten Seelenlebens auf das Nervensystem und die Auflösung ihrer Beziehung zueinander in Parallelvorgänge zu keiner wirklichkeitsgemäßen Erfassung des Seelisch-Geistigen im Leiblichen führen kann. "Der Leib als Ganzes, nicht bloß die in ihm eingeschlossene Nerventätigkeit, ist physische Grundlage des Seelenlebens" (71). So kommt er auch auf diesem Wege zu dem Forschungsresultat, daß, wie oben erläutert, es keine Scheidung in motorische und sensible Nerven geben könne, sondern daß sie wesensgleich sind, da sie ausschließlich Wahrnehmungscharakter für das Astralische, das der bewußten und unbewußten Bewegung zugrunde liegt, besitzen. "Der sogenannte motorische Nerv dient nicht in dem Sinne der Bewegung, wie die Lehre von der Gliederung es annimmt, sondern als Träger der Nerventätigkeit dient er der inneren Wahrnehmung desjenigen Stoffwechselvorganges, der dem Wollen zugrunde liegt, geradeso wie der Empfindungsnerv der Wahrnehmung desjenigen dient, was im Sinnesorgan sich abspielt. Bevor die Nervenlehre in dieser Beziehung nicht mit klaren Begriffen arbeitet, wird eine richtige Zuordnung des Seelenlebens zum Leibesleben nicht zustande kommen" (72). Durch die im ersten Kapitel beschriebene Erkenntnismethode ist es dann auch möglich, nicht nur die reale Abhängigkeit des Seelischen vom Leibesgeschehen zu verfolgen, sondern auch die Beziehung des Seelischen zur geistigen Seite. Man erlebt nach Steiner, wie auf der geistigen Seite das Wesenhafte, das sich der Imagination enthüllt, in den gewöhnlichen Vorstellungen wirkt, wie im normalen Fühlen ein durch Inspiration erfahrbarer Geistinhalt sich darlebt und wie im Wollen ein durch Intuition erfahrbarer Inhalt zum Vorschein kommt, der aber nur einen schwachen Abglanz in das gewöhnliche Wollen hineinwirft. Dadurch ist es möglich, die einzelnen menschlichen Wesensglieder, die durch das schauende Bewußtsein in ihrer konkreten, leibgerichteten Tätigkeit zu verfolgen sind, in ihrem primären Wirken in den verschiedenen Organisationen zu durchschauen. Die höheren "Glieder" erweisen sich leibgerichtet, in bestimmten, zueinander geordneten

Verhältnissen, die jedoch nie gleich sind und in ihrer Tätigkeitsintensität in den verschiedenen Organisationen und Organen auch verschieden wirksam sind. "Erst wenn man in dieser Weise den menschlichen Organismus durchschaut, und dann sieht, wie alles das, was Ich-Organisation ist, im engeren Sinne gebunden ist an das Nerven-Sinnessystem, wie alles das, was Ätherleib des menschlichen Organismus ist, gebunden ist im engeren Sinne an das Stoffwechsel-Gliedmaßensystem, wie alles das, was astralischer Leib ist, gebunden ist an das rhythmische System; und wie der physische Leib das Ganze durchdringt, aber fortwährend überwunden wird von den drei anderen Gliedern der menschlichen Organisation, dann lernt man eben auch in das Normale oder Abnorme, in die sogenannten normalen oder abnormen Prozesse der menschlichen Organisation hineinschauen" (73).

In dem richtigen oder falschen Aufeinanderwirken der Wesensglieder untereinander und auf den Leib muß der Grund von Gesundheit und Krankheit zu finden sein, und diese Tatsache allein muß im Blickpunkt des erkennenden Arztes liegen. "Der Mensch ist, was er ist durch Leib, Ätherleib, Seele (astralischer Leib) und Ich (Geist). Er muß als Gesunder aus diesen Gliedern heraus angeschaut; er muß als Kranker in dem gestörten Gleichgewicht dieser Glieder wahrgenommen; es müssen zu seiner Gesundheit Heilmittel gefunden werden, die das gestörte Gleichgewicht wieder herstellen" (74). Das individuelle Wirken des Geistig-Seelischen im einzelnen Menschen zu durchschauen, gehört zu den Aufgaben einer von Steiner geforderten "intuitiven Medizin".

3. Die intuitive Medizin

Es ist Steiners Überzeugung, daß der Mensch einen lebendigen Leib hat, in dem Seelisch-Geistiges zur individuellen Entfaltung kommen kann. Durch das Ergreifen des Stoffes durch den Ätherleib wird die Stofflichkeit gewissermaßen den Erdenkräften (den leblosen, mineralischen Gesetzmäßigkeiten) entrissen und erfährt so eine Weiterbildung ihres Wesens, d.h. sie wird von den Kräftewirkungen der einstrahlenden, zentripetalen Ätherkräfte aufgebaut und so zur lebendig-menschlichen Substanz. "Allein dieser Aufbau führt wohl zum Leben, nicht aber zum Bewußtsein und nicht zum Selbstbewußtsein" (75).

Das polare Geschehen von Aufbau und Abbau

Steiner legt dar, wie die von ihm beschriebene Erkenntnisart in der Lage ist, zu erkennen, daß der lebendige Aufbaustrom nicht immer weiter und weiter geht, bis er das Gehirn- und Nervensystem erreicht und dort so eingerichtet wird, daß er Träger des bewußten Vorstellungslebens sein kann, sondern daß das Leben aus zwei einander entgegengesetzten Strömungen besteht: einer aufbauenden und einer abbauenden Strömung. In das sprießende Leben des Leibes gliedert sich fortwährend hinein ein Zerfallen, dem der lebendige Aufbaustrom Platz machen muß. In diesen Abbau, diese "Devolution", kann sich nun das Seelisch-Geistige des Menschen im Leibesgeschehen eingliedern. So stehen sich in jedem Augenblick in der menschlichen Leiblichkeit Aufbau und Abbau polar gegenüber. "Das Geistige ergreift

das Materielle nicht dadurch, daß dieses sich ihm entgegenentwickelt, sondern es ergreift es dadurch, daß das Materielle sich im umgekehrten Prozeß abbaut, und im Abbauen findet das Geistige dann seine Erscheinung, seine Offenbarung. So sind wir erfüllt von Geistigem, das überall da ist, wo Devolution ist, nicht Evolution...."(76).
Wir sahen, wie das Seelische und Geistige des Menschen (Astralleib und Ich) im Physisch-Ätherischen die Stoffe immer weiter der irdischen Gesetzmäßigkeit entfremdet und sich so innerhalb des Leibes eine Organisation (astralische und Ich-Organisation) aufbaut. Aber durch diesen Aufbau kommt nach Steiner noch keine bewußte Entfaltung des Seelenlebens zustande. Diese wird allein durch den Abbau bewirkt. "Der astralische Leib baut sich seine Organe auf; er baut sie wieder ab, indem er die Gefühlstätigkeit im Bewußtsein der Seele entfalten läßt; das Ich baut sich seine "Ich-Organisation" auf; es baut sie wieder ab, indem die Willenstätigkeit im Selbstbewußtsein wirksam wird" (77).

So kommen wir zu der fundamentalen Aussage Steiners, daß überall, wo Aufbau ist, auch Abbau sein muß, und "wo Geist wirken soll, da muß der Stoff sich von seiner Tätigkeit zurückziehen" (78).

Auch beim ätherischen Wirken im Menschen, das ja, wie wir sahen, vornehmlich mit Gestaltung und Wachstum zusammenhängt, muß ein Abbau- und Absterbevorgang eintreten, wenn bewußtes Denken sich entfalten soll. "In dem bewußten Denken lösen sich aus der leiblichen Gestaltung Gedanken heraus und werden als seelische Gestaltungen menschliche Erlebnisse" (79). Dem bewußten Denken liegt also innerhalb des lebendigen Ätherwirkens ein Absterbevorgang zugrunde, den wir im ersten Kapitel als Ablähmungsvorgang im Nervensystem kennengelernt haben. Im Aufbau- und Abbaugeschehen steht der Mensch in einem "polarischen Gegensatz" (Steiner (80)) vor uns. Schon in der "Philosophie der Freiheit" (1894), wo Steiner die Wesenheit des Denkens im Verhältnis zur menschlichen leiblichen Organisation untersucht, wird beschrieben, wie die bewußte Entfaltung des Denkens im Menschen nur auftreten kann, wenn die Leibesorganisation zurückgedrängt wird. Wir haben so in dem noch mehr philosophisch gehaltenen Buch die Keimzelle der Krankheitsvorstellung Steiners zu sehen, wie sie dann später in medizinischen Vorträgen weiter ausgearbeitet wurde. "Diese (die Leibes-Organisation des Menschen) bewirkt nämlich nichts an dem Wesenhaften des Denkens, sondern sie weicht, wenn die Tätigkeit des Denkens auftritt, zurück; sie hebt ihre eigene Tätigkeit auf, sie macht Platz frei; und an dem freigewordenen Platz tritt das Denken auf. Dem Wesenhaften, das im Denken wirkt, obliegt ein Doppeltes: 1. drängt es die menschliche Organisation in deren eigener Tätigkeit zurück und 2. setzt sie sich selbst an deren Stelle, denn auch das Erste, die Zurückdrängung der Leibes-Organisation ist Folge der Denktätigkeit" (81). Betrachten wir nun den Menschen in dieser Gesamthaftigkeit sich widerstrebender, entgegengesetzter Kräftewirkungen, so müssen wir sagen, daß es in jedem Menschen einen individuellen "Gleichgewichtszustand" zwischen aufbauender und abbauender Tätigkeit geben muß, in dem er seine richtige Fähigkeit für das Leibesleben und andererseits für das geistig-seelische Leben entwickeln kann. Dieser "Gleichgewichtszustand" kann natürlich nie ein für immer festgesetzter, stabiler sein, sondern muß immer wieder von den höheren Wesensgliedern des Menschen (Äther-Leib, Astral-Leib, Ich) geschaffen werden und ist auch bei jedem Menschen individuell verschieden. Innerhalb des menschlichen Leibesorganismus haben nun die einzelnen Wesensglieder ihre eigenen, differenzierten Wirkungsintensitäten untereinander. Es ist die Meinung Steinters, daß man sowohl den Gesamtmenschen wie auch ein einzelnes Organ (z.B. Gehirn, Leber, Lunge etc.) nur durchschauen kann, wenn man weiß, wie in ihm der physische, der ätherische, der astralische Leib und die Ich-Organisation wirken. "Es gibt Organe, in denen vornehmlich das Ich tätig ist, es gibt solche, in denen das Ich nur wenig wirkt, dagegen die physische Organisation überwiegt" (82).

Ist nun der "Gleichgewichtszustand" des Aufbaus und Abbaus irgendwie gestört, d.h. verfallen die höheren Glieder in Unregelmäßigkeit, so muß das im Organismus sowohl in körperlicher als auch in seelisch-geistiger Hinsicht seine Konsequenzen haben: Der Mensch erkrankt! "Aber dieser Gleichgewichtszustand kann gestört sein, kann so gestört sein, daß ein Organ seinen richtigen Aufbau einem zu geringen Abbau entgegenstellt, so daß sein Wachstum wuchert. Oder umgekehrt, ein Organ kann einem normalen Abbau einen zu geringen Aufbau entgegenstellen, dann verkümmert das Organ, trocknet aus, und wir kommen aus dem Physiologischen in das Pathologische hinein" (83).

Haben wir so anfänglich den Weg der normalen Physiologie in die Pathologie gefunden, die wir noch später differenzieren wollen, so können wir auf dem gleichen Wege fortschreitend ins Therapeutische gelangen. Durchschauen wir erst einmal, wie im Menschen in den verschiedenen Organen, Organ-Systemen und Organisationen die höheren Wesensglieder tätig sein müssen, um ein gesundes menschliches Leben zu gewährleisten, so können wir uns Heilmittel wiederum nur denken, wenn wir im Sinne Steiners durchschauen, wie ein Erdenstoff oder Vorgang zum Physischen, Ätherischen, Astralischen oder zum Ich sich verhält. In dem Durchschauen der Beziehung der leibgerichteten Tätigkeiten der Seelen- und Geistglieder zu einer Erdensubstanz oder zu einem Prozeß wird es möglich sein, bei einer nicht richtigen Entfaltung der Wesensglieder, die dann zur Krankheit führt, die Substanzen so gezielt anzuwenden, daß sie sich wiederum ungehindert entfalten können; ist aber z.B. die Erdenstofflichkeit im Menschen selber Hinderungsgrund für die freie Entfaltung des Geistig-Seelischen, so kann sie an dem Zugefügten die nötige Hilfe finden, um wieder auf den Weg zu kommen, die richtige Grundlage zu werden für "irdisches Wirken des Geistigen". Der Arzt kommt so nach Steiner zu einem sicheren und individuellen therapeutischen Handeln.

"So kann man über das bloße Probieren und Experimentieren, ob irgendein Stoff oder Präparat hilft, hinauskommen. Man durchschaut den menschlichen Organismus nach den Gleichgewichtsverhältnissen seiner Organe, man durchschaut die Natur nach den aufbauenden und den abbauenden Kräften und man macht nun die Heilkunst zu etwas, was man durchschaut, wo man nicht nur ein Heilmittel deshalb anwendet, weil die Statistik festgestellt hat: In so und so viel Fällen wirkt es nützlich, sondern aus dem Durchschauen des Menschen und der Natur weiß man, wie man ganz exakt im einzelnen Falle den Naturvorgang in einem Naturprodukt zum Heilfaktor umgestalten kann, d.h. für das menschliche Organ in Bezug auf aufbauende und abbauende Kräfte" (84). In der von Steiner erweiterten Erkenntnismethode, die den ganzen Menschen umfaßt, indem sie nicht nur die intellektuellen, sondern auch die geistigen Kräfte, die im gesamten Menschen wirken und nach der leiblichen Seite hin Grundlage des Nerven-, des rhythmischen und des Stoffwechselgeschehens, nach der seelischen

Seite das normale Vorstellungs-, Gefühls- und Willensleben bewirken, läßt sich auch wiederum der gesamte Mensch in Gesundheit und Krankheit begreifen. "Dadurch lernt sie (die Geisteswissenschaft) eigentlich erst erkennen, was Lunge, was Leber, was Milz, was die anderen Organe im Menschen bedeuten; denn das läßt sich nur auf dem Wege erkennen, der zu Hilfe nimmt die geistige Imprägnation der Dinge" (85).

Um den Menschen heilen zu können, muß man ihn nach Steiner in seiner Gesamtwesenheit erkennen. Wird man in sich selbst erst einmal aufmerksam auf das Seelisch-Geistige, dann wird man es auch gewahr im anderen Menschen, indem Gleiches von Gleichem erkannt wird, d.h. der Mensch als seelisch-geistiges Wesen in allen seinen biographischen Schicksalsbezügen, seiner individuellen Körpergestalt, seinen Gefühlsausdrücken etc. vom anderen Menschen, zum Beispiel vom Arzt. Der äußere Ausdruck dieses Individuellen im Leiblichen durch die jeweilige Gesichts- (Inkarnats-)Farbe, die Physiognomie, Gestik, Bewegung, die besonderen leiblichen und seelischen Bedürfnisse etc., ist ja immer Ausdruck eines "Innenwesens", das es durch Intuition bei Diagnose und Therapie zu erfahren gilt. Das Wissen um sein eigenes Ich im normalen Bewußtsein ist nach Steiner schon eine dem Menschen von Natur aus gegebene Intuition. "Im gewöhnlichen Leben hat der Mensch nur eine Intuition, das ist diejenige des 'Ich' selber. Denn das 'Ich' kann auf keine Weise von außen wahrgenommen werden, es kann nur im Innern erlebt werden" (86). Diese intuitive Menschenerkenntnis (von sich selbst und vom anderen Menschen) ist Wegbereiter für eine intuitive Medizin, wo durch das intuitive Erfassen der sich im Leiblichen verwirklichenden geistig-seelischen Menschenwesenheit in Gesundheit und Krankheit der Weg gefunden wird, sich auch wiederum so in die Naturprozesse hineinzuversenken, daß ein therapeutisches Wissen erlangt wird, wie es zum Menschen hin eine wirklichkeitsgemäße Beziehung hat. Denn wir hatten gesehen, daß jedes Wesensglied des Menschen eine andere Beziehung zu den Naturprozessen hat. Im ersten medizinischen Kurs (1920) hat Steiner konkrete Übungen angegeben, wie man durch Form- und Qualitätsbetrachtung z.B. an dem Unterschied von Affen- und Menschenskelett oder am ruhenden und sich bewegenden Muskel sich einschulen kann auf diese plastizierenden, geistigen Formkräfte, wie sie sich in der leiblichen Gestalt sichtbar ausdrücken (87).

"Weitergehend möchte ich Sie noch darauf aufmerksam machen, daß ja allerdings dann, wenn man auf solche außerirdischen Kräfte (die das Dynamische beim Aufbau des menschlichen Skeletts verfolgen) hinweisen muß, die Persönlichkeit des Menschen viel mehr in Anspruch genommen wird, als wenn man auf sogenannte objektive Regeln, objektive Naturgesetze immer hinweisen kann. Es wird sich allerdings darum handeln, daß man das medizinische Wesen viel mehr nach dem Intuitiven hin arbeitet und daß man darauf kommt, daß von dem Talent, aus Formerscheinungen heraus auf das Wesen des menschlichen Organismus, des individuellen menschlichen Organismus, der in einer gewissen Beziehung krank oder gesund sein kann, Schlüsse zu ziehen, daß dieses intuitive Eingeschultsein auf Formbeobachtung eine immer größere Rolle spielen muß in der Entwicklung der Medizin und nach der Zukunft hin" (88).

Lernt man nach Steiner die Organe des Menschen in ihren Metamorphosen durchschauen und erkennt man allmählich, was sie im menschlichen Organismus bedeuten (d.h. welche real-geistigen Mächte in ihnen wirksam sind, ihre Differenzierung, ihre Aufbau- und Abbaukräfte), dann kann man sie auch wieder in die außermenschlichen Naturwirksamkeiten hineinstellen und Wege für eine menschengemäße Therapie finden.

"Man studiert seine Organologie, und man lernt erkennen die tiefe Verwandtschaft, die zwischen dem Menschen und dem Kosmos besteht. Dann geht einem der Zusammenhang auf zwischen dem Nahrungsmittel, das aus der äußeren Natur genommen wird, und der menschlichen Organisation. Dann geht einem aber auch der Zusammenhang auf zwischen dem Heilmittel, das aus der äußeren Natur oder auch aus dem Seelischen bei der geistigen Heilung genommen wird, und der ganzen Menschennatur" (89). In diesem Zusammenschauenkönnen der menschlichen und außermenschlichen Prozesse, die eine tiefe Verwandtschaft in der Evolution miteinander haben, sieht Steiner ein intuitiv zu erstrebendes Element, und es allein, so behauptet er, könne den geheimnisvollen Zusammenhang zwischen Heilmittel und Krankheit erkennen und zu einer "rationellen Therapie" führen. Der Arzt ist es selber, der nach Steiner mit seinem gesamten Ideenvermögen die Wirklichkeit erst zu erfahren versuchen muß in einer fortwährenden inneren Erkenntnisanstrengung. Dann können diese Versuche auch zu individuell schöpferischen Therapieleistungen führen (und nicht zu bloßen Rezeptempfehlungen), die an der Wirklichkeit des Menschen selber abgelauscht sind. Die gewöhnlichen Fähigkeiten des Verstandes werden so zu künstlerischen Kräften erweitert und machen die Medizin zu einer wahren Heil-"Kunst", die das intuitive Element unabdingbar beinhalten muß.

4. Warum erkrankt der Mensch?

Wir wissen, daß der Mensch die Möglichkeit zum Kranksein hat und sich in seiner Krankheit genauso verwirklicht wie in Gesundheit, Sprache, Denken, Fühlen usw.

Rudolf Steiner macht schon im 1. Vortrag des ersten medizinischen Kurses für Ärzte (1920) darauf aufmerksam, daß man, wenn man die Frage aufwirft, was Krankheit und was der kranke Mensch eigentlich sei, nicht im Erkenntnismäßigen und eigentlich Praktischen weiterkommen könne, wenn man die Krankheit nur negativ bestimmt. "Selten findet man eigentlich eine andere Erklärung über Krankheit und den kranken Menschen als die, daß der Krankheitsprozeß eine Abweichung ist vom normalen Lebensprozeß, daß durch gewisse Tatsachen, die auf den Menschen wirken und für die der Mensch in seinem normalen Lebensprozeß zunächst nicht angepaßt ist, Veränderungen in dem normalen Lebensprozeß und in der Organisation hervorgerufen werden und daß die Krankheit in diesen mit den Veränderungen verbundenen, funktionellen Beeinträchtigungen der Körperteile besteht" (90).

Es wird nun die Frage aufgeworfen, wie sich die Krankheitsprozesse von den sogenannten Normalprozessen unterscheiden. Steiner ist der Meinung, daß, wenn man die Prozesse bei Krankheit und Gesundheit betrachtet, man nicht umhin könne, beide zunächst als "Naturprozesse" zu bezeichnen. Es sei nicht einsehbar, warum ein Prozeß, den wir draußen in der Natur oder im Menschen beschreiben, einmal als normal, d.h. gesund, ein anderes Mal als anormal, d.h. als krank deklariert wird. Warum ein Prozeß im Menschen als Krankheit auftritt, könne nur durch eine durchgreifende und gesamthafte Anschauung des Menschenwesens erklärt werden. "Die Aufgabe ist, nun wirklich darauf zu kommen, welcher Unterschied besteht zwischen den Prozessen in menschlichen Organismus, die wir als Krankheitsprozesse bezeichnen und die doch im Menschen ganz normale Naturprozesse sind, nur eben durch bestimmte Ursachen hervorgerufen sein müssen, und denjenigen Prozessen, die wir gewöhnlich als die gesunden bezeichnen und die die alltäglichen sind. Dieser durchgreifende Unterschied muß gefunden werden" (91).

Der Mensch zwischen irdischen und kosmischen Kräften

Zunächst kennen wir Naturprozesse nur durch die distanzierte Beobachtung der außermenschlichen Welt. Betrachten wir nun in der gleichen Art den Menschen, wenn auch als kompliziertes und höchstes Wesen der Natur, so kommen wir durch diese Betrachtung eigentlich zu keinem Anschauungs- oder Werturteil, einmal gewisse Prozesse als gesund, ein andermal als krank zu bezeichnen, da sie doch beide "Naturprozesse" sind. Steiner beschreibt aber, daß diese eben skizzierte Anschauungsweise vom Menschen in der Menschheitsentwicklung nicht immer vorherrschend war, sondern sich erst ab einem gewissen Zeitpunkt, nämlich seit Hippokrates, entwickelt hat und somit einen gewissen Endpunkt älterer Anschauungsweisen vom kranken Menschen darstellt.

"Es tritt uns in dem, was von Hippokrates ausgeht, ich möchte sagen, ein letzter filtrierter Rest von uralten medizinischen Anschauungen entgegen, von Anschauungen, die nicht gewonnen worden sind auf den Wegen, auf denen man heute sucht, auf dem Wege der Anatomie, sondern die gewonnen worden sind auf dem Wege des alten atavistischen Schauens. Noch bis Hippokrates hat man durch eine andere Art des Hinschauens Kräftewirkungen erkannt, die nicht irdischer Natur sind, sondern vom Kosmos selber stammen" (92). Die Anschauung ist nach Steiner von Hippokrates ab immer mehr verloren gegangen und verwässert worden, wenn sie auch noch bis in die nachfolgenden Jahrhunderte immer wieder auftauchte, z.B. bei Paracelsus und van Helmont, die noch bestimmte geistige (atavistische) Fähigkeiten handhaben konnten. "So haben denn Paracelsus und später unter seinem Einfluß andere angenommen als die Grundlage für das Wirken der Flüssigkeiten im Organismus den Archäus. Den Archäus hat er angenommen, so wie wir etwa sprechen von dem Ätherleib des Menschen" (93).

Erst indem man in Zukunft wieder den Menschen erkennt, wie es, zwar auf andere Art, in den vorhippokratischen Zeiten möglich war, nämlich in dem Zusammenwirken von irdischen und kosmischen Kräften, ist es nach Steiner möglich, ihn in seiner gesunden und kranken Wesenheit zu begreifen. Das nur atomistische Begreifen der Welt, wie Steiner es in extremem Maße in der Zellularpathologie von Virchow ausgebildet sah, gebe nichts her für eine Antwort auf die Frage, was ist Krankheit, sondern könne nur die anatomisch-sichtbaren Veränderungen im Organismus, d.h. die Endzustände von schon abgelaufenen Prozessen beschreiben.

Normales Seelenleben und krankhafte Erscheinungen

Oben haben wir gesehen, daß uns der menschliche Organismus, wenn er gesund ist, als ein Stück Natur begreiflich zu sein scheint, der kranke dagegen aber nicht, und daß wir, wenn wir zu der Betrachtung des kranken Menschen aufrücken, ihn begreifen müssen aus dem, was er nicht von der Natur hat. Im vorigen Kapitel wurde evident, daß die Naturvorgänge im Menschen sich nicht verfeinern und immer komplizierter werden, um dann geistig-seelisches Erleben hervorzurufen, sondern daß Geistig-Seelisches wesenhaft in dem Organismus Platz ergreift und, damit Bewußtsein auftritt, das Leibesleben zurückdrängen muß. Wir sahen auch, daß dieses Herablähmen, dieser Abbauvorgang in einem bestimmten individuellen Verhältnis ("Gleichgewicht") zum Aufbau im Organismus stehen muß.

Überwiegt nun einseitig der aufbauende Naturprozeß, indem er sich in gerader Linie fortsetzt, so drängt er das geistige Erleben zu stark zurück, sogar bis zum Erlöschen, und Schlaf und Ohnmacht treten ein. Nimmt nun auf der anderen Seite das Seelisch-Geistige (Astralleib und Ich) überhand, so muß einmal durch den zu starken Abbau Krankheit im Organischen eintreten und ein anderes Mal das bewußte Geistesleben verstärkt und verschärft werden, was dann seelisch als Schmerz oder Unlust erlebt wird. Wir haben es dabei auch mit dem naturwissenschaftlich nicht zu erklärenden Zustand des Befindens in jeder Krankheit zu tun (94). Was zunächst im Gefühlsleben als neuer Inhalt auftritt (Schmerz), macht sich aber auch weiterhin im Willensleben auf abnorme Weise geltend: Die Gliedbewegung kann nicht mehr normal ausgeführt werden, weil Schmerz und Unlust sich ihr hemmend entgegenstellen. Greift das Seelisch-Geistige auf normale Art in den leiblichen Organismus ein, so entsteht im normalen seelischen Zustande das bewußte Vorstellungs- oder Denkleben, das nun in das Unterbewußtsein des Leibes eintaucht und eine Gliedbewegung folgen läßt. Der Wille wird uns ja nach Steiner nur, wie wir im zweiten Kapitel sahen, als Vorstellungsinhalt bewußt. "Zwischen der Vorstellung und der Bewegung tritt im gesunden Zustand ein Fühlen ein, das nur seelisch wirkt. Es lehnt sich nicht deutlich an ein körperlich Organisches an" (95), wird daher auch nicht in Verbindung mit dem Körper empfunden. Verbindet es sich aber im kranken Zustand zu stark mit dem Organischen, so tritt Schmerz und Behinderung auf. Gesundes Fühlen und krankhaftes Erleben z.B. im Schmerz haben demnach die gleiche Wurzel: Es ist der Astralleib, der Träger des normalen Gefühlslebens, der im gesunden Zustand nur in loser Verbindung mit dem menschlichen Organismus bleibt, bei der Krankheit aber tiefer in den Körper eintaucht. Das ist eine der Krankheitsursachen bei Steiner.

Die andere Krankheitsform tritt auf, wenn das Ich, das sich ja im leiblichen Organismus eine Ich-Organisation schafft, nicht richtig eingreifen kann. Normalerweise ist es, um sich seelisch frei im Denken darzuleben, noch lockerer als der Astralleib mit dem Organismus verbunden, und eine gesunde Seelenbetätigung im Denken besteht darin, daß es sich z.B. mit einem Vorgange der Außenwelt bei der Beobachtung verbindet, sozusagen eintaucht in den Gegenstand, was zur Folge hat, daß das Bewußtsein des Menschen als ein "Innen" seinen Inhalt (den Begriff) von einem außerhalb des Menschen Seienden, dem "Gegenstand" bekommt, in das das Ich erst eintauchen muß. Das Ich des Menschen lebt somit nach Steiner in erster Linie in dem "Außen", in den "Gegenständen", die geistigen Ursprungs sind (96). Geschieht dieser eben geschilderte Vorgang nun wie für die Außenwelt im eigenen Organismus, so wird ein Glied oder ein Organ des Menschen wie bei der normalen Beobachtung diesmal zur eigenen Außenwelt (das Ich taucht zu stark hinein), d.h. es wird gelähmt und fällt somit aus dem Zusammenhang des Gesamtorganismus heraus. Die Ich-Organisation kann sich bei dieser Krankheitsform nicht mehr wie gewöhnlich aus dem leiblichen Glied zurückziehen. Wie wir die gleiche Wurzel bei dem normalen Gefühlsleben und dem krankhaften Gefühls- und Leibesleben (Schmerz und nachfolgende Bewegungsbehinderung) haben, so hier bei der Ich-Organisation den Zusammenhang zwischen der gesunden Art des Denkens, Sehens, Bewegens und der Lähmung einer Gliedmaße, wenn das Ich sich nicht mehr lösen kann. Es ist aber festzuhalten, daß, wenn wir normalerweise von der Ruhe zur Bewegung vorschreiten, die Ich-Organisation immer in lokkerer Weise in den Organismus eintauchen muß, so daß also die gesunde Bewegung nach Steiner eigentlich eine schon angefangene Lähmung ist, die aber jedesmal ausgeglichen wird. So betrachtet, liegt jeder Geist- und Seelenbetätigung, die wir als Abbau- und Zerstörungsvorgang kennengelernt haben, schon physiologisch der Anfang der Krankheit zugrunde.

"Auch das normale Eingreifen des astralischen Leibes und der Ich-Organisation in den menschlichen Körper sind eben nicht den gesunden Lebensvorgängen verwandt, sondern den kranken. Wirken Geist und Seele, so heben sie die gewöhnliche Einrichtung des Körpers auf; sie verwandeln sie in eine entgegengesetzte. Aber damit bringen sie den Organismus auf einen Weg, bei dem das Kranksein beginnen will" (97).

Diese "angefangene Krankheit", wie wir jetzt die normale Geist- und Seelenbetätigung im Menschenleibe nennen können, wird aber jedes Mal in ihrem Beginne wieder durch die Selbstheilungskräfte des aufbauenden Ätherischen im Organismus in einen gesunden Prozeß zurückverwandelt. Kann das nicht geschehen oder wird das zu langsam geleistet, so erkrankt der Mensch.

Wie Steiner die Ursachen des Erkrankenkönnens in der menschlichen Geist- und Seelenfähigkeit sah, so erblickte er die Heilungsmöglichkeiten in einem Loslösen der zu tief in die physische Organisation eingreifenden höheren Wesensglieder (Astral-Leib und Ich). Der Ursprung des Gesundwerdenkönnens muß demnach in den Selbstheilungskräften des Organismus liegen, die das zu tief eingreifende Seelisch-Geistige zurückdrängen und im ätherischen Organismus des Menschen urständen. An sie hat sich eine Therapie letztlich zu wenden (auch bei einem operativen Eingriff). Aber auch der Ätherleib darf nicht über sein Maß hinauswirken, denn sonst wird durch das Überhandnehmen der gesunden, vitalen Lebensvorgänge das Bewußtsein des Menschen herabgedämpft, was eine andere Erkrankungsart ist. Leben und Bewußtsein ringen so fortwährend im Leibe um ein individuelles Gleichgewicht, die "Mitte", d.h. die Gesundheit des Menschen, die aber immer von innen und außen gefährdet ist.

Krankheit und seelisch-geistiges Vermögen

Es ist Steiners Auffassung, daß der Mensch, da er Seelisch-Geistiges individuell im Leibe zur Entfaltung bringen kann, immer auf dem Wege zur Krankheit ist. Seine Gesundheit ist erkämpft und muß, indem er denken, fühlen und wollen kann, jedes Mal neu geschaffen werden. Es ist selbstverständlich, daß sowohl von der Leib- als auch von der seelisch-geistigen Seite durch das zu starke einseitige Inanspruchnehmen Krankheitsinsulte kommen können, daß aber auch wiederum von dem richtigen Gebrauch des Physisch-Leiblichen und des Seelisch-Geistigen die Gesundheit und Krankheit des Menschen abhängt. Beides ist demnach als eine individuelle, immer wieder neu aufzubringende menschliche Leistung aufzufassen.

"Wir erkaufen im Grunde genommen als Menschen unser seelisch-geistiges Leben mit der Krankheitsmöglichkeit, und so kommen wir zu den Krankheitserscheinungen als den Schattenbildern unserer geistigen Entwicklung. Um aber die Schatten in der rechten Weise zu erkennen, müssen wir auch auf das Licht hinsehen: auf die Natur und Wesenheit der geistigen Prozesse selber" (98).

Da jeder Mensch ein individuelles geistig-seelisches Leben hat, muß er auch eine individuelle Gesundheit und Krankheit haben. Die Fähigkeit zu erkranken gehört somit nach Steiner zu den existentiellsten Bedingungen menschlichen Daseins überhaupt.

"Könnte das, was menschliche, aufsteigende Organisation ist, nicht zurückgedrängt werden, könnte das, was wächst und sprießt und sproßt, nicht fortwährend gedämpft werden, so würde nie geistig-seelisches Wesen möglich sein. Dieselben Erscheinungen, die im Normalzustand des Menschen zur Krankheit werden, zur Zurückbewegung der Entwicklung, die müssen ja doch in einer gewissen Form da sein, um uns überhaupt zu geistigen, zu denkenden Wesen zu machen. Könnten wir als Menschen nicht krank werden, so könnten wir auch keine geistigen Wesen sein, denn nur dadurch sind wir geistige Wesen, daß wir die Möglichkeit zum Krankwerden in uns tragen. Was im Denken, Fühlen und Wollen immer auftreten muß, tritt in einer abnormen Weise in der Krankheit auf.... Könnten wir nicht krank werden — wir müßten Toren bleiben unser Leben lang! Der Möglichkeit krank zu werden, verdanken wir die andere Möglichkeit, denkende, fühlende und wollende Menschenwesen zu werden" (99).

Kehren wir noch einmal zum Anfangspunkt unserer Betrachtungen zurück, so können wir sagen, daß die leibliche Natur des Menschen in ihrer Fähigkeit, krank zu werden, nur aus dem Zusammenwirken von physischem Leib, Seele und Geist verstanden werden kann. Um gesund zu werden, bedarf es auch nach Vonessen für den Menschen der harmonischen Zusammenfügung des Seelisch-Geistigen und des Leiblichen. Dadurch ist erst eine umfassende, menschliche Gesundheit möglich.

"Zwar gehört er (der Geist des Menschen) so gut wie der Leib zur 'Natur', aber so lange wir die Natur des Leibes einseitig biologisch, physisch, naturwissenschaftlich begreifen, müssen wir dem Geist eine andere Art von Natur zuerkennen, und das heißt eben auch, eine andere Art von Gesundheit. Das ist die zweite Idee. Sie lautet: Die Gesundheit des Menschen ist — im Gegensatz zu der Gesundheit anderer Wesen — nicht klar und distinkt zu begreifen, sondern enthält eine wesenhafte Polarität. Wenn die Gesundheit der übrigen Wesen in einer vernünftigen Mischung gleichartiger (biologischer) Kräfte besteht, so die des Mensch in einer vernünftigen Mischung verschiedener, nämlich leib-seelischer oder physisch-geistiger Kräfte. Solange die Harmonie zwischen diesen beiden Seiten, den Zwillingsnaturen ('geminae naturae') des Menschen nicht hergestellt ist, ist die menschliche Natur nicht gesund. Jedoch die Bedingung dieser Gesundheit kennen wir nicht. Wir können nur sagen, daß die Gesundheit des Leibes für den Menschen zwar etwas, aber nicht alles bedeutet. Insofern ist dem Menschen seine Gesundheit nicht fertige Aufgabe, sondern Problem" (100).

Hatten wir festgestellt, daß in den verschiedenen Organen und Organsystemen die Wesensglieder verschieden wirksam sind, so sahen wir auch, daß in ihrer zu schwachen oder zu starken Tätigkeit der

Grund des Erkrankens zu finden ist. Es müssen nun Heilmittel für die Therapie gefunden werden, die zu den einzelnen Wesensgliedern oder zu bestimmten Prozessen im Organismus in einer differenzierten Beziehung stehen. Das führt uns zu der Frage: Wie kommt man auf geisteswissenschaftlichem Wege von der Pathologie zur Therapie, und was für Heilmittel sind zur Heilung nötig, die einen direkten Wesensbezug zum kranken Menschen haben?

5. Die Brücke von der Pathologie zur rationellen Therapie. Über das Heilverfahren.

man bis in die anatomische Bildung hinein in der Nervensubstanz primitive, nicht fortpflanzungsfähige Gebilde hat, die aber dadurch erst die Grundlage für die geistige Tätigkeit des Menschen abgeben können. "Auf diese Weise kann man sich dem eigentlichen Wesen der Nervensubstanz nähern. Man bekommt dann heraus, warum diese Nervensubstanz diese Eigentümlichkeit an sich trägt, daß sie auf der einen Seite eigentlich ziemlich den primitiven Bildungen ähnlich sieht, sogar in dem, was sie weiter ausbildet, den primitiven Bildungen ähnlich sieht, und doch dem dient, was man gewöhnlich beim Menschen das Höchste nennt, der geistigen Tätigkeit" (101). Wir werden später noch genauer sehen, wie die Kräfte, die der organischen Bildung dienen, herausgenommen werden können und zur seelisch-geistigen Betätigung vom Menschen benutzt werden.

Was wir eben beim oberen Menschen gesehen haben, ist auch beim sogenannten "mittleren Menschen" der Fall, der in den rhythmischen Prozessen des Atmungs- und Zirkulationswesens seinen Ausdruck findet und eine "Mitte", einen Ausgleich bildet zwischen der abbauenden Nerven-Sinnestätigkeit und der aufbauenden Stoffwechseltätigkeit des "unteren" Menschen. Steiner macht immer wieder darauf aufmerksam, daß oberer, mittlerer und unterer Mensch nur Bezeichnungen sind, um das Vorherrschen von *Prozessen* zu charakterisieren, daß sie aber überall im Organismus gleichzeitig, wenn auch in stärkerer oder schwächerer Intensität wirken. Ein Vorherrschen oder Zuschwachwerden einer Funktion an einem bestimmten Ort bleibt nicht ohne Folge für den gesamten Organismus und bedeutet, wenn es nicht ausgeglichen werden kann, Krankheit (s. nächstes Kapitel).

Der Mensch ragt innerhalb des Weltzusammenhanges aus den übrigen Naturreichen insofern heraus, da er nicht wie Mineral und Pflanze an eine bestimmte Form oder Tätigkeit gebunden ist, auch nicht wie das Tier sich in seinen verschiedenen Instinkten zu verwirklichen hat (102), sondern indem er sich bewußt, außer im Schlaf, seelisch-geistig betätigt und somit nie ein in sich geschlossenes "Gleichgewichtswesen" ist, sondern in den entgegengesetzten Kräften von physisch-leiblicher Betätigung (Aufbau) und seelisch-geistigen Funktionen (Abbau) seinen menschlichen Leib immer wieder bilden und in ein individuelles Gleichgewicht stellen muß. So ist in seiner physischen, seelischen und geistigen "Leiblichkeit" der Ausdruck einer gesamtmenschlichen Leistung zu sehen.

"Die menschliche Gesamtorganisation ist nicht ein in sich abgeschlossenes System von ineinandergreifenden Vorgängen. Wäre sie das, sie könnte nicht der Träger des Seelischen und Geistigen sein. Dieses kann den Menschenorganismus nur dadurch zur Grundlage haben, daß er in der Nerven- und Knochensubstanz und in den Vorgängen, in welche diese Substanzen eingegliedert sind, fortwährend zerfällt oder sich auf den Weg der leblosen, mineralischen Tätigkeit begibt" (103).

Geistiges Vermögen bedingt Krankheit

Um überhaupt Mensch sein zu können, müssen wir nach Steiners Meinung kontinuierlich von einem krankmachenden Prinzip durchdrungen sein, das uns in seiner besonderen Ausprägung in den ablähmenden Nervenvorgängen begegnet ist. Ist es nötig, daß, damit der Mensch überhaupt Mensch sein kann, ein krankmachendes, abbauendes Prinzip vorhanden sein muß, so konnten wir doch konstatieren, daß, damit nicht dauernd die Insulte im Organismus organisch manifest, sondern immer wieder im Anfange aufgehoben werden, auch ein gesundmachendes Prinzip den Organismus durchzieht, das in Gegenbewegung zu den Nervenprozessen steht und erst den menschlichen Normalprozeß bedingt. Fassen wir das Gesagte kurz zusammen, so können wir sagen: An den Normalprozessen des Menschen, die wir als "Gesundheit" bezeichnet haben, müssen wir ablesen können, wie ein Krankmachendes dauernd von einem Gesundmachenden überwunden wird.

Steiner sieht nun das dauernd krankmachende Prinzip in den abbauenden Bewußtseinsvorgängen, dem Nervenleben, dem wiederum die aufbauende Wirkung des Blutes gegenübersteht, das in besonderem Maße für Wachstum, Ernährung, organische Bildung benutzt wird, aber nicht ausreicht, um die zerstörenden Wirkungen des Nervensystems auszugleichen: so daß dadurch das Blut eigentlich seiner Wesenheit nach krank ist, weil es die krankmachenden Wirkungen der Nervenvorgänge dauernd über sich ergehen lassen muß. Das heilende Prinzip wird aber nach Steiner erst durch das Eisen in das Blut hineingegeben, das, außermenschlichen Ursprungs, im Menschen gesundend tätig wird. "Betrachtet man das Blut, so betrachtet man dasjenige, das im Menschen einfach um der menschlichen Konstitution willen, um der Organisation willen fortwährend etwas Krankes ist. Das Blut ist einfach durch seine eigene Wesenheit krank und muß fortwährend kuriert werden durch den Eisenzusatz, d.h. wir haben in dem Prozeß, der in unserem Blute sich vollzieht, einen fortwährenden Heilungsprozeß in uns" (104). Das Hereinnehmen von außermenschlicher Substanz in den menschlichen Organismus (in diesem Fall das Metall) bedeutet für den Organismus aber ein ständiges Überwinden, Eingliedern derselben, und da das Mineralische, wenn es in den Menschen gelangt (sei es nun als natürliche Substanz oder als Heilmittel) dem Menschlichen in seiner Bildung am fernsten steht, muß es auch durch den im Menschen stärksten Menschenimpuls dauernd überwunden und in die Leiblichkeit eingegliedert werden: nämlich durch die Ich-Organisation, die damit aber fortwährend eine gesundende, leibgerichtete Tätigkeit vollzieht.

"Das Eisen erscheint bei der Untersuchung des Blutes so, daß es sich als das einzige Metall darstellt, das innerhalb des menschlichen Organismus die Neigung zur Kristallisationsfähigkeit hat. Damit macht es die Kräfte geltend, die äußere physische, mineralische Naturkräfte sind. Sie bilden innerhalb des menschlichen Organismus ein im Sinne der äußeren physischen Natur orientiertes Kräftesystem. Dieses aber wird fortdauernd durch die Ich-Organisation überwunden" (105). In diesem natürlichen Wechselverhältnis können wir die Vorgänge des Erkrankens und der Heilung unmittelbar erfassen.

Man kann sich nun vorstellen, daß jede Art von äußerer Naturwirkung, sei sie mineralischen, pflanzlichen oder tierischen Ursprungs, wenn sie in den Menschen hereingenommen wird, von einem bestimmten menschlichen Wesensglied besonders überwunden werden muß und daß infolgedessen sich Rückwirkungen in dem gesamten Organismus einstellen. So wie im Blute die Ich-Organisation dem Eisen gegenübersteht, dort besonders in dessen Überwindung tätig ist und in diesem Überwinden so gestärkt wird, daß die menschlichen Tätigkeiten normal ablaufen können und die krankmachenden, zerfallenden Prozesse wieder ausgeglichen werden, so gibt es auch noch andere Mineralien (auch von Pflanzen, z.B. Kalium, Calcium, Natrium usw.), die an einem anderen Orte, z.B. in der Darmorganisation oder im Nierensystem überwunden werden und somit dort als spezifische Heilmittel gelten können. Haben wir oben gesehen, daß von dem richtigen Wechselverhältnis der krankmachenden und gesundenden Kräfte, die immer wieder eine außermenschliche Substanz zu Hilfe nehmen müssen, die menschliche Normalität abhängt, so müssen wir uns weiter fragen, woher wir die und was wir für Heilmittel nehmen können, wenn der Mensch es aus seinen eigenen Kräften heraus nicht mehr schafft, die gesundenden Gegenprozesse aufzubringen. Entnehmen wir irgendwoher einen Prozeß (der ja nach Steiner jeder Substanz zugrunde liegt) aus der außermenschlichen Welt, so sahen wir, daß er immer vom Menschen erst überwunden werden muß (sei er z.B. aus dem Mineralreich, Pflanzenreich, Tierreich, sei er außermenschliche Luft, Wärme, Licht usw.) und dadurch einen innermenschlichen Prozeß in Gang setzt, der natürlich in eine bestimmte überschaubare Richtung gehen muß, um heilend zu wirken. Ein tiefer Wesenszug muß aber zwischen Menschen und der außermenschlichen Natur vorliegen, sonst wären Heilungsmöglichkeiten überhaupt nicht in dieser Art zu denken. Ein außermenschliches Heilmittel muß ja in der Lage sein, ganz differenziert in das Verhältnis der Wesensglieder im oberen, mittleren und unteren Menschen einzugreifen, um ein zu starkes Engagiertsein zu schwächen oder ein zu schwaches Wirken zu stärken, damit der Heilungsprozeß, der beim Menschen in jedem Falle Selbstheilungsprozeß ist, angeregt wird.

Steiners Meinung ist nun, daß man, wenn Pathologie und Therapie eine empirische Methode bleiben, d.h. wenn pathologische Veränderungen auf übliche Weise erkannt und beschrieben werden, wie sie sich z.B. in den Organen und Organsystemen in ihren physikalisch-chemischen Endzuständen nachweisen und empirisch regulieren und beeinflussen lassen, eigentlich immer die Therapie neben der Pathologie einhergehen muß, da man ja unbedingt das Prozeßgeschehen der verschiedenen Wesensglieder beachten und beschreiben muß, um, und seien die Symptome und Syndrome auch noch so zahlreich, von daher die nötigen Heilungsprozesse einzuleiten. Die Diagnose soll nach Steiner so beschaffen sein, daß in ihr schon etwas ausgesagt ist, was direkt auf die Heilung hinweist: d.h. in der Schilderung des pathologischen Prozesses muß schon immanent das Verständnis für den gesundmachenden Gegenprozeß enthalten sein.

"Es darf nicht bloß ein äußerer Zusammenhang zwischen Therapie und Pathologie herrschen; man muß gewissermaßen das Wesen der Krankheit doch schon so erkennen können, daß man aus dem Wesen der Krankheit heraus sich eine Anschauung über den Heilprozeß bilden kann" (106). Pathologie und Therapie fließen in eins zusammen, wenn man mit der erweiterten Erkenntnismethode, die über die Selbsterkenntnis zur Welt- und Geisterkenntnis führt, die außermenschliche Natur anschaut, die nach Steiner nie allein aus ihrer Stofflichkeit zu begreifen ist, sondern immer nach ihren zugrundeliegenden Prozessen, die in den Substanzen ihr stoffliches Ende finden und die durch eine bestimmte Heilmittelzubereitung nutzbar gemacht werden müssen.

Hatten wir schon die Pflanzenwelt als ein Zusammenwirken physischer und ätherischer Tätigkeiten kennengelernt, so können wir jetzt sagen, daß sie in anderer Art als das Mineralreich, das ja toter Natur ist, als Prozeß in den Menschen hineingeführt, vom Menschen überwunden werden muß, und ähnliches gilt auch für das Tierische und seine Produkte (Gifte, Säuren etc.). Wenn man die menschliche Erkrankung so beschreibt (als pathologischen Prozeß oder, in geisteswissenschaftlicher Diagnose, als falsches Wirken bestimmter Wesensglieder) und man in dem Pathologischen einen Prozeß beschreibt, wie er auch in der außermenschlichen Natur zu finden ist und der den krankmachenden menschlichen Prozeß gewissermaßen übernehmen kann, dann hat man nach Steiner eine rationelle Pathologie und Therapie, d.h. Pathologie und Therapie werden eins im Erkenntnisprozeß. Bevor wir an ein konkretes Beispiel gehen, wollen wir mit Steiner noch einen Blick auf den Wesensbezug Mensch und Welt werfen, wie der Mensch als gesunder und kranker in die Welt hineingestellt ist.

Schon bei Paracelsus finden wir ein ähnliches Verhältnis von Mensch und Natur im Heilungsgeschehen: "Des Menschen Leib ist aus der Welt. Darum muß er auch von derselben Welt, aus der er ist, erhalten und geführt werden". Das führt zu der Heilidee: "Also wollen die Natur und der Mensch in Gesundheit und in Krankheit zusammengebracht und verglichen und verfügt werden. Hierin allein liegt der Weg der Heilung und Gesundmachung" (107).

Wir sahen, daß uns die außermenschliche Welt als tote Mineral-, wachsende und sich regenierende Pflanzen- und sich fortpflanzende, sich bewegende und empfindende Tierwelt gegenübersteht. Steiner wendet nun sein Augenmerk auf eine wesentliche Eigenschaft, die Pflanze, Tier und Mensch gemeinsam haben, die sich aber innerhalb der Spezies bedeutend unterscheidet: das Wachstum. "Da muß zunächst darauf hingewiesen werden, daß ganz anders, als das bei der menschlichen Natur selbst der Fall ist, die Wachstumsmetamorphosen bei außermenschlichen Wesen liegen" (108). Diese Wachstumsdifferenzen zwischen menschlicher und außermenschlicher Natur werden von ihm besonders hervorgehoben: An verschiedenen Pflanzen und niedrigen Tieren kann man festellen, daß, wenn Teile des Organismus entfernt oder beschädigt werden, ganz andere Organe dafür so metamorphosiert werden, daß wieder im Gesamtzusammenhang eine für den betreffenden Organismus sinnvolle Funktion entsteht. Diese "inneren Bildungskräfte", an denen der ganze Organismus beteiligt ist, können nach Steiner nicht mit irgendwelchen Spannkräften an dem Ort der Läsion erklärt werden: "... denn wäre das der Fall, daß, wenn ich einen Organismus hier abschneide, und sich hier an der Wunde Neues ansetzt, durch die Spannkraft, die ja hier liegt - dann müßte sich doch hier das ansetzen, was das nächste Stück wäre, also dasjenige, was unmittelbar benachbart ist im vollkommenen Organismus. Das ist ja aber nicht der Fall in Wirklichkeit, sondern in der Wirklichkeit erscheinen, wenn man etwas abschneidet bei Froschlarven, Endorgane, der Schwanz oder Kopf sogar, bei anderen Tieren Fühlfäden, also diejenigen, die gar nicht hier angrenzen, sondern diejenigen, die der Organismus zunächst braucht, die wachsen da heraus" (109). Auf diese inneren Bildungskräfte muß man nach Steiner ganz sachbezogen hinweisen, denn sie sind nicht durch Spannkräfte oder hypothetische Lebenskräfte zu erklären, sondern sind real plastisch ätherische Bildeimpulse im Organismus. Vergleicht man aber jetzt damit den Menschen, wie bei ihm die Kräfte der Regeneration und Wachstumsmetamorphosen verschwindend gering sind, in der früheren Kindheit minimal im Vergleich zum Pflanzen- und niedrigen Tierreich, und wie sie gegen das Erwachsenenalter, wenn das seelisch-geistige Leben stärker wird, immer mehr abnehmen, so taucht die Frage auf: Sind sie bei ihm denn nie vorhanden gewesen oder hat er sie in andere Funktionen umgewandelt? Diese Frage, indem wir von den Wachstumsprozessen ausgehend Natur und Mensch in einem inneren Zusammenhang schauen, führt uns in den Wesensbezug der Abhängigkeit des Seelisch-Geistigen des Menschen von seinen physisch-lebendigen Kräften. Der Mensch, als selbstbewußt denkendes, fühlendes und wollendes Wesen hat diese vitalen, organischen Kräfte nach Steiner teilweise benutzt und sie zu seelisch-geistigen Leistungen umgestaltet. "Beim Menschen sind nämlich diese Kräfte, die wir hier, ich möchte sagen, als plastische kennenlernen, die hier unmittelbar Formen aus der Substanz heraus ausbilden, einfach herausgehoben aus den Organen und sind nur in dem, was bei ihm seelisch-geistig ist, vorhanden" (110). Dadurch individualisiert sich der Mensch sowohl physisch-leiblich als auch seelisch-geistig und bildet innerhalb der Naturzusammenhänge "ein Reich für sich" (Theosophie, 1904). "Er hat sie (die Bildungskräfte der Organe) in seinen seelisch-geistigen Funktionen .... Wenn ich denke oder fühle, so denke ich und fühle ich mit denselben Kräften, die da in dem niederen Tier oder in der Pflanzenwelt plastisch tätig sind. Ich könnte eben nicht denken, wenn ich nicht mit denselben Kräften, die ich aus der Materie herausgezogen habe, das Denken und das Fühlen und das Wollen vollziehen würde" (111). Das also, was im Menschen im Organismus abgelähmt wird, kann sich als Seelisch-Geistiges "absondern" und vom Menschen für das Denken benutzt werden, so daß eigentlich den ganzen Menschen ein Ablähmungsprozeß durchzieht, den wir am stärksten in der Nerven-Sinnestätigkeit kennengelernt haben und der bis in das anatomische Substrat der Nervensubstanz noch erkennbar ist,".... so daß wir in der Tat mit unserem seelisch-geistigen Prozesse zurückkehren zu dem, was einmal in der organischen Substanz sich gebildet hat, was wir aber nur dadurch erreichen, daß wir in uns die Nervensubstanz tragen, die wir in einem verhältnismäßig frühen Stadium abtöten, ablähmen wenigstens" (112). Ist jetzt an irgendeiner Stelle des Organismus dieser Ablähmungsvorgang z.B. bei einer Krankheit zu stark wirksam, d.h. wird zu viel für Seelisch-Geistiges bewußt oder unbewußt entbunden, so ist es möglich, durch eine außermenschliche Substanz, die wir dann als Heilmittel verwenden, dem Menschen wieder die Prozesse zuzuführen, die ihm nun fehlen. Man verbindet so den kranken Organismus wieder mit dem, was ihm genommen werden mußte, damit der Mensch überhaupt bewusster Mensch werden konnte. Es ist nun die Aufgabe des Arztes, zu erkennen, welche Kräfte in der Außenwelt den Kräften entsprechen, die der Lunge, Leber, Darmorganisation, dem Gehirn etc. für die seelisch-geistige Entwicklung genommen worden sind. Das wäre ein rationeller Weg zur Therapie. Daß der Mensch immer auf dem Wege zur Krankheit ist, hatten wir gesehen; und wie er erkrankt, wenn er durch sein Seelisch-Geistiges die lebendigen organischen Kräfte zu stark herablähmt, so erkrankt er auf der anderen Seite auch, wenn nun die im Plastisch-Vitalen tätigen Kräfte wuchern, denn dann entstehen in ihm Prozesse, die zu stark den mineralischen, pflanzlichen und tierischen entsprechen und dauernd bekämpft werden müssen, damit der Mensch nicht zu stark im Leiblichen zur "Außenwelt" wird. Um ihn in dieser Überwindung zu stärken, können nun auch außermenschliche Heilmittel benutzt werden, die die geistigen Wesensglieder so aufrufen, daß die "außermenschlichen" Prozesse wieder "menschlich" in die Leiblichkeit integriert werden. Zwischen dem zu starken Seelisch-geistig-Werden in irgendeinem Organ oder Prozeßzusammenhang und dem zu stark Organisch-(Außenwelt)Werden liegt eigentlich immer die Gesundheit des Menschen als ein labiles Gleichgewicht. Sowohl der eine als auch der andere Vorgang bedeutet ein zu starkes Selbständigwerden und wird dadurch zum Krankmachenden, daß er sich nicht mehr in die Gesamttätigkeit des Organismus eingliedern kann. Dieser geschilderte Vorgang entspricht aber immer genau einem der äußeren Natur, wo ja auch abgesonderte Vorgänge sich vollziehen, die eigenständig verlaufen und sich nicht in eine Gesamttätigkeit integrieren lassen.

Die Beziehung Mensch und Naturreich kann man aber nach Steiner nur dann verstehen, wenn man sowohl das Menschen- als auch das Naturreich durch einen gemeinsamen Evolutionsgang verbunden betrachtet. Steiners Evolutionsgedanke beginnt nicht beim leblosen Mineral oder Metall und schreitet dann fort über Pflanze, Tier zum höchsten Gebilde, dem Menschen, sondern er konstatiert den Ausgangspunkt im Pflanzenreich, das durch eine aufsteigende Evolution zum Menschen hingeht und durch eine absteigende Evolution zum Mineralischen, wo die lebendigen Gestaltungskräfte abgelähmt und als Rest in den mineralischen Kristallisationskräften noch auftreten. Dadurch, daß die Welt der Mineralien und Metalle der absteigenden

Evolution angehört, damit wiederum eine aufsteigende Evolution stattfinden konnte, die im Menschen ihren Höhepunkt erreicht, entsteht eine ganz andere Beziehung des Mineralischen zum Menschen als durch Pflanze und Tier, wie wir es ja schon beim Eisen im Blute kennengelernt haben. Gegen die Mineralwelt muß der Mensch dauernd die stärksten Überwindungskräfte aufbieten, sie ist es aber auch, die durch ihre Beziehung zur höchsten Organisation, zur Ich-Organisation, am stärksten als Heilmittel wirken kann. Steiner bezeichnete einmal die Evolution auf den Menschen hin so, daß der Mensch das ganze Naturreich auf dem Wege zu seiner physischen Verleiblichung aus sich herausgesetzt hat, es aber noch potentiell, wenn auch überwunden, als Kräftewirksamkeit in sich trägt (in der "Geheimwissenschaft" genauer und ausführlicher dargestellt). Die sich vereinseitigenden Prozesse, die in der Natur ihre Endglieder gefunden haben, sind immer, wenn sie im Menschen auftreten, Krankheitsprozesse. Betrachten wir die Natur in ihren einzelnen Organismen, so erblicken wir, wenn wir sie auf den Menschen beziehen, nach Steiner lauter Krankheitszustände. "Was die schöne Natur draußen ist, sind eigentlich lauter imitierende Krankheitsprozesse. Beim Menschen sind es innerlich Krankheitsprozesse, draußen ist es die wunderbar schöne Natur" (113).

Krankheitsbeschreibung und außermenschliche Prozesse in der Natur

Wir haben gesehen, wie der Arzt im Sinne Steiners auf das richtige Zusammenspiel der vier Wesensglieder (physischer Leib, Ätherleib, Astralleib und Ich) genau achten muß, wie sie in dem Verhältnis von Abbau- und Aufbaukräften in den verschiedenen Organen ihren Ausdruck finden und wie sie im Nerven-Sinnessystem, rhythmischen System und Stoffwechselsystem als Normalprozesse wirken müssen. Die Ich-Organisation haben wir kennengelernt als die besonders im Nerven-Sinnessystem wirkende, aber auch abbauende und gestaltgebende Kraft; den individualisierten astralischen Leib hingegen als in den rhythmischen Vorgängen vorherrschend, wo er der eigentliche Veranlasser der Bewegungsvorgänge ist, aber auch nach Steiner in allen Bewegungsvorgängen des Organismus wirksam ist, die ausscheidenden, absondernden Charakter haben; die ätherischen Bildungskräfte als besonders wirkend im aufbauenden und plastizierenden Stoffwechselsystem und letztlich die physischen Kräfte als die aus der Außenwelt die Stoffe herbeischaffenden, ernährenden Kräfte, die aber dauernd von den höheren Tätigkeiten überwunden und in die gesamtmenschliche Tätigkeit integriert werden müssen.

Am Beispiel der Nierenorganisation hat Steiner die Pathologie und Therapie öfters dargestellt. Auch in ihrer Tätigkeit, die dem physisch wahrnehmbaren Organ zugrunde liegt, müssen ernährende, aufbauend-gestaltende, bewegende, d.h. in diesem Falle absondernde und wahrnehmende (wenn auch unterbewußte) Funktionen in einem bestimmten Gleichgewichtsverhältnis stehen, damit sie im menschlichen Zusammenhang gesund und normal tätig sein kann. Steiner beschreibt, wie von der physisch-ätherischen Seite durch zu starke Aussenweltprozesse (z.B. Kälte, falscher Ernährungsstrom usw.) so starke Kräfte entwickelt werden können, daß den astralischen ein zu grosser Widerstand entgegensteht, das Astrale der Niere dadurch zu stark zurückgedrängt wird. Somit muß nun der Astralleib eine erhöhte Kraft in der Nierenorganisation aufwenden, um die physisch-ätherischen Kräfte zu beherrschen, d.h. aber in diesem Falle, dem gesamten Astralischen im Menschen müssen dazu Kräfte entzogen werden, um die in der Nierenorganisation auf abnorme Weise tätigen zu verstärken. Die Folge davon ist, daß einmal in der Niere zu stark abgesondert, abgebaut wird (der Astralleib "verhakt" sich zu stark in dem Organ) und auf der anderen Seite dem übrigen Organismus Astralkräfte fehlen und er dadurch sekundär in den übrigen Partien erkranken kann. Dadurch wird auch die Ich-Organisation, die in der Niere ein bestimmtes Verhältnis zum Astralen hat, in ihrer Tätigkeit gestört und beeinträchtigt somit die unterbewußte Wahrnehmungstätigkeit der Nierenorganisation, so daß sie aus dem Gesamtorganismus herausfällt und erkrankt. Die rationelle Therapie würde nun nach Steiner darin bestehen, die Ich-Organisation in der Niere wiederum so einzugliedern, daß sie ihre richtigen Wahrnehmungsfunktionen im Stoffwechsel und Ausscheideprozeß erfüllt und den Astralleib von der zu starken Tätigkeit in der Nierenorganisation abbringt, so daß er sich wieder gesamthaft im Organismus entfalten kann.

Schaut man nun mit der erweiterten Erkenntnis in die Natur draußen, so erfährt man nach Steiner, daß in der außermenschlichen Welt die Kieselsäureprozesse, die sich äußerlich wahrnehmbar in den quarzartigen Gesteinen (z.B. Bergkristall) physisch manifestiert haben, eine direkte Beziehung zur Ich-Organisation und damit zum Nerven-Sinnessystem des Menschen haben. Als Menschen sind wir von diesen Kieselsäureprozessen durchzogen, die ihre stärkste Konzentration im Nerven-Sinnessystem selber haben, aber, wenn auch in verfeinerter Art, den gesamten Organismus des Menschen durchziehen. "Die Kieselsäure, die äußerlich in der physischen Natur sich zu dem schönen Quarzkristall gestaltet, zeigt die Eigentümlichkeit, wenn sie in die menschliche Organisation eindringt und von ihr überwunden wird, aufgenommen zu werden von den Prozessen des Nerven-Sinnessystems; so daß man, wenn man geistig schauen kann, was im Nerven-Sinnessystem des Menschen vorgeht, einen wunderbar feinen Prozeß sieht, der in der Kieselsäuresubstanz wirkt. Aber wenn Sie auf der anderen Seite auf das schauen, was ich vorhin gesagt habe, daß der Mensch überall Sinn ist, dann werden Sie gewahr, daß nur in dem Umkreis des Menschen — da, wo die Sinne vorzugsweise konzentriert sind — ein intensiver Kieselsäureprozeß sich abspielt; daß aber, wenn man mehr ins Innere des Organismus kommt, wo die Organe Lunge, Leber, Niere sind, jener Kieselsäureprozeß weniger stark sich zeigt, wieder "dünner" wird, während er dann in den Knochen wiederum stark wird" (114). Wollen wir aber nun als Therapeuten die Sinnestätigkeit in der Nierenorganisation stärken, so können wir dem Menschen als Heilmittel zubereitete Kieselsäure zuführen, die aber dann speziell zur Nierenorganisation noch keine besondere Affinität hat. Dafür brauchen wir einen Substanzprozeß, der die Kieselsäure an die Nierenorganisation direkt heranträgt, damit der astralische Leib, der dort nicht richtig eingreift, wieder zum richtigen Funktionieren gebracht wird. Wir haben diese Substanz, die das bewirken kann, nach Steiner in den schwefelsauren Salzen zu suchen, die eine besondere Beziehung zu den ausscheidenden Astralkräften in der Nierenorganisation haben und dadurch auch die Kieselsäure an dieses Organsystem herantragen können. Diese beiden Substanzen bzw. ihre zugrundeliegenden Tätigkeiten haben wir aber pflanzlich im Ackerschachtelhalm (Equisetum arvense) vor uns, den wir dann als Heilmittel zubereitet bei diesem bestimmten Krankheitsprozeß zuführen können. Wie wir schon vorhin sagten, ist es eines der Heilprinzipien Steiners, daß eine außermenschliche Substanz pathologische Tätigkeiten der

Wesensglieder nachahmen kann. Gibt man diese Substanz als Heilmittel zubereitet, dann schiebt man zwischen die abnorme Tätigkeit der Wesensglieder und den Organismus einen außermenschlichen Prozeß, der die Krankheit in ihrer Tätigkeit genau imitiert (eine sogenannte Nachbildung des Krankheitsprozesses). "Das ist überhaupt der Anfang eines jeden Heilungsprozesses. Man muß den Krankheitsprozeß kennen. Man muß zunächst eine rationelle Pathologie haben, muß den Krankheitsprozeß kennen und muß erforschen, wo in der Natur irgend etwas vorkommt, das diesen Krankheitsprozeß genau nachbilden kann. Denn man darf zunächst nicht glauben, daß man immer überall bei einer Krankheit den Krankheitsprozeß bekämpfen kann, sondern man muß ihn geradezu auffangen. Was der Krankheitsprozeß ist, das muß man durch etwas, was man in seiner Dynamik kennt wie hier beim Equisetum Schwefel- und Kieselsäure, auffangen lassen. Dann bekommt man dasjenige frei heraus, was, wie in diesem Falle der Nierenerkrankung, früher als astralischer Leib gewirkt hat. Und indem man das nun frei herausbekommt, muß man auch dafür sorgen, daß der Mensch durch Diät usw. innerlich gestärkt wird, daß er seine ganzen inneren Kräfte energischer anwenden kann als sonst, d.h. man muß einige Energie dem gesamten astralischen Leib zuwenden. Dann bringt man den jetzt auf diese Weise in seiner ganzen Normalität frei gewordenen astralischen Leib dazu, daß in dem entsprechenden Falle nun das Gesundende des astralischen Leibes das Kranke auslöscht, wenn man die zu starke Tätigkeit des astralischen Leibes zuerst hat von einem äusserlichen Funktionieren übernehmen lassen" (115).

Durch dieses Abfangen der gestörten Wesensglieder können sie von ihrer einseitigen, d.h. krankmachenden Tätigkeit ablassen und damit nun auch ihre zu starke Beziehung zum Physisch-Ätherischen und untereinander lösen. "Ich heile dadurch, daß ich eine Therapie ausbilde, die die Nachahmung des Krankheitsprozesses auf einem anderen Niveau ist, und die muß der astralische Leib ausführen. Führe ich z.B. die Equisetum-Funktion in den menschlichen Organismus ein, so lasse ich sie im Ätherleib, und ich nehme dem astralischen Leib seine Arbeit an der kranken Niere wieder ab" (116).

Erst wenn wir nach Steiner die Wesensglieder frei bekommen von der einseitigen organischen Tätigkeit, können wir erwarten, daß dann die im Organismus zur Verfügung stehenden Selbstheilungskräfte des

Ätherischen tätig werden, die eine Heilung herbeiführen. Diesen Prozeß kann man noch durch Diät und andere äußere oder innere Maßnahmen weiter unterstützen. Hatten wir bei diesem Krankheitsbild gesehen, daß das wesentliche therapeutische Prinzip darin besteht, daß wir einen Krankheitsprozeß gewissermaßen abfangen durch einen ähnlich gestalteten außermenschlichen Prozeß, so können wir uns auch die polarische Seite vorstellen, daß z.B. durch ein Überhandnehmen von physisch-ätherischen Kräften der Astral-Leib oder das Ich nicht mehr richtig herankönnen an irgendeinen Prozeß im Organismus und dadurch so stark geschwächt werden, daß sie im Gesamtzusammenhang nicht mehr ordentlich wirken können. Als Beispiel soll uns hier nur exemplarisch ein Versagen des Astralleibes und ein Vorherrschen der Ätherkräfte in der Sinnesperipherie dienen, welches nach Steiner beim Heuschnupfen der Fall ist. Nun gilt es nicht mehr, die Prozesse, wie es bei der Niere der Fall war, abzufangen, sondern den Astralleib und die Ich-Organisation so zu verstärken, daß sie wieder ordentlich an das Nerven-Sinnes-System herandringen können. In der Natur draußen sind diese zentripetal wirkenden Kräfte in den lederartigen Schalen gewisser Früchte (Quitte, Zitrone) vorhanden, und sie verstärken, als Medikament zubereitet, in der Sinnesperipherie den Astralleib und die Ich-Organisation.

Das ist nun ein zweites Heilprinzip Steiners: das Verstärken der Intensität der Wesensglieder durch bestimmte Naturprozesse. Zu diesen Naturprozessen, wenn sie als Heilmittel angewandt werden, tritt ja der Mensch jedesmal als oberer, mittlerer oder unterer Mensch in eine andere Beziehung, so daß wir sie auch auf verschiedene Art an den Menschen heranbringen können, je nachdem in welcher Region wir die stärkere Wirkung haben wollen. "Wir haben nun im anthroposophischen Sinne drei Wege, um dem menschlichen Organismus Stoffe zuzuführen, die er im gesunden Zustande braucht. Der erste Weg ist der, daß wir sie ihm wie die Nahrungsmittel, per os, innerlich, geben als Heilmittel. Da müssen wir aber warten, ob der ganze Verdauuungsorganismus so eingerichtet ist, daß er die Stoffe gerade dorthin trägt, wo sie wirken sollen. Das ist gewiß bei sehr vielen Dingen der Fall, und man muß wissen, wie ein Stoff im menschlichen Organismus wirkt, ob er auf Herz oder Lungen wirkt usw., wenn wir ihn durch den Mund in die Verdauung hineinbringen. Als zweiten Weg haben wir den durch die Injektion. Da bringen wir einen Stoff unmittelbar ins rhythmische System. Da wirkt mehr der 'Prozeß', da wandelt sich das, was in dem Stoffwechsel stoffliche Organisation ist, gleich in die rhythmische Tätigkeit um, und wir wirken dann unmittelbar auf das rhythmische System. Oder auch, wir versuchen ein Drittes, dadurch, daß wir den Stoff als Salbe bereiten und am richtigen Orte des Organismus aufstreichen, oder daß wir ihn als Bad verarbeiten, kurz, wir versuchen dadurch zu wirken, daß wir ihn mehr äußerlich an den menschlichen Organismus heranbringen. Es gibt hier noch sehr viele Arten. Auf diese Weise also haben wir drei Wege, um mit den Substanzen an den Menschen heranzukommen" (117). Das Heilmittel muß nach Steiner also so beschaffen sein, daß der Organismus die fremden Substanz- und Prozeßkräfte richtig überwinden und nach der Überwindung durch einen einsetzenden Gesundungsprozeß menschengemäß "antworten" kann, d.h. die Selbstheilungskräfte betätigt.

Steiner sah u.a. in dem homöopathischen Verfahren Hahnemanns ein wesenhaftes pharmazeutisches Prinzip, die Prozesse durch Rhythmisieren und Dynamisieren aus den Natursubstanzen zu befreien und sie, ob niedrig oder hoch potenziert oder durch Wärme-, Kälte-, Kochprozesse etc. verändert, in den verschiedenen Bereichen des Menschen zur Wirksamkeit kommen zu lassen. Daneben wurden auch noch andere Herstellungsarten von Heilmitteln angegeben, um mit den zubereiteten Substanzen ganz bestimmte Wirkungen im Menschen zu erzielen.

Steiner hat darauf aufmerksam gemacht, daß der Mensch durch sein Menschsein dauernd in Gefahr ist, zu erkranken, entweder durch einen in ihm zu stark wirkenden Vorgang, der einem äußeren Naturprozeß ähnlich ist und den physischen und ätherischen Leib ergreift, oder durch seine höheren Seelen- und Geistglieder (Astralleib und Ich), die zu stark oder zu schwach in die Organik eingreifen, so daß sie an ihrer freien, seelisch-geistigen Tätigkeit gehindert werden und im Physisch-Ätherischen Prozesse vollziehen müssen, die eigentlich einer früheren Entwicklungsstufe entsprechen, wo sie noch mit der Leibbildung eng verbunden waren. "Denn alle Entwicklung des menschlichen Organismus beruht darauf, daß ursprünglich die Gesamtgestaltung des physischen und ätherischen Leibes aus der Tätigkeit des Astralischen und der Ich-Organisation sich ergibt; daß aber mit zunehmendem Alter die astralische und Ich-Tätigkeit in der physischen und ätherischen Organisation weiterlaufen. Tun sie das nicht, so müssen der astralische Leib und die Ich-Organisation in einem Stadium ihrer Entwicklung in einer Art eingreifen, zu der sie in diesem Stadium nicht mehr geeignet sind" (118). Dadurch werden ihnen aber Kräfte entzogen, die sie eigentlich zur normalen seelisch-geistigen Betätigung brauchen und es werden auch, wie wir an dem Nierenbeispiel sahen, ihre Kräfte von anderen leiblich gerichteten Tätigkeiten abgezogen. Daraus folgt, daß erstens bei jeder Krankheit in irgend einer Weise das seelisch-geistige Leben des Menschen gestört und daß zweitens an den Stellen der sichtbaren Läsion nicht immer die eigentliche Krankheitsursache zu suchen ist. "Man nehme an, es treten Unterleibsstockungen auf. Die physische und ätherische Organisation vollziehe nicht die ihnen im vorangehenden Lebensalter übertragenen Tätigkeiten in dem entsprechenden Teil des menschlichen Körpers. Die astralische und Ich-Tätigkeit müssen eingreifen. Dadurch schwächen sich diese ab für andere Aufgaben im Organismus. Sie sind nicht da, wo sie sein sollten, z.B. in der Gestaltung der in die Muskeln gehenden Nerven. Die Folge sind Lähmungserscheinungen in gewissen Teilen des Organismus" (119). Es wird sich bei der Heilung des oben genannten Falles nun darum handeln, Heilsubstanzen in den Organismus einzuführen, welche der astralischen und der Ich-Organisation die Tätigkeiten abnehmen können, die ihnen normal nicht mehr zukommen. Steiner schildert, wie die Heilungsprozesse dafür in der außermenschlichen Natur dort zu finden sind, wo im Pflanzenorganismus starke ätherische Öle besonders in der Blütenbildung produziert werden. Auch Substanzen, die Phosphor enthalten, können in der gleichen Richtung tätig sein. Durch diese Heilsubstanzen wird dann die astralische und Ich-Organisation im Unterleib so reguliert, daß auch die sichtbaren Insulte in der Peripherie (Lähmungserscheinungen) wieder durch einen Heilungsprozeß ausgeglichen werden können. So hat Steiner in den medizinischen Kursen und Vorträgen Krankheitsprozesse und Heilungsprozesse für die verschiedensten Erkrankungen beschrieben und die Beziehungen der verschiedenen menschlichen Wesensglieder zu den einzelnen Naturprozessen im Mineral-, Pflanzen- und Tierreich angeführt, die wir an dem Nieren- und Heuschnupfenbeispiel nur exemplarisch, aber stellvertretend für die menschliche Krankheit kennengelernt haben.

Erst dadurch, daß der Mensch nach Steiner als seelisch-geistiges

Wesen durch die Naturreiche hindurchgeschritten ist, um leiblich auf der Erde zu erscheinen, aber dadurch auch immer wieder in der Gefahr schwebt, in irgendeinem Teil des Organismus wieder ein Stück "Natur" zu werden, d.h. aber zu erkranken, können durch das genaue Studium der Beziehung des Menschen zum Außermenschlichen rationelle Heilungsmöglichkeiten gefunden werden, die dem erkrankten Menschen als individuelle Wesenheit in dem Ich-Werde-Prozeß zu helfen vermögen, wenn die Leiblichkeit sich dem hindernd entgegenstellt.

Diagnose und Therapie anhand einer Krankengeschichte

Zum Schluss sei noch ein "charakteristischer Krankheitsfall" aufgezeichnet, der als grossartiges Lehrbeispiel geisteswissenschaftlichen Diagnostizierens und Therapierens gelten kann. Diese von Steiner und I. Wegman in dem Buche "Grundlegendes für eine Erweiterung der Heilkunst nach geisteswissenschaftlichen Erkenntnissen" (1925) aufgezeichnete Krankengeschichte zeigt deutlich, wie man durch die neue Anschauung vom ganzen Menschen von den Endzuständen diffuser Symptome auf das ganzheitliche Wirken geistiger Prozesse kommen kann, die einem einen Weg für eine rationelle Therapie bahnen. Hier handelt es sich nicht darum, Symptome durch andere oder unschädlichere Mittel als die gewöhnlichen einfach wegzutherapieren (wie z.B. die Obstipation oder die Rückenschmerzen), sondern die Wesensglieder als Verursacher der Krankheit so einzuregulieren, daß sie ihre normale Tätigkeit wieder aufnehmen und daß die Selbstheilungsprozesse einsetzen können. Man beachte besonders bei dieser Krankengeschichte die sparsame Therapie der Autoren (trotz der Vielfalt der Symptomatik) und die menschenkundlich-medizinisch wichtige Aussage, daß sowohl die geregelte Verdauungs- als auch die Rückenmarkstätigkeit im eminenten Sinne von der normal wirkenden Ich-Organisation abhängig sind. Diese Aussagen müssen dem Arzt zu denken geben, will er die heute so häufig geklagten Beschwerden von Verstopfung und Rückenschmerzen im umfänglichen Sinne verstehen und nicht nur mit Abführ- und Schmerzmitteln wegschaffen. Insofern haben wir eine hoch aktuelle Krankengeschichte vor uns, wie wir sie heute immer häufiger antreffen und deren Symptomatik die heutige Medizin nur unzutreffend mit "vegetativ" oder "psycho-sozial" umschreiben kann.

"Man hat es mit einer 26-jährigen Patientin zu tun. Der ganze Mensch zeigt einen außerordentlich labilen Zustand. Die Patientin läßt deutlich erkennen, daß derjenige Teil ihres Organismus, den wir in unserem Buche Astralleib genannt haben, in einem Zustand der übermäßigen Tätigkeit ist. Man sieht, daß dieser Astralleib von der Ich-Organisation nur mangelhaft beherrscht werden kann. Schickt sich die Patientin an, eine Arbeit zu verrichten, so gerät der Astralleib sofort in Wallungen. Die Ich-Organisation sucht sich geltend zu machen, wird aber fortwährend zurückgestoßen. Das bewirkt, daß in einem solchen Falle erhöhte Temperatur eintritt. Die geregelte Verdauungstätigkeit ist beim Menschen im eminentesten Sinne von der normalen Ich-Organisation abhängig. Die Ohnmacht dieser Ich-Organisation drückt sich bei der Patientin in hartnäckiger Obstipation aus. Eine Folge dieser gestörten Verdauungstätigkeit sind dann die migräneartigen Zustände und das Erbrechen, an dem sie leidet. Im Schlafe zeigt sich, daß die ohnmächtige Ich-Organisation eine mangelhafte organische Tätigkeit von unten nach oben bewirkt und die Ausatmung schädigt. Die Folge davon ist übermäßige Anhäufung von Kohlensäure im Organismus während des Schlafes, was organisch durch das Herzklopfen beim Aufwachen, psychisch durch Angstgefühl und Aufschreien zutage tritt. Die körperliche Untersuchung kann nichts anderes ergeben als einen Mangel an solchen Kräften, die den regelmäßigen Zusammenhang von Astralleib, Ätherleib und physischem Leib bewirken. Die übermäßige Eigentätigkeit des Astralleibes bewirkt, daß zu wenig Kräfte von diesem in den physischen und Ätherleib überströmen. Die letzteren bleiben daher während der Wachstumsperiode in ihrer Entwicklung zart. Das hat sich auch bei der Untersuchung dadurch gezeigt, daß die Parientin einen grazilen schwächlichen Körper hatte und über häufige Rückenschmerzen klagte. Die letzteren entstehen, weil in der Rückenmarkstätigkeit gerade die Ich-Organisation sich am stärksten geltend machen muß. Die Patientin spricht auch von vielen Träumen. Das ist eine Folge davon, daß der astralische Leib, wenn er beim Schlafe vom physischen und Ätherleib getrennt ist, seine übermäßige Eigentätigkeit entfaltet. Man hat nun davon auszugehen, daß die Ich-Organisation verstärkt und die Tätigkeit des Astralischen herabgemindert werden muß. Das erste erreicht man, wenn man ein Arzneimittel wählt, das geeignet ist, die in dem Verdauungstrakt schwachwerdende Ich-Organisation zu unterstützen. Man kann im Kupfer ein solches Arzneimittel erkennen. Wendet man es in Form eines Kupfersalbenverbandes, der in die Lendengegend gelegt wird, an, so wirkt das Kupfer verstärkend auf die von der Ich-Organisation mangelhaft ausgehende Wärmeentwicklung. Man wird dies bemerken an der zurückgehenden abnormen Herztätigkeit und an dem Weichen der Angstgefühle. Die übermäßige Eigentätigkeit des Astralleibes läßt sich bekämpfen durch kleinste Dosen von Blei, innerlich genommen. Blei zieht den Astralleib zusammen und weckt in ihm die Kräfte, durch die er sich stärker mit dem physischen Leib und dem Ätherleib verbindet. (Bleivergiftung besteht in einer zu starken Verbindung des astralischen mit dem Äther- und physischen Leib, so daß die letzteren einem zu starken Abbauprozesse unterliegen.) Patientin erholte sich sichtlich bei dieser Kur. Der labile Zustand wich einer gewissen inneren Festigkeit und Sicherheit. Die Gemütsverfassung wurde von einer zerrissenen zu einer innerlich befriedigten. Die Erscheinungen der Verstopfung und der Rückenschmerzen verschwanden, die migräneartigen Zustände und Kopfschmerzen gleichfalls. Patientin wurde ihre Arbeitsfähigkeit wieder zurückgegeben" (121).

6. Prozeßverlagerungen im Menschen. Die Welt der Mikroorganismen

Das Wesen des Rhythmus

An der Tatsache, daß der Mensch ein Wesen ist, in dem die drei Tätigkeitsbereiche des oberen, mittleren und unteren Menschen zu einer Einheit zusammengefaßt sind, um die gesunden physisch-leiblichen, seelischen und geistigen Leistungen zu vollbringen, können wir ersehen, daß die so grundverschiedenen und in sich differenzierten Wirkungsintensitäten dieser drei Bereiche genau aufeinander abgestimmt sein müssen und daß sie, da sie in einem dauernden Spannungsverhältnis zwischen oberer und unterer Tätigkeit leben müssen, in ihrer leibgerichteten Betätigung immer wieder einen Ausgleich suchen, der erst das Leben ermöglichen kann. So sahen wir ja schon in den vorherigen Kapiteln, daß der Mensch in zwei großen Spannungsfeldern lebt: Einmal sind es die Prozesse des oberen Menschen, wo die hauptsächliche Tätigkeit des individuellen Seelisch-Geistigen geleistet wird, d.h. Wahrnehmen, Vorstellen, Denken, etc. und ihnen gegenüber stehen die Funktionen des unteren Menschen, auf die sich der obere gewissermaßen abstützen muß und der sich in der Hauptsache in der Bewältigung des Stoffwechsels und dem leiblichen Aufbau durch den Blutstrom betätigt. Aber wir konstatierten auch, daß "oberer" und "unterer" Mensch nicht primär räumlich-anatomisch verstanden werden dürfen (obwohl die Schwerpunkte der einzelnen Funktionen oben und unten konzentriert sind), sondern einander gesetzmäßig durchdringen. So ist nach Steiner im Gehirn die graue Substanz mehr die der Stoffwechselfunktion dienende, also sogenannte "untere", und die weiße Substanz die der Nerven-Sinnes-Tätigkeit zugrundeliegende, also sogenannte "obere" Substanz, und so ist es, wenn auch in unterschiedlicher Form, im gesamten Organismus

Des weiteren lebt der Mensch in dem großen Spannungsverhältnis zwischen dem eigentlichen menschlichen Sein und der außermenschlichen Welt, mit der er zwar verwandt ist, die er aber dauernd überwinden muß, um nicht in ihre einseitigen, d.h. für ihn zur Krankheit werdenden Tätigkeiten zurückzufallen.

In diesen "Polaritäten" (Steiner), d.h. in diesen in sich so verschiedenen, aber einander bedingenden und aufeinander bezogenen Kräftezusammenhängen haben wir den Menschen in Gesundheit und Krankheit zu sehen. Diese polaren Tätigkeiten laufen aber nicht parallel nebeneinander her, sondern haben das Bestreben, ihre Spannung auszugleichen und in einer neuen Tätigkeit, wo beide mithelfen müssen, sich zu engagieren und einen "Ausgleich" zwischen oben und unten zu bewirken. Steiner sieht dieses Ausgleichsbestreben der beiden einander entgegengesetzten Kräftewelten im sogenannten "mittleren Menschen", am deutlichsten ausgedrückt in der Herzfunktion, wo sich diese ineinanderspielenden Kräfte des Ätherischen stauen und die Herztätigkeit selber als mechanische *Folge* dieses Stauens, dieses Ausgleichsbestrebens zu betrachten ist. "Es will da etwas, was, ich möchte sagen, zueinander hindurstet, sich aneinander sättigen" (122). Erst in dieser Spannung, wie sie entsteht, wenn die Kräfte des unteren Menschen, die nach der Verarbeitung der Substanzen die Stoffe in den Flüssigkeitsorganismus aufnehmen, wo der *Ätherleib* sie für die Aufbautätigkeit benutzt, und die Kräfte, die im oberen Menschen durch die Atmung im sogenannten "luftförmigen Organismus" durch die Betätigung des *Astralleibes* entstehen, aufeinanderwirken, in der Begegnung dieser beiden Wesensglieder, Ätherleib und Astralleib, kann nach Steiner der Ausgleich in den nun zutagetretenden rhythmischen Prozessen geschehen. "Ein Stauorgan ist eingeschaltet, und das wesentliche dabei ist, daß die Herztätigkeit eine Folge der Wechselwirkung ist zwischen dem flüssig gewordenen Nahrungsstoff, also zwischen der Nahrungsflüssigkeit und der von außen aufgenommenen Luft. Alles dasjenige, was sich im Herzen ausdrückt, was man im Herzen beobachten kann, muß als eine Folge betrachtet werden und ist zunächst einmal mechanisch zu nehmen" (123). Der Rhythmus entsteht so als eine selbständige und sichtbare Organisation im Leiblichen, doch abhängig von den polaren Spannungskräften von oben und unten. Erst durch dieses Wechselspiel wird das Wesen des Rhythmus deutlich, das nicht aus dem rein Biologischen des Menschen zu erklären ist. So schreibt z.B. Sollberger: "Das Postulat, daß der beobachtete Rhythmus auf einen erzeugenden Mechanismus zurückgehen muß, kann wohl sachgemäß sein, ist aber in der Praxis schwer anwendbar. Das Vorhandensein eines täglichen Rhythmus ist zweifellos anzuerkennen und ist durchaus sinnvoll als ein Analogon zu dem Tag-Nacht-Wechsel der Umwelt; es wurde jedoch bisher kein biologischer Mechanismus gefunden, der ihn erzeugen könnte" (124). So drückt sich in den vom physiologischen Standpunkt so schwer zu verstehenden Prozessen des Rhythmus folgendes aus:

1. Das Zusammenspiel und Ausgleichsbestreben von polaren Kräften des oberen und unteren Menschen
2. Eine neue und in sich selbständige Tätigkeit in der Begegnung von Ätherleib und Astralleib, die bis in die leibliche Sichtbarkeit geht
3. Eine Vermittlung der leibgerichteten Prozesse der vier Wesensglieder überhaupt.

Tritt nun eine Störung im unteren oder oberen Menschen auf, so wird immer im rhythmischen Geschehen, das ja als eine Folge zu betrachten ist, entweder diese Störung auszugleichen versucht oder bei Nichtleisten dieses Versuches eine krankhafte Störung, und sei sie zunächst rein funktionell, auftreten.

Insofern ist es auch verständlich, daß Steiner die eigentliche Tätigkeit des Herzens als eine im Ätherischen liegende "Wahrnehmungstätigkeit" und als "unterbewußtes Sinnesorgan" (125) im Leibesgeschehen zwischen oben und unten bezeichnet und daß die Mechanik des Herzens erst als die Folge dieser ätherischen Tätigkeit, also sekundär, auftritt. "Letzten Endes ist das Herz nämlich ein Sinnesorgan, und wenn wir auch dasjenige, was die Sinnestätigkeit des Herzens ist, nicht unmittelbar im Bewußtsein haben, wenn es auch zu der unterbewußten Sinnestätigkeit gehört, was im Herzen vorgeht, so ist deshalb doch das Herz dazu da, daß gewissermaßen die oberen Tätigkeiten wahrnehmen, empfinden können die unteren Tätigkeiten" (126). In dem Herzgeschehen drückt sich also letztlich aus, daß der "geistige Mensch" den "irdischen Menschen" dauernd wahrnehmen muß, um den Leib menschengemäß als Grundlage für Seelisch-Geistiges bis in die Stoffwechselprozesse hinein zu gestalten.

Zwischen den so voneinander verschiedenen Welten, die sich in ihren Extremen von bewußt geistiger Tätigkeit und unterbewußter Stoffwechselfunktion gegenüberstehen und die somit das gesunde leibliche Gleichgewicht störend beeinflussen können und in der menschlichen Innenorganisation nicht willkürlich aufeinander wirken dürfen, braucht der Mensch eine gesetzmäßig vermittelnde und ausgleichende Tätigkeit in den verschiedenen Rhythmen. Das Herz nun, eingeschaltet in den Blutstrom des oberen und unteren Menschen, ist der sichtbarste Ausdruck dieses Ausgleichens in seinen rhythmischen Bewegungen. Erst unter der Berücksichtigung der Verschiedenheit zwischen oberen und unteren Kräften wird nach Steiner die Funktion des Herzens als "Wahrnehmungsorgan" des Seelisch-Geistigen für Physisch-Ätherisches in Gesundheit, Krankheit und in der Therapie deutlich. Unter diesem Gesichtspunkt können auch die verschiedenen Forschungsergebnisse erst richtig interpretiert werden. "Sie können alles dasjenige, was Ihnen Anatomie, Physiologie, Biologie bieten, studieren auf dieses Prinzip hin, und Sie werden sehen, daß dadurch erst Licht kommt in die menschliche Organisation. Solange Sie nicht unterscheiden zwischen diesem Oberen und Unteren, das durch das Herz vermittelt ist, werden Sie den Menschen nicht verstehen können, denn es ist ein Grundunterschied zwischen alledem, was in der unteren Organisationstätigkeit des Menschen vorgeht, und dem, was in der oberen Organisationstätigkeit vorgeht" (127).

Aber Steiner weist auch darauf hin, daß in allen rhythmischen Tätigkeiten des Organismus (Drüsenfunktion, Darm- bzw. Stoffwechselgeschehen usw.) sich diese menschliche Dualität zwischen oben und unten ausdrückt. Das beleuchtet auch das in den vorherigen Kapiteln Angesprochene: daß der Mensch, da er seine körperliche, seelische und geistige Existenz zu einer individuellen Einheit zusammenfassen muß, immer in Gefahr ist, in das eine oder das andere Extrem zu verfallen und daß der Rhythmus als ein Ausdruck dieses Integrationsbestrebens aufzufassen ist. Steiner ist es wichtig, nicht nur die Andersartigkeit zwischen den oberen (gestaltenden, abbauenden) und den unteren (auflösenden, aufbauenden) Prozessen zu betonen, sondern auch ihr inniges Zusammengehören: daß eine Betätigung in dem einen Bereich sein *negatives Gegenbild* in dem anderen hat, dort als Folge auftritt, aber nicht durch eine materielle Vermittlung, sondern durch ein "Entsprechen" im Ätherischen. "Man muß immer das eine im Unteren auf das andere im Oberen richtig zu beziehen verstehen, nicht darauf ausgehen, eine materielle Vermittlung zu wollen" (128).

In diesem Zusammenhang schildert Steiner auch, wie das Symptom des Hustens im oberen Menschen als entsprechenden Gegenprozeß im unteren Menschen die Diarrhoe hat, die er als ein Gegenbild eines Oberen in dem Unteren sieht. Das Entsprechen zwischen oberer und unterer Organisation findet sich auch schon bei C.G. Carus in dem Buch "Physiognomie der menschlichen Gestalt", wo z.B. als Parallelvorgang der oberen Tätigkeit des Wahrnehmens und Denkens der Verdauungsvorgang in der Darmorganisation im unteren Menschen geschildert ist (129). Den Grund dieses Entsprechens und der Gegenprozesse sieht Steiner darin, daß es ja die Aufgabe der oberen Tätigkeiten ist, die unteren zu bezwingen, damit sie sich im vollen, menschlichen Einklange abspielen können. Jedes Vorherrschen oder Überhandnehmen eines dieser Prozesse wird, wenn in dem anderen polaren Prozeß keine entsprechende Ausgleichsmöglichkeit geleistet werden kann, zum Ungleichgewicht, d.h. zur Krankheit. Die unteren und oberen Prozesse, zunächst durch einen immer wieder neu zu leistenden Akt individuell aufeinander orientiert, werden *orientierungslos* und somit zu störenden Kräften im Organismus. Jeder Mensch hat nun eine ganz individuelle Orientierung dieser einander entgegengesetzten Kräfte, somit ist auch seine Gesundheit und Krankheit eine Folge der individuellen Leistung seines Organismus (130).

Fassen wir das oben Gesagte noch einmal kurz zusammen, so können wir sagen: Der Mensch ist nach Steiner ein dual gebautes Wesen, dessen obere und untere Prozesse polar zueinander orientiert sind (sich wie Negativ zu Positiv aufeinander beziehen) und durch eine rhythmische Organisation in den widerstrebenden Prozeßgesten durch einen Akt der Wahrnehmung und Vermittlung zu einer Einheit integriert werden. Jeder Prozeß im oberen oder unteren Menschen ruft in dem ihm polar zugeordneten Bereich einen entsprechenden Parallelprozeß hervor, der, durch den Rhythmus richtig vermittelt, des Menschen Gesundheit gewährleistet. Jedes Nichtausgleichenkönnen führt zur Störung des individuellen Gleichgewichtes und hat Krankheit im Leiblichen oder Seelisch-Geistigen zur Folge. Da die rhythmische Tätigkeit, z.B. das Herzgeschehen Folge der oberen und unteren Prozesse ist, ist die Erkrankung in diesem System nur sekundär und darf primär dort nicht gesucht werden. Steiner beschreibt z.B. im zweiten medizinischen Kurs (1921), daß es sehr leicht sei, die Erkrankungen des Rhythmus in der Brustorganisation zu erkennen, da die Diagnose eigentlich nur die äusseren Wirkungen beschreibt. Die Ursachen, die dann eigentlich behoben werden sollten, sind eigentlich gar nicht in den Brustorganen selber vorhanden, sondern müssen im Entgleisen des oberen und unteren Menschen gesehen werden. Deshalb sei auch die rationelle Therapie der Rhythmuserkrankungen im "mittleren" Menschen so schwierig. Erst in der Kenntnis des Unterschiedes des Wirkens von Seelisch-Geistigem im oberen und im unteren Menschen könne eine wirkliche Therapie für die Erkrankungen im mittleren Menschen gefunden werden (131).

Der hysterische Prozeß

Da wir das physisch-leibliche Geschehen des Menschen als eine sichtbare Folge, gewissermaßen als Endprodukt der Tätigkeit der höheren Wesensglieder (Ich-Organisation, Astral- und Ätherorganisation) kennengelernt haben, wird es verständlich, wenn Steiner beschreibt, daß sich eine Unregelmäßigkeit im Oberen oder Unteren zunächst im Funktionell-Ätherischen abspielen muß, bevor sie in ihren Endprozessen dann Physisch-Leiblich sichtbar wird. Ich und Astralleib müssen die Kräfte des Ätherischen benutzen, um z.B. die fremden Prozesse der Nahrungswelt im unteren Menschen richtig zu bezwingen, was Steiner als ein "Durch-Kochen, Durch-Ätherisieren" bezeichnet, um sie zu eigener Substanz zu gestalten. Ist das Geistig-Seelische zu schwach, den Ätherleib diesen hereinflutenden Stoffwechselprozessen in richtiger Art entgegenzustellen, so wird der Ätherleib von außen überrumpelt und an seiner Tätigkeit gehindert: Das Nichtentsprechen liegt dann zunächst noch rein im Ätherischen. Steiner bezeichnet nun diesen Prozeß der zu starken Verselbständigungstendenz der Stoffwechselprozesse *im Inneren* mit dem Ausdruck "Hysterie", ein Begriff, der zunächst einmal nur das Versagen im Funktionellen beschreibt und als eine *Disposition* zu verstehen ist. Wird nun dieser krankhafte Prozeß des Ätherischen z.B. im Seelischen manifest, so haben wir die seelische Erscheinung der Hysterie: nämlich das zu starke

Beeindrucktwerden des Menschen durch die menschliche oder außermenschliche Umwelt. Wird dagegen die Organwelt ergriffen, so resultieren durch den zu starken Einbruch der außermenschlichen Stoffwechselprozesse, die sich in Unregelmäßigkeiten des ganzen Verdauungsvorganges bemerkbar machen können (z.B. bis hin zur Allergie, wo die fremde Stoffeswelt nicht mehr bewältigt wird), die verschiedensten krankhaften Vorgänge im Unterleib. "Hysterie wollen wir wählen als Ausdruck ... als Terminus für das zu große Selbständigwerden der Stoffwechselprozesse. Die eigentlich hysterischen Erscheinungen im engeren Sinne sind ja nichts anderes als ein Bis-zur-Kulmination-Treiben dieses unregelmäßigen Stoffwechsels. In Wirklichkeit haben wir auch in dem bis zu den sexuellen Symptomen hinreichenden hysterischen Prozesse im wesentlichen nichts anderes vorliegen als solche Unregelmäßigkeiten des Stoffwechsels, die eigentlich Außenprozesse sind ihrem Wesen nach, die nicht im menschlichen Organismus sein sollten, Prozesse also, denen gegenüber sich das Obere zu schwach erweist, um sie zu bewältigen" (132).

Der neurasthenische Prozeß

Betrachten wir nun das Negativ dazu im oberen Menschen, so können wir feststellen, daß das zu starke Tätigsein der abbauenden, oberen Kräfte, die ja eigentlich, vermittelt durch die rhythmische Organisation, den unteren Menschen bezwingen sollten, ein zu starkes Verselbständigen derselben bedeutet. Steiner benutzt dafür den Ausdruck: "Der Mensch wird oben zu stark 'geistig', zu stark 'organisch-intellektuell' " (133). Dieser an falscher Stelle stattfindende verstärkte Prozeß wird von ihm im funktionellen Versagen als "Neurasthenie" bezeichnet, die eine zu stark abbauende Tätigkeit durch das Seelisch-Geistige bedeutet; ein Ergriffenwerden der leiblichen Substanz, indem das Ätherische sich durch die nicht ausgeglichenen Insulte immer mehr verdichtet, führt zu den mannigfaltigen organischen Hals- und Kopferkrankungen. Aber es ist Steiner wichtig zu erwähnen, daß die Unregelmäßigkeit im oberen und unteren Menschen nicht nur lokalisiert bleibe, sondern selbst auch wieder Folgen für den *ganzen* menschlichen Organismus hat.

In dem, was Steiner als "Hysterie" oder "Neurasthenie" bezeichnet, liegt nach seinen Worten ein für die zukünftige Medizin wesentliches Krankheitsstudium, da an ihnen die Versagenszustände des unteren und oberen Menschen sehr gut studiert werden können, um daraus auch die richtigen therapeutischen Ansätze zu finden. Durch das genaue Studium der polaren oberen und unteren Prozeßaktivitäten, wie sie durch das Herzgeschehen vermittelt werden und auch versagen können, ergibt sich die "Physiognomie der Krankheit", der er weit mehr Beachtung schenkt als der Untersuchung der Endzustände, nämlich der pathologisch veränderten Organe. "Das Wesentliche ist, das ganze Bild, die Physiognomie der Krankheit ins Auge zu fassen. Diese Physiognomie wird Ihnen immer geben in einer gewissen Weise ein nach der einen oder der anderen Richtung zunächst inklinierendes Bild, nach dem Neurasthenischen oder nach dem Hysterischen. Aber natürlich, man muß diese Ausdrücke erweitern gegenüber dem gewönlichen Wortgebrauch" (134). An drei Beispielen wollen wir uns erlauben, das oben Angeführte noch zu verdeutlichen, um aus der Krankheitsgestik heraus die Symptome so zu verstehen und zu erkennen, daß, wenn Prozeßkräfte, die an einer Stelle normal sind, durch ein zu starkes Tätigsein im Organismus verlagert werden, zu Verhältnissen führen, die den Mikroorganismen einen günstigen Boden schaffen und zu einer weiteren, aber sekundären Symptomatik Anlaß geben.

Die Tuberkulose. Die Bedeutung der Symptome

Wenden wir uns zunächst der Tuberkuloseanlage zu, wie sie Steiner beschreibt: Am Beispiel der "Hysterie" sahen wir, wie die Unregelmäßigkeit des unteren Menschen sich zunächst rein im Ätherisch-Funktionellen abspielt, um erst nach dem Nichtausgeglichenwerden sekundär im Physisch-Leiblichen zu erscheinen.

Bei der Tuberkulosedisposition ist es nach Steiner nun so, daß das "Hysterischwerden" des unteren Menschen überhaupt nicht funktionell zum Ausdruck kommt, sondern die Unregelmässigkeit vom

Ätherleib direkt in den physischen Leib hineingedrückt wird. Dadurch erkranken zwar die Organe des Unteren noch nicht, ja sie schweben, wie Steiner sich ausdrückt, gewissermaßen noch zwischen Krankheit und Gesundheit, aber sie tragen doch den "Stempelabdruck der Hysterie", d.h. aber, sie werden kontinuierlich vom außermenschlichen Stoffwechsel überwältigt. Dieser abnorme Zustand bleibt aber, wie wir vorhin sahen, auch für den oberen Menschen nicht ohne Folge: Das Gebiet des Oberen, das ja in einem bestimmten pathologischen Zustand des Seelisch-Geistigen sonst der "Neurasthenie" unterliegt, wird von den unteren Prozessen "angesteckt" und entfaltet eine Tätigkeit, die eigentlich nur im unteren Menschen stattfinden sollte. Wir haben dann im oberen Menschen die erste physische Folgeerscheinung des Hysterischwerdens vom unteren Menschen ausgehend: das gibt erst die Anlage zur Tuberkulose, eine "Verschiebung", die nach Steiners Meinung bei sehr vielen Menschen vorliegt und deshalb auch so verheerend ansteckend wirkt. "Die Anlage zur Tuberkulose ist eine Rückwirkung der Ihnen eben geschilderten Tätigkeit im Unteren auf das Obere. Diese ganz merkwürdige Wechselwirkung, die da entsteht dadurch, daß ein nicht ganz auslaufender Prozeß, wie ich ihn geschildert habe, zurückwirkt auf das Obere, gibt die Anlage zu Tuberkulose" (135). Ist einmal diese Uranlage beim Menschen da, so ist auch durch den zu starken Einbruch der außermenschlichen Welt und das Auftreten fremder Prozesse am falschen Ort das Milieu geschaffen, in dem die spezifischen Mikroorganismen, die ihrerseits als fremde Welt im Menschen weitere, aber sekundäre Insulte setzen können, sich ausbreiten können. Steiner widmet dem primären Entstehen, dem der oben geschilderte Tatbestand zugrunde liegt und der erst zur Tuberkulose mit allen ihren Folgeerscheinungen führt, sein besonderes Augenmerk, ohne daß er die Ansteckung, die nach ihm nur ein sekundäres Geschehen ist, leugnet. Hier gebraucht er wieder eine Analogie, um dieses so schwer zu verstehende Phänomen der Ansteckung an einem Beispiel deutlich zu machen. "Nun, Ansteckung ist deshalb doch ein gültiger Begriff auf diesem Gebiete, denn derjenige, der in einem höheren Grade tuberkulosekrank ist, wirkt schon auf seine Mitmenschen. Und wenn man dem ausgesetzt ist, in dem der Tuberkulosekranke drin lebt, so tritt eben das ein, daß, was sonst bloß Wirkung ist, wiederum zur Ursache werden kann. Ich versuche immer mit einem Vergleich, mit einer Analogie diese Beziehung zwischen dem primären Entstehen einer Krankheit und der Ansteckung klar zu machen, indem ich etwa sage: Nehmen wir an, ich treffe auf der Straße einen Freund, dessen menschliche Beziehungen mir sonst nicht naheliegen. Er kommt traurig, er hat einen Grund, traurig zu sein, denn es ist ihm ein Freund gestorben. Ich hab keine direkten Beziehungen zu dem Freund, der ihm gestorben ist. Indem ich ihm aber begegne und er mir seine Traurigkeit meldet, werde ich mit ihm traurig. Er wird traurig durch die direkte Ursache, ich durch eine Ansteckung. Aber dabei bleibt es doch richtig, daß nur die gegenseitige Beziehung zwischen mir und ihm die Voraussetzung zu dieser Ansteckung ist" (136). Wir werden nun von Steiner darauf aufmerksam gemacht, daß, wenn die Krankheit mit ihrer verschiedenen Symptomatik im oberen, mittleren und unteren Menschen auftritt, wir die einzelnen Symptome nur verstehen können, wenn wir die Uranlage, in diesem Falle das Überhandnehmen der Stoffwechselprozesse an falscher Stelle, richtig verstanden haben, um damit auch zu einer rationellen Therapie zu kommen. Dann bedeutet nämlich die Reaktion des Organismus, die sich in den einzelnen Symptomen zeigt, nur ein Sich-Wehren gegen die von aussen kommenden Insulte. In diesem Kampfesgeschehen entsteht eine Wechselwirkung und ein innerer Zusammenhang zwischen den einzelnen, oft an verschiedenen Orten des Organismus auftretenden Krankheitszeichen, die Steiner insgesamt eine "ideelle Organisation" nennt. Am Beispiel der Tuberkuloseanlage wird gezeigt, wie man die anfänglichen Symptome des Hustens, der Hals- und Brustschmerzen, der Abmagerungs- und Ermüdungserscheinungen und der Nachtschweisse, die als natürliche Abwehrreaktionen (aber als Krankheitserscheinungen) des Organismus gegen die ihn überwältigenden Stoffwechselprozesse aufzufassen sind, zunächst nicht einfach wegschaffen oder unterdrücken soll, sondern sie als Arzt sogar im Gegenteil mit medikamentösen Maßnahmen unterstützen muß, wenn der Organismus nicht in der Lage ist, diesen Kampf richtig auszuführen. Der ganze Mensch wehrt sich oben mit Husten- und Halsschmerzen gegen die hereinflutende fremde Stoffeswelt und magert ab, um im Wegschaffen von Körpersubstanz die eigenen Stoffwechselprozesse nicht bewältigen zu müssen, ja sich sogar ihrer zu entledigen. "Denn der Prozeß, der dann vor sich geht, wenn man nicht abmagert, ist vielleicht gerade dasjenige im Unteren, was vom Oberen nicht bezwungen werden kann, so daß der Organismus sich dadurch wehrt, daß er abmagert, damit dasjenige, was nicht bezwungen werden kann, zeitweilig nicht da ist" (137).

Auf die Phase des Unterstützens und medikamentösen Begleitens dieser erwähnten Symptome, die wir ja nach Steiner als eine aktive Leistung der Wesensglieder aufzufassen haben, folgt nun die zweite therapeutische Phase, nämlich die krankhaften Reaktionen wieder auf den richtigen Weg zur Gesundung zu bringen. Da sich, wie vorhin geschildert, oben und unten entsprechen und der primäre Insult hauptsächlich im unteren Menschen zu suchen ist, wird man nun das Untere so behandeln müssen, um dem Oberen die Prozesse des sich zu starken Wehrenmüssens abzunehmen und durch Unterstützung (mit speziellen Medikamenten) die Heilung einzuleiten. Das geschieht nun so, daß man durch Abführen und eine spezielle Diät die unteren Prozesse wieder in den Griff zu bekommen versucht und durch Stärkung des Geistig-Seelischen die nötigen Prozesse des oberen Menschen gegen die überhandnehmenden unteren verstärkt. Was noch als Medikamente gegeben wird, ist als eine Unterstützung dieses Neuregulierens zwischen oben und unten aufzufassen.

Die richtige Therapie ist aber in diesem Falle nur möglich, wenn man sich die Entgleisungen, die durch den Prozeß der organisch gewordenen "Hysterie" oder der organisch gewordenen "Neurasthenie" zum Vorschein kommen, klarmacht. "Sie sehen, versteht man zuerst durch ein richtiges Auffassen der Herztätigkeit, wie Oberes und Unteres im Menschen korrespondieren, versteht man dann das erste Auftreten, ich möchte sagen, die Anflüge des Krankseins im Funktionellen, im Ätherischen, wie in der Neurasthenie und in der Hysterie, so kann man dazu übergehen, dasjenige, was dann im Organischen, im Physischen sich abdrückt, zu verstehen ..." (138). An dieser Stelle wird uns noch einmal deutlich, wie der Organismus durch die verschiedensten Maßnahmen gestärkt und auf den richtigen Weg gebracht werden kann, um dann die Selbstheilungskräfte zu betätigen.

Anders ist es nach Steiner beim Typhus, wo die Kräfte des Ätherleibes, die im oberen Menschen tätig sind, in den unteren Bereich ohne Vermittlung durch den Rhythmus einfach durchbrechen: Der Mensch führt dann in seinem Unteren Teilprozesse aus, die sich nur im Oberen abspielen sollten. Zunächst wollen wir zum besseren Verständnis dieser Krankheitsbedingungen noch einmal auf die rhythmische Organisation zurückgreifen. Wir hatten sie ja kennengelernt als den Ausdruck des Kräfteausgleichs zwischen oben und unten, zwischen den zur Verhärtung und zur Auflösung neigenden Kräften. Steiner bezeichnet auch den Rhythmus, um sich klarer auszudrücken, als "Scheidewand" zwischen oben und unten oder auch als "ätherisches Zwerchfell", das in allen kleinen und großen Rhythmen vorhanden ist. In dem individuellen Wechselspiel von Wachen und Schlafen, in das der Mensch eingespannt ist und das, wie wir später noch sehen werden, darin besteht, daß während des Tages zur bewußten geistig-seelischen Tätigkeit Ich und Astralleib im Menschen dominierend in den Abbauvorgängen tätig sind, daß sie aber nachts sich aus dem Organismus herausziehen und somit die Aufbaukräfte des unteren Menschen vorherrschen lassen, was eben für den Menschen Bewußtlosigkeit, d.h. Schlaf bedeutet — diesem großen Rhythmusgeschehen von Wachen und Schlafen, das nach Steiner der deutlichste Ausdruck des Wechselspiels zwischen Abbau und Aufbau im Leibesgeschehen ist, ordnen sich alle anderen Rhythmen unter. Wird es während des Tages oder während der Nacht nicht richtig geleistet, worunter wir auch den bewußt induzierten Schlafmangel oder auch ein Zuviel an Schlaf verstehen müssen, so hat das für den Organismus Folgen, die zur Krankheit führen können und die anderen Rhythmen ebenso treffen können. "Wir schicken in der Tat den Kräften, die aus unserem oberen Menschen kommen, die Kräfte unseres unteren Menschen entgegen, und ein geregelter Rhythmus für jede einzelne menschliche Individualität muß bestehen zwischen beiden, der sich ausdrückt in dem richtigen Verhältnis zwischen Wachen und Schlafen. Jedesmal, wenn wir wachen, ist in einer gewissen Weise der eine Ausschlag dieses Rhythmus da. In diesem Rhythmus Wachen-Schlafen, Wachen-Schlafen ordnen sich, wie kleinere Wellenberge den Rhythmus bewirkend, alle anderen rhythmischen Abläufe ein, die einfach dadurch herbeigeführt werden, daß wir auch im Wachzustande mit unserem Oberen des Menschen wachen und mit unserem unteren Menschen schlafen. Es findet eine fortwährende rhythmische Tätigkeit zwischen dem oberen und dem unteren Menschen statt, die nur, ich möchte sagen, in größeren Rhythmen eingefangen wird durch die Abwechslung von Wachen und Schlafen" (139).

Am Typhus schildert Steiner nun, was passiert, wenn ein ätherischer Durchbruch, ohne richtige Vermittlung durch den Rhythmus, vom oberen in den unteren Menschen stattfindet. Eine Tätigkeit, die eigentlich aus dem Gesamthaften des Organismus nur oben tätig sein sollte, lokalisiert sich speziell im unteren Menschen. Dadurch tritt zunächst eine Art "ätherischer Intoxikation" im Unterleibe auf, der Ätherleib kann seine normale Tätigkeit nicht mehr richtig entfalten, und durch diese "ätherische Einschlußsphäre" am falschen Ort wird nach Steiner die Lebensbedingung für die pathogenen Mikroorganismen geschaffen. Die primäre Ursache hierfür liegt in dem Versagen der rhythmischen Organisation, die eigentlich die richtige Wechselbeziehung zwischen oben und unten nicht schafft, so daß dadurch in dem darauf folgenden Versagen im unteren Menschen eine isolierte Sphäre entsteht, in die die Außenwelt zu stark eindringen kann. "So müssen wir eben in dem Zurückgehen auf die rhythmische Tätigkeit und ihre Störung das Schaffen einer besonderen Sphäre statt der allgemeinen über den Organismus verbreiteten Sphäre suchen und uns das Rätsel des Bazilleneinflusses in dem menschlichen Organismus lösen. Aber ohne daß man auf die geistigen Ursachen zurückgeht, kommt man nicht dazu, dieses Rätsel zu lösen" (140).

Die Bakterien selber sind somit nur Indikatoren für das, was primär im ätherischen Geschehen nicht geleistet wurde. Steiner sieht in dem alleinigen Studium der Bakterienwirksamkeit nur eine Ablenkung von dem eigentlichen Ursprung der Erkrankung und fordert vom Arzt, daß er die Aufmerksamkeit mehr auf das Gebiet der primären Ursache im Seelisch-Geistigen und Ätherischen lenken soll.

Der therapeutische Ansatz Steiners liegt bei dieser Erkrankung nun verständlicherweise nicht primär in dem Bekämpfen der Folgeerscheinungen durch die Bakterien (obwohl die Therapie auch die durch die

Bakterien gesetzten Insulte mit berücksichtigen muß), sondern zielt auf die Neuregulierung der rhythmischen Prozesse, die dann die Insulte von oben und unten wieder auszugleichen vermögen, so daß der Körper von sich aus mit der fremden Welt der Bakterien fertig wird.

In dem Metall Antimon, das Steiner an verschiedenen Stellen seiner medizinischen Werke ausführlichst und in seiner vielschichtigen Wirkungsweise auf den Menschen beschreibt (141) und das die Gestaltungskräfte des Menschen bei den verschiedensten Erkrankungen, wenn die Prozesse der Auflösung zu stark vorherrschen (z.B. bei Typhus, bei der fehlenden Blutgerinnung, Ekzembildung, bis hin zum Karzinom), stärkt, indem es den Rhythmus zwischen ätherischer und astralischer Tätigkeit neu reguliert und je nach dem Ort der Läsion als Salbe, Injektion oder innerlich appliziert werden kann, wird von ihm eines der Hauptmittel gegen die oben genannte Erkrankung gesehen (142).

Alle Symptome, die beim Typhus abdominalis wieder zum gesamten Krankheitsbild, zur "ideellen Krankheitsorganisation" dazugehören, können auch hier aus dem Verständnis der Uranlage erklärt werden: Der Durchbruch der oberen Kräfte in den unteren Menschen bedeutet für den oberen Menschen ein Defizit. Deshalb treten oben Bewußtseinsstörungen und katarrhalische Erscheinungen auf. Der Ausdruck der verstärkten rhythmischen Tätigkeit ist in diesem Falle die geschwollene Milz, die anders als die Herz-Atemtätigkeit — die ja die richtige Vermittlung zwischen oben und unten herstellt — dafür sorgt, daß die Prozesse des unteren Menschen der oberen Organisation richtig entgegengeschickt werden: sie schwillt in der Anstrengung dieses Ausgleichsbestrebens im unteren Menschen an.

Den Gegenprozeß dieses oben geschilderten Vorganges beim Typhus haben wir bei der Diphterie, wo durch die nach oben schlagenden Stoffwechselprozesse im Halsbereich Anfänge von organischen Neubildungen entstehen. Auch hier können spezifische Mikroorganismen wieder Platz greifen und Schädigungen hervorrufen (143).

Aus dem Dargestellten können wir abspüren, daß es Steiners besonderes Anliegen für den Arzt war, aus den geistigen Bedingungen des Organismus selber die Heilungsprozesse abzulauschen und die fremde Welt der Mikroorganismen und ihre sekundären Erscheinungen nur als Folge dieser nicht geleisteten geistigen Bedingungen anzusehen. Einmal führt der Weg dorthin durch das Studium der menschlichen

Dualität mit ihren entgegengesetzten Prozessen zwischen oben und unten (die sich aber in allen Bereichen des Organismus abspielen), zwischen dem zu starken Verhärten und dem zu starken Auflösen, und zum anderen durch das wirkliche Begreifen der rhythmischen Organisation, wie sie sich ausgleichend zwischen diese Extreme stellt und somit eigentlich aus den physisch-ätherischen und den astralisch-ichhaften Kräften den Menschenbildeprozeß, der nach Steiner durch die Herzfunktion am eklatantesten zum Ausdruck kommt, bewirkt. "Aber Sie werden sehen, wie uns nach und nach diese richtige Verfolgung der Stellung des Herzens im menschlichen Organismus in das Krankheitswesen hineinführt" (144).

Dann legt Steiner noch größten Wert darauf, die Krankheitssymptome in ihrem Stellenwert genau zu erkennen, sie bei jeder Erkrankung gesamthaft als ein "ideelles Krankheitswesen" anschauen zu lernen und von ihrer leiblichen Äußerung abzulesen, in welcher Richtung Prozesse verstärkt oder geschwächt werden müssen und sie nicht einfach wegzuschaffen, so daß dem Organismus die Möglichkeit der Auseinandersetzung fehlt und die Krankheitserscheinungen in anderer Form später aufgrund dieses früher nicht geleisteten Ausgleichsprozesses auftreten können (s. Kapitel über die "Kinder- und Alterserkrankungen").

In der Unterstützung des Organismus durch bestimmte Medikamente oder physikalische Maßnahmen gegen die verlagerten Prozesse und im Rückführen dieser verschobenen Prozesse durch die Tatsache, daß sich obere und untere Kräfte in ihrer Polarität immer bedingen, sah Steiner ein wesentliches therapeutisches Prinzip (s. z.B. bei der Tuberkulose). "Würde man aus dem Gesamtbefinden des Menschen immer sich eine Ansicht bilden über dieses Spannungsverhältnis, dann hätte man eine sehr gute Grundlage für den weiteren Heilungsprozeß" (145).

Mineralisches und Pflanzliches in ihrer Beziehung zum Menschen

Wenden wir uns am Schluß noch dem zweiten Spannungsfeld zu, welches besteht zwischen den menschlichen und den außermenschlichen Prozessen, die das oben Angeführte noch weiter zu verdeutlichen vermögen. Wir sahen schon in Kapitel 3, daß der Mensch, um überhaupt leiblich in Erscheinung treten zu können, nach Steiner durch die Naturprozesse hindurchgeschritten ist, sie aber immer wieder aufheben, gegen sie ankämpfen muß, um gesundes menschliches Leben zu vollbringen. Steiner hatte z.B. größte Hochachtung vor dem Entwicklungsgedanken von Ernst Haeckel, den er noch persönlich gekannt hat. Für Steiner ist auch der Entwicklungsgedanke wesentlich, aber nicht unter dem Gesichtspunkt, wie Haeckel ihn gesehen hat, daß der Mensch das höchste Produkt des Tierreiches ist, sondern umgekehrt: Das Tier ist für ihn gewissermaßen "Ausscheidungsprodukt" des Menschen bei seinem Gang durch die Evolution, um leiblich zu erscheinen. "....daß der Mensch als Geistwesen älter ist als alle anderen Lebewesen, und daß er, um seine gegenwärtige physische Gestaltung anzunehmen, sich aus einem Weltwesen herausgliedern mußte, das ihn und die anderen Organismen enthielt. Diese sind somit Abfälle der menschlichen Entwicklung; nicht etwas, aus dem er hervorgegangen ist, sondern etwas, das er zurückgelassen, von sich abgesondert hat, um seine physische Gestaltung als Bild seines Geistigen anzunehmen. Der Mensch als makrokosmisches Wesen, das alle übrige irdische Welt in sich trug, und das zum Mikrokosmos durch Absonderung der übrigen gekommen ist, das war für mich eine Erkenntnis, die ich erst in den ersten Jahren des neuen Jahrhunderts erlangte" (146). So steht der Mensch nach Steiner in einem "negativen Verhältnis" zu der außermenschlichen Mineral-, Pflanzen- und Tierwelt, die auch in ihm immer im Entstehen begriffen ist, aber im status nascendi schon aufgehoben, zerstört werden muß, um die entgegengesetzten, menschlichen Bildungsimpulse an ihre Stelle zu setzen. Dieses dauernde Ankämpfen ist zur Erhaltung des normalen menschlichen Lebens nötig. Als ein oft gebrauchtes Beispiel nennt Steiner die Auftriebskräfte des Liquors, in die das Gehirn eingebettet ist, die die irdische Schwere des Gehirns aufheben und so als Gegenprozesse gegen die äußere Natur, hier gegen die Schwerkraft, zu verstehen sind. Durch die Beachtung dieser Gegenprozesse im Menschen kann man zu einem gründlicheren Verständnis der Menschenwesenheit kommen und Gesundheit und Krankheit auch im weiteren besser verstehen lernen. Was Physik und Chemie nachweisen können, ist nach Steiner eben nicht Menschenprozeß, sondern der Menschenbildeprozeß besteht gerade aus den Prozessen, durch die Physik und Chemie aufgehoben werden. "Wir leben in der Tat nicht in dem, was die Physik mit uns macht, sondern in dem, was von der Physik aufgehoben wird. Und so leben wir in Wahrheit auch nicht in den Prozessen, welche wahrgenommen werden als Prozesse, die auch in der äußeren Natur sind, die im Pflanzenreich ihre Endglieder erleben, sondern wir leben von der Aufhebung des Pflanzenwerdeprozesses. Das kommt natürlich ganz wesentlich in Betracht, wenn wir die Brücke schlagen wollen zwischen dem menschlichen Organismus in seinem Kranksein und den Pflanzenheilmitteln" (147). Steiner wendet den Blick zunächst auf die Flora draußen, die den Menschen umgibt und sieht in ihr eine der Haupttätigkeiten im Konzentrieren von Kohlenstoff, um in der spezifischen Bildung (Pflanzengestalt) ihr Ende zu finden. Im Menschen ist aber auch dieser Prozeß im Unteren in den Anfängen vorhanden, wo Kohlenstoff abgesetzt, also der "Pflanzenwerdeprozeß" beginnen will, aber vermöge der oberen Organisation schon im Anfang abgelähmt und damit aufgehalten wird. "Wir setzen den Kohlenstoff ab, beginnen gewissermaßen aus unseren eigenen Kräften heraus den Prozeß des Pflanzenwerdens und müssen uns, veranlaßt durch unsere obere Organisation, gegen dieses Pflanzenwerden wehren. Wir heben es auf, indem wir dem Kohlenstoff den Sauerstoff entgegensetzen, ihn zur Kohlensäure verarbeiten und dadurch in uns den entgegengesetzten Prozeß des Pflanzenwerdens ausbilden müssen" (148).

Das Auftreten von Kohlensäure, aber auch das der anderen verschiedenen Stoffwechselprodukte, ist nach Steiner also als das physiologisch nachweisbare Endergebnis des Kampfes der oberen gegen die untere Organisation aufzufassen. Das, was abgelähmter Pflanzenbildeprozeß im unteren Menschen ist, ist noch sichtbar im Vorhandensein der menschlichen normalen Darmflora, die immer in Grenzen gehalten werden muß durch die oberen Prozesse, die sich durch diesen "Kampf" in ihrem geistig-seelischen Wechselspiel frei im Leiblichen entfalten können. Besteht nun, wie Steiner es beschreibt, nicht das richtige Wechselspiel zwischen oben und unten, d.h. ist das Obere zu schwach, das Untere zu bändigen, dann wuchert der im unteren Menschen veranlagte Vegetationsprozeß: Der Mensch wird von den spezifischen Mikroorganismen überflutet. "So daß also durch eine zu geringe Gegenwirkung des oberen Menschen in dem unteren Menschen Kräfte tätig sein können, welche nicht aufhalten können den, ich möchte sagen, veranlagten und aufzuhaltenden Vegetationsprozeß, den Prozeß des Pflanzenwerdens" (149).

In diesem Zusammenhang ist es auch verständlich, daß Steiner ein wesentliches Heilmittel in der richtigen Erziehung und richtigen seelisch-geistigen Betätigung etwa im Sinne der Pflege geisteswissenschaftlicher Inhalte sieht, um den Menschen im Seelisch-Geistigen so zu stärken, daß er die Kraft hat, mit seinem Oberen die unteren in ihn hineinflutenden Prozesse richtig zu beherrschen. "Es wird vielmehr als auf die Art, wie Bazillen und Bakterien einziehen in unseren Organismus, darauf gesehen werden, wie stark wir von der Seele und vom Geist geworden sind, um dieser Invasion zu widerstehen. Diese Stärke wird in der menschlichen Natur kein äußeres Heilmittel bedingen, aber das Heilmittel, das innerlich den Menschen stärkt vom Geiste und von der Seele aus durch einen gesunden geisteswissenschaftlichen Inhalt. Damit wird allerdings öffentliche Gesundheitspflege gerade durch Geisteswissenschaft auf eine wesentlich andere Grundlage gestellt, als die sich träumen lassen, die glauben, daß nur im Fortgange der gegenwärtigen Ansichten das Heil der menschlichen Entwicklung liegen könne" (150).

Steiner erachtet es nun als sehr wichtig, daß, wenn durch das Überhandnehmen der unteren Stoffwechseltätigkeiten diese Kräfte an falscher Stelle im Organismus Platz ergreifen, sie gewissermaßen als untere Prozesse in den oberen Menschen zurückgeschoben werden, als Folge davon abnorme Abscheidungsprozesse ("Verdauungsprozesse" z.B. an Lunge und Rippenfell) am falschen Ort auftreten, die durch die zu starken und an falscher Stelle tätigen unteren Kräfte bedingt sind. Wir sahen vorher schon, daß die Stelle der zutagetretenden Läsion nicht immer die Stelle der eigentlichen Ursachen zu sein braucht, was für das therapeutische Prinzip Steiners ganz wesentlich ist. Immer wieder ist es wichtig, auf die Parallelvorgänge des oberen und unteren Menschen hinzuweisen: Wenn Seelisch-Geistiges im Leibe sich ereignen will, muß ein Organprozeß parallel gehen, der dann eine Ablähmung erfährt, wie wir es ja schon im Kapitel 3 genauer darstellten.

Gehen wir nun zum oberen Menschen, so sahen wir eine seiner leiblichen Haupttätigkeiten im Gestalten, welches aber nicht über seine Grenze hinausgehen darf, so daß im Oberen eigentlich immer bekämpft werden muß das zu starke Mineralisieren und Sklerotischwerden. Dringt diese obere Tendenz nun in einer Art zu stark in die unteren Organsysteme vor, so ist der obere Mensch gegenüber dem unteren zu stark wirksam. Natürlich ist diese Tendenz im ganzen Menschen prinzipiell vorhanden, nur in den einzelnen Organsystemen in differenzierter Form. So wie nun im "unteren" Menschen dadurch die Pflanzentherapie sinnvoll ist, um die nicht geleisteten unteren Prozesse durch pflanzliche Heilmittel zu stärken oder ihnen durch gleichgerichtete Prozesse (s. Kapitel 5) etwas abzunehmen, so kann für den "oberen" Menschen die Therapie aus zum Medikament zubereiteten Mineralien bestehen, damit die zu schwachen Kräfte in ihrer Gestaltung angeregt oder der zu starken Tendenz des Mineralischwerdens durch den Vorgang der noch höheren homöopathischen Potenzen entgegengearbeitet wird. Diese Tätigkeit des oberen Menschen, nämlich zu gestalten, zu mineralisieren, um das Seelisch-Geistige zu Bewußtseinsvorgängen frei zur Verfügung zu haben, die "Imponderabilien" gewissermaßen abzustoßen, nennt Steiner, indem er sich mit Paracelsus im Einklang befindet, Salzprozesse. "Da liegt eben durchaus ein Gebiet, wo, wenn der heutige Mensch alte Werke aufschlägt, die noch aus atavistischem Hellsehen hervorgegangen sind, er gar nichts mehr verstehen kann. Denn schließlich, die wenigsten lesen heute noch etwas Ordentliches heraus, wenn sie bei Paracelsus vom Salzprozeß lesen" (151).

Die Prozeßgestik, die hauptsächlich in der Tätigkeit des unteren Menschen herrscht und der oberen polar entgegengesetzt ist, ist die des Auflösens des Gestalteten, um die Imponderabilien von Wärme und Licht in der Nahrung zu verinnerlichen, d.h. das Geistig-Seelische in die Prozeßbetätigung mit hineinzunehmen. Dieser Prozeß wird von Steiner im Paracelsischen Sinne Sulfur- oder auch Phosphorprozeß genannt und findet sein Äquivalent draußen in den phosphorigen, aber auch sulfurischen mineralischen Substanzen. — Steiner sagt an anderer Stelle: "Ich möchte nicht versäumen, Sie darauf aufmerksam zu machen, daß dasjenige, was ich hier vortrage, nicht entlehnt ist älteren medizinischen Schriften, sondern auf durchaus gegenwärtiger geisteswissenschaftlicher Forschung beruht. Nur muß versucht werden, zuweilen in der Terminologie auf die ältere Literatur zurückzugreifen, weil ja die neuere Literatur eine Terminologie in dieser Richtung hin noch nicht ausgebildet hat, aber derjenige, der glauben würde, daß irgend etwas hier vorgetragen wird, was nur älteren Schriften entnommen ist, der würde sich eben sehr irren" (152).

Zwischen diesen beiden Prozessen steht vermittelnd das Merkuriale, das wie das Zirkulations- und Herzgeschehen im Menschen den Kräfteausgleich zwischen dem zu starken salzhaft Gestaltenden des Oberen und phosphorig Auflösenden des Unteren steht und sich in der Natur physisch in der Tropfenform zeigt. — Das alles lebt sich im mineralisch Gestalteten dar, zu dem der Mensch ja in seiner Evolution nur eine entfernte Beziehung hat und das deshalb auch als sehr wirksames Heilmittel angewendet wird.

Bei der Pflanzenwelt, die aber zum Menschen wiederum eine nähere Beziehung hat, können wir nach Steiner ähnliche Prozesse, wie wir sie im Mineralreich dargestellt haben, wiederfinden. Als größten Gegensatz haben wir bei der Pflanze den Prozeß der Wurzel- und Blütenbildung bzw. Samenbildung anzusehen, wo unten die Salz-, Verhärtungs- und Erdenprozesse präponderieren und oben polar die Prozesse des Stoffwechsels und der Reproduktion in der Blütenregion vorherrschend sind. In der Mitte stehen nun ausgleichend die Prozesse, die im Blatt- und Krautartigen zwischen oben und unten vermitteln, so daß Steiner davon spricht, daß der Mensch eigentlich eine "umgekehrte Pflanze" ist, was wir nicht nur rein räumlich zu verstehen haben, sondern auch in der entgegengesetzten Tendenz des Organismus gegen die Pflanzenprozesse. "Nun ist der Mensch eben in einer gewissen Weise verwandt mit dem, was er herausgesetzt hat, dem Phosphorprozeß, dem Salzprozeß, dem Blütenprozeß, dem Fruchtprozeß, dem Verwurzelungsprozeß, dem Blattentstehungsprozeß, aber so, daß er zu alledem eben in einer wirklichen Umkehrung lebt, daß er in sich trägt die Tendenz, dasjenige, was in dieser außermenschlichen Natur zur Darstellung kommt, aufzuheben, ins Gegenteil umzukehren" (153).

Beim Menschen spielen sich eben die genannten Prozesse rein im Funktionellen ab, bei der Pflanze sind sie materiell sinnlich-sichtbar geworden und in ihrer einseitigen Tendenz zu erkennen, so daß wir bei einer rationellen Therapie auf die Wesensbeziehung bei der Heilmittelverabreichung zurückgreifen können, wie sie besteht zwischen dem Wurzelhaften und der Kopforganisation des Menschen, dem Blatthaften, Krautartigen und der Zirkulationsorganisation und dem Blütenhaften und der Stoffwechselorganisation. Das führt uns wieder zu einer Brücke zwischen der menschlichen und außermenschlichen Welt, die durch die Therapie geschlagen wird. Aber auch für die Diät ergeben sich von dieser Schilderung ausgehend neue Hinweise, denn jetzt ist es verständlich, wie differenziert man mit Wurzelhaftem, Blatthaftem und Blütenhaftem Prozesse im Menschen aufrufen kann, die die Krankheit bekämpfen helfen.

So schildert Steiner den Menschen im Kampf stehend zwischen den Kräften des Oberen und Unteren, die er durch eine immer wieder zu leistende Tätigkeit gesamthaft zu der menschlichen Einheit zusammenfassen muß. Alle seine Rhythmen, die Steiner auch als eine "rhythmische Organisation" bezeichnet, sind als Ergebnis dieses Kampfes aufzufassen und weisen auf ein Geheimnis des Menschenbildeprozesses hin. Erst im Bezwingen und dauernden Überwinden sowohl der Stoffwechselprozesse durch den oberen Menschen als auch der außermenschlichen Welt, erst in dieser dauernden Betätigung, die auch ein neues Licht werfen kann auf das Nahrungsbedürfnis des Menschen, kann der Mensch seine Kräfte für individuelles seelisch-geistiges Wirken im Leibe entbinden. — Die im Geistigen existierende Einheit Mensch verwirklicht sich leiblich in Gegensätzen von oben und unten, die dauernd beherrscht werden müssen, um die körperliche und seelisch-geistige Gesundheit zu gewährleisten. Steiner fordert den Arzt auf, bei jeder Erkrankung zu fragen: wo werden im Organismus die Gegensätze nicht beherrscht, und wie finde ich Heilmittel, die wieder ein neues Gleichgewicht herstellen können?

7. Körperliche und seelische Erkrankungen

Im Leibe des Menschen, der in der Anthroposophie als ein individuelles Zusammenwirken und dauerndes Spannungsfeld von physischen, ätherischen, astralischen und Ich-Kräften verstanden wird, treten Krankheitserscheinungen auf, die als physische und als sogenannte psychische oder seelische Erkrankungen bezeichnet werden. Gerade an diesen zwei Erkrankungsmöglichkeiten des Menschen hat Steiner immer wieder aufgezeigt, daß ohne eine von der Geisteswissenschaft vertiefte und erweiterte Menschenkunde das Wesen dieser beiden Erkrankungen nicht erklärt werden kann, da die damalige und heutige materialistische Vorstellungsart durch die Art und Weise der Erforschung des Physisch-Materiellen keine Brücke zum Seelisch-Geistigen finden kann und umgekehrt, sondern alles nur als beziehungslos nebeneinander ablaufende Parallelvorgänge beschreiben muß. Auch heute scheint eine befriedigende Erklärung noch nicht gelungen zu sein. "Zudem hat doch die neuere Forschung seit Freud gerade gezeigt, daß es neben den somatisch bedingten Krankheiten solche gibt, die aus seelischen Ursachen herrühren, die psychogen sind. Der Forschung aber, die von dem Ansatz der verschiedenen Bereiche des Menschen ausgeht, ist es bis heute noch nicht gelungen, eine einigermaßen befriedigende Erklärung dafür zu erbringen, wie denn dieses geheimnisvolle Phänomen zustande kommt, wie es möglich ist, daß sich Krankheit einmal somatisch und ein anderes Mal psychisch zeigt; wie diesem mysteriösen Geschehen Rechnung getragen werden soll, wenn ein Umschlag, eine Konversion von somatischen zu psychischen Erscheinungen oder umgekehrt, eintritt" (154).

Steiner beklagte diese Tatsache auch an der damals vorherrschenden Meinung in der Psychiatrie: "Es ist heute die Psychiatrie in einem so traurigen Zustande namentlich dadurch, daß von ihr keine Brücke führt ins Bewußtsein der Menschen nämlich — denn die Brücken in der

Natur sind überall vorhanden —, zu der gewöhnlichen anderen Pathologie und Therapie, daß man sich auf diesen beiden Gebieten vielleicht am ehesten bequemen wird, in geisteswissenschaftliche Betrachtung einzutreten" (155).

Nach Steiners Auffassung liegt das Verkehrte der materialistisch betonten Anschauung aber nicht darin, daß sie ihr besonderes Augenmerk nur auf die materiellen Vorgänge in den Organen und Organsystemen des menschlichen Organismus richtet, sondern daß sie die gefundenen materiellen Vorgänge nicht richtig (d.h. menschengemäß) zu denken vermag: "... Nicht das macht einen zum Materialisten, daß man diese Dinge studiert, sondern das macht einen zum Materialisten, daß man bei dem Studium der materiellen Vorgänge vom Geiste verlassen ist, daß man in die Welt der Materie hineinschaut und nur Materie und materielle Vorgänge sieht" (156). Auf der anderen Seite geht er auch gegen die Meinung an, die besagt, daß der Mensch nicht nur aus einer Summe von materiellen Vorgängen bestehen könne, sondern ja auch eine unsterbliche Seele und einen unsterblichen Geist haben müsse. Dieses Bilden von abstrakten Theorien über das Seelisch-Geistige in mystischer Weise empfindet Steiner ebenso zur Erklärung der menschlichen Wesenheit als unzutreffend und in keiner Weise als eine echte geisteswissenschaftliche Anschauung.

So leidet für ihn die Erkenntnis über den Menschen daran, daß Physisch-Körperliches und nur hypothetisch angenommenes Seelisch-Geistiges, die ja beide aus der Gesamtwesenheit Mensch erst abstrahiert werden müssen, nebeneinander ohne Beziehung herlaufen: das Seelisch-Geistige wird gewissermaßen nur als "Aufstockungsphänomen" (G. Knapp) betrachtet. In den ersten Kapiteln seines Buches "Mensch und Krankheit" beschäftigt sich Guntram Knapp besonders mit den neuen anthropologischen Ansätzen eines Zusammenschauens von Leiblichem und Seelischem im Menschen. Er sieht eine der Grundschwierigkeiten, die menschliche Wesenheit in ihrer Gesamtheit zu erfassen, darin, daß das Seelische immer nur als ein "Aufstockungsphänomen" des Leiblichen betrachtet wird und nicht bei der Erforschung des Leiblichen das Seelische und Geistige schon immanent mit betrachtet wird. Er drückt das so aus: "Ich habe nicht einen Leib, sondern ich bin als Leib. Der Leib ist nicht Ausdruck eines Dahinterliegenden, der Seele, und schon gar nicht Werkzeug und ausführendes Organ der Seele oder des Geistes; der Leib ist als solcher "seelisch" oder "geistig" .... der Mensch ist leiblich und seelisch zugleich" (157). — Nach Steiner kommt man aber erst zu einem wirklichen Begreifen der gesamten menschlichen Wesenheit, d.h. aber, man ist nach seinen Worten "wirklicher Geisteswissenschaftler", wenn man durch die erweiterte Erkenntnismethode der Imagination, Inspiration und Intuition das Geistig-Seelische des Menschen als reale Wesenheit sowohl außerhalb des Lebenslaufes, d.h. Leibesgeschehens, als auch den menschlichen Leib selbst als Ergebnis dieses Wirkens erfassen kann und zum anderen die materiellen Wirkungen des Geistigen genau beobachtet und sie als Offenbarung des Geistigen selber erkennt. "Man muß dazu kommen, das Geistig-Seelische außerhalb des menschlichen Lebenslaufes studieren zu können und den menschlichen Lebenslauf zwischen Geburt und Tod als ein Ergebnis des Geistig-Seelischen hinzunehmen. Dann schaut man hin auf die wirkliche konkrete Einheit des Geistig-Seelischen mit dem Physisch-Leiblichen. Dann treibt man anthroposophisch orientierte Geisteswissenschaft, denn dann hat man in Aussicht, daß dieser Mensch mit allen seinen einzelnen Gliederungen dasteht vor einem als ein Ergebnis des Geistig-Seelischen auch für die Erkenntnis" (158).

Den größten Teil von Steiners Lebenswerk können wir als den Versuch bezeichnen, in seiner geisteswissenschaftlich erweiterten Menschenkunde darzustellen, wie sich Seelisch-Geistiges und Physisch-Körperliches in der Natur, im menschlichen Leibe und im Kosmos bedingen. Um das dem Menschen und der Welt zugrunde liegende Kosmische wieder zugänglich zu machen, mußte Steiner ja erst die Methoden entwickeln, um den Suchenden nicht nur intellektuell zu befriedigen. Insofern faßte er die Anthroposophie nicht als tradierbaren Lehrinhalt auf, sondern rechnete mit der Möglichkeit jedes Menschen, seine Erkenntnis zu erweitern. "Es schlummern in jedem Menschen Fähigkeiten, durch die er sich Erkenntnisse über höhere Welten erwerben kann" (159) und: "Anthroposophie ist ein Erkenntnisweg, der das Geistige im Menschenwesen zum Geistigen im Weltall führen möchte" (160).

Als eines seiner wesentlichsten Forschungsresultate, das nach seinen Worten die Medizin erst richtig befruchten konnte, haben wir die Dreigliederung des menschlichen Organismus zu sehen, die beschreibt, wie die Seelenqualitäten mit den Funktionen und Organsystemen des ganzen Menschen auf differenzierte Art verbunden sind: das Vorstellungsleben mit dem Nervensystem, das Fühlen mit dem rhythmischen System und das Wollen mit dem Stoffwechsel-Gliedmaßensystem. Auf der anderen Seite sahen wir aber auch, daß die Tätigkeit der Organe, indem sie ihre lebendigen Aufbau- und Gestaltungskräfte zur Verfügung stellen, für das seelische Innenleben des Menschen maßgeblich sind. Nach Steiner ist also der ganze Organismus beseelt und durchgeistigt. Durch diese Anschauungsweise, die in der erweiterten Erkenntnis vom Menschen erworben wird, kann nach Steiner erst eine Brücke gefunden werden von den materiellen zu den seelischen Prozessen und umgekehrt, um aus der "Summe von Abstraktionen" über materielle und psychische Gesetzmäßigkeiten in den wirklichen Menschenbildeprozeß unterzutauchen, wie Steiner es ja für eine intuitive Medizin forderte. "Die Geisteswissenschaft wird dasjenige für eine Reform der Psychiatrie bringen, daß sie wiederum von den bloß abstrakten Begriffen, die kein innerliches Leben haben, zu wirklichkeitsgemäßen Begriffen führen wird, zu solchen Begriffen, die als Begriffe schon in der Welt leben, die gewonnen sind dadurch, daß man mit seinen Methoden in die Wirklichkeit untertaucht. Dann wird man, wenn man zu solchen geistigen Methoden aufsteigt, die wiederum wirklichkeitsgemäße Begriffe liefern, von solchen Begriffen, die jetzt nicht bloße Abstraktionen sind, den Übergang finden zu dem, was Wirklichkeit ist. D.h. man wird eine Brücke schlagen können zwischen dem Psychischen und dem Physischen im Menschen. Es muß das Psychische und das Physische in der Vorstellung anders aussehen als es heute aussieht, wenn man eine Psychiatrie im Ernste will" (161).

Das Seelisch-Geistige ist, wie wir schon oben bemerkten, nicht im Leibe zwischen Geburt und Tod rein passiv eingeschlossen, d.h. es "bewohnt" nicht den Leib, sondern wird aus der Leiblichkeit, die ja immer ein Gleichzeitiges von Physischem, Seelischem und Geistigem ist, heraus entbunden und ist somit auf den Leib angewiesen, mit dem es in dauernder Auseinandersetzung in rhythmischer Art zwischen Wachen und Schlafen und Abbau und Aufbau steht. Erst indem es in richtiger Weise, d.h. abbauend in den Leib eingreifen kann und sich ihm nichts von organischer Seite hindernd in den Weg stellt, kann es sich in allen seinen Äußerungen, sowohl organisch als auch bewußtseinsmäßig, richtig entfalten. Insofern liegt nach Steiner die primäre Ursache der sogenannten Geisteskrankheiten nie im Seelisch-Geistigen selber, sondern allein im Physisch-Leiblichen. "Sie dürfen mir glauben, daß der Geisteswissenschaftler eigentlich, wenn ich drastisch reden darf, schon geärgert wird bei dem bloßen Ausdruck Geisteskrankheit, denn es ist töricht, den Ausdruck Geisteskrankheit zu gebrauchen, weil der Geist immer gesund ist und eigentlich nicht erkranken kann. Es ist ein Unsinn, von Geisteskrankheit zu sprechen. Es handelt sich immer darum, daß der Geist in seiner Fähigkeit, sich zu äußern, von dem physischen Organismus gestört wird, und nie um eine eigentliche Erkrankung des geistigen oder seelischen Lebens selber. Das sind alles nur Symptome, was da auftritt" (162).

Damit hätten wir die Ursache des nicht richtig zur menschengemäßen Entfaltung kommenden seelischen und geistigen Lebens beim Menschen in bestimmten kranken Organen und Organsystemen zu suchen, die uns auch auf den therapeutisch einzuschlagenden Weg weisen. Vor 1920 hatte Steiner ja schon tiefe Einblicke in die Organologie des Menschen gegeben und die kosmischen Kräftekonstellationen in einzelnen Organsystemen genau beschrieben (163).

Wie das normale Seelenleben des Menschen nach Steiner mit gesunden Organen zusammenhängt, so das krankhafte, abnorme Seelenleben mit schadhaft gewordenen Organen, die in leiblicher Hinsicht nicht mehr richtig tätig sein können und deshalb auch in ihrem ambivalenten Verhältnis zur seelisch-geistigen Seite nicht ordentlich die Kräftegrundlage für die seelisch-geistige Tätigkeit abgeben. Steiner stellt in dem Vortrag "Hygiene als soziale Frage" dar, wie z.B. bis in die Temperamente hinein das Wirken des Organischen, besonders beim Kinde, betrachtet werden kann. "Und umgekehrt dasjenige, was scheinbar bloß auf das Seelische oder im Seelischen wirkende Lebenserscheinungen sind, haben wir dasjenige, was in den Temperamenten und in der Betätigung der Temperamente des Menschen hervortritt, was hervortritt in der ganzen Art und Weise, wie der Mensch als kleines Kind spielt, geht, was er tut, das alles, was heutzutage nur geistig-seelisch verstanden wird, hat auch seine leibliche Seite. Und ein Verfehlen in bezug auf manches in der Erziehung des Kindes kann in späterer Zeit in einer ganz gewöhnlichen physischen Erkrankungsform zum Vorschein kommen" (164).

Deshalb schlug Steiner schon 1920 vor, die erkrankten Organe, die den Geisteskrankheiten zugrunde liegen, mit physischen und medikamentösen Heilmitteln ("leibliche Kur") anzugehen. "Das Primäre liegt gerade bei den sogenannten geistigen Erkrankungen in den Organsystemen, wenn es auch manchmal schwieriger zu beobachten ist. Und weil es in den Organsystemen liegt, deshalb ist es manchmal so trostlos, zu sehen, wie man gerade durch geistige Behandlung diesen Dingen am allerwenigsten beikommt, wie man tatsächlich viel eher bei wirklichen organischen Erkrankungen durch geistige Behandlung etwas ausrichten kann, als gerade bei sogenannten Geisteskrankheiten. Man wird sich geradezu angewöhnen müssen, Geisteskrankheiten mit Heilmitteln zu behandeln" (165).

Steiners Meinung ist es aber, daß man in die abnorme Organologie nur hineinsehen kann, wenn man den Geist bis in seine Offenbarung in die kleinsten Teile der materiellen Prozesse hinein verfolgt. So kam er zu dem Forschungsresultat, daß das Primäre der "Geisteserkrankungen" eigentlich immer in den vier Organsystemen des unteren Menschen von Leber-, Nieren-, Herz- und Lungenorganisation liegt, und daß auch die Entartung des Gehirns nur etwas Sekundäres ist. "Wenn der Ausdruck Geisteskrankheit ganz falsch ist, so ist der Ausdruck Gehirnkrankheit eigentlich halb falsch, denn auch dasjenige, was an Entartungen im Gehirn auftritt, ist eigentlich immer sekundär. Das Primäre liegt bei den Krankheiten niemals in dem, was sich in dem oberen Menschlichen, sondern immer in dem unteren Menschlichen abspielt. Das Primäre liegt eigentlich immer in den Organen, zu denen die vier Organsysteme gehören, dem Leber-, Nieren-, Herz- und Lungensystem" (166).

So ist es z.B. seine Auffassung, daß das eigentlich Seelisch-Geistige im menschlichen Leib nur "gespiegelt" wird und es dadurch zu den bewußten Fähigkeiten von Denken und Fühlen und Wollen kommt. Das Gehirn ist dasjenige "Spiegelorgan", welches das Seelisch-Geistige am bewußtesten offenbart. "Zunächst ist das seelische Erleben des Menschen, wie es sich im Denken, Fühlen und Wollen offenbart, an die leiblichen Werkzeuge gebunden. Und es gestaltet sich so, wie es durch diese Werkzeuge bedingt ist. Wer aber meint, er sehe das wirkliche Seelenleben, wenn er die Äußerungen der Seele durch den Leib beobachtet, der ist in demselben Fehler befangen, wie einer, der glaubt, seine Gestalt werde von dem Spiegel hervorgebracht, vor dem er steht, weil der Spiegel die notwendigen Bedingungen enthalte, durch die sein Bild erscheint. Dieses Bild ist sogar in gewissen Grenzen als Bild von der Form des Spiegels und so weiter abhängig; was es aber darstellt, das hat mit dem Spiegel nichts zu tun. Das menschliche Seelenleben muß, um innerhalb der Sinneswelt sein Wesen voll zu erfüllen, ein Bild seines Wesens haben. Dieses Bild muß es im Bewußtsein haben; sonst würde es zwar ein Dasein haben, aber von diesem Dasein keine Vorstellung, kein Wissen. Dieses Bild, das im gewöhnlichen Bewußtsein der Seele lebt, ist nun völlig bedingt durch die leiblichen Werkzeuge. Ohne diese würde es nicht da sein, wie das Spiegelbild nicht ohne den Spiegel. Was aber durch dieses Bild erscheint, das Seelische selbst, ist seinem Wesen nach von den Leibeswerkzeugen nicht abhängiger als der vor dem Spiegel stehende Beschauer von dem Spiegel. Nicht die Seele ist von den Leibeswerkzeugen abhängig, sondern allein das gewöhnliche Bewußtsein der Seele. Die materialistische Ansicht von der menschlichen Seele verfällt einer Täuschung, die dadurch bewirkt wird, daß das gewöhnliche Bewußtsein, das nur durch die Leibeswerkzeuge da ist, mit der Seele selbst verwechselt wird. Das Wesen der Seele fließt so wenig in dieses gewöhnliche Bewußtsein hinein, wie mein Wesen in ein Spiegelbild hineinfließt. Dieses Wesen der Seele kann also auch nicht in dem gewöhnlichen Bewußtsein gefunden werden; es muß außerhalb dieses Bewußtseins erlebt werden. Und es kann erlebt werden, denn der Mensch kann noch ein anderes Bewußtsein in sich entwickeln als dasjenige, das durch die Leibeswerkzeuge bedingt ist" (167).

Für die Diagnose der Geisteskrankheiten wird darauf aufmerksam gemacht, wie schwierig es ist, die richtige Grenze zu ziehen zwischen dem sogenannten normalen Leben und dem psychisch anormalen Leben, gerade weil man nach Steiners Meinung oft im Psychischen des Menschen, der ein soziales Wesen ist, nur die Reaktion auf eine krankhafte Umgebung sieht (168). So ist es z.B. für den Arzt notwendig, mit einer verfeinerten Beobachtungsgabe die schon im Vorfelde auftretenden psychischen Krankheiten an gewissen seelischen Äußerungen des Patienten zu beachten (wie z.B. Gedankenflucht, starres Begriffssystem, Absterben des Interesses am äußeren Leben etc.), um von da aus auf bestimmte Organveränderungen schließen zu können. Auf der anderen Seite müssen wir in leiblicher Hinsicht die nicht mehr richtig funktionierenden Organe und ihre krankhaften Äußerungen im menschlichen Organismus beachten, deren schadhaft gewordene, sonst stabile Eiweißkräfte sich nicht primär im Stoffwechselgeschehen nachweisen lassen, sondern hauptsächlich in den mannigfaltig veränderten Abscheidungen von oben, unten und an der Peripherie. "Warum funktioniert es nicht richtig? Weil jene Kräfte schadhaft geworden sind, die eigentlich die stabilen der Eiweißbildung sind, nicht die variablen, sondern die stabilen. Also es ist etwas in dem Kranken, das fortwährend danach strebt, das Organ eigentlich in seinem ursprünglichen plastischen Aufbau zu zerstören, und daher tut es auch nicht gut, wenn man zu stark hinüberschielt nach demjenigen, was in den Gewebeflüssigkeiten, eben auf dem anderen Pol, Stoffwechsel darstellt. Also mit dem, was im Organismus selber den Stoffwechsei darstellt, wird es nicht sein, wenn man nach den Symptomen ausgeht. Dagegen wird es außerordentlich wichtig sein, die Erkenntnis der Geisteskrankheiten in den Abscheidungen zu suchen. Da wird man schon durchaus wichtige Anhaltspunkte immer finden. Und nachforschen, wie die Abscheidungen bei einem Geisteskranken beschaffen sind, das ist außerordentlich wichtig...." (169).

Steiner sagt auch im gleichen Vortrag, daß die Geistigkeit der unteren Organe normalerweise durch das gesunde Organ "gedeckt" ist und deshalb nur unterbewußt wahrgenommen wird, daß sie aber, wenn das Organ schadhaft wird, nach oben hinaufsteigen kann (herausflimmert) und im bewußten Leben z.B. als Halluzination oder Vision störend auftritt. Dadurch wird das sonst zur freien Verfügbarkeit stehende Seelisch-Geistige durch die eigene Organwelt in unfreier Weise störend beeinflußt.

Wenn wir nun zu den Ursachen gewisser Geisteskrankheiten kommen, so sahen wir ja schon im 2. Kapitel, wie das Seelisch-Geistige des Menschen (die Individualität) erst in der vitalen Sphäre der Organe durch differenzierte Ablähmungsvorgänge diese so heranbilden muß, daß im Leiblichen eine Grundlage für sein Wirken geschaffen wird. Dieser Vorgang wird nach Steiner in den ersten zwei- bis drei Lebensjahren ganz besonders intensiv ausgebildet (siehe auch Kapitel über die Kinderkrankheiten).

In dem nicht richtigen Beachten der Entwicklungsgesetze des Seelisch-Geistigen in seinem Einarbeiten in das Leibliche, indem z.B. durch ein zu frühes Gebrauchen der geistig-intellektuellen Fähigkeiten des Menschen die Organwelt zu stark und zu früh abgelähmt, d.h. verhärtet und verphysiziert wird oder auch die Organe durch falsche Ernährung in der Kindheit oder durch Medikamente schadhaft werden, liegt einer der Gründe für gewisse Geisteskrankheiten im späteren Alter, da die Umwandlungen der Organe als seelisch-geistige Grundlage zu schnell und auch zu vehement vonstatten gehen. Insofern war es Steiner wichtig, eine Pädagogik auszugestalten, die durch das richtige Beachten der Entwicklungsgesetze der menschlichen Wesenheit, wie er sie grundlegend dargestellt hat in seinem Büchlein "Die Erziehung des Kindes vom Gesichtspunkte der Geisteswissenschaft" (171), eine wirksame Prophylaxe für spätere seelische Erkrankungstendenzen schafft. Werden nun dem Menschen durch eine falsche Erziehung gewisse Organtätigkeiten, die er im späteren Alter braucht, zu früh vorweggenommen, d.h. abgelähmt, so entsteht das Bild der Dementia praecox, der jugendlichen Schizophrenie. "Der Mensch ist ja einmal so, daß er schon in der Jugend gewisse Kräfte entwickelt, die dann seinen Organismus eben gestalten. Aber nicht alles, was in der Jugend im Organismus gestaltet wird, findet auch schon in der Jugend die richtige Anwendung. Wir gestalten den Organismus in der Jugend, um auch etwas aufzubehalten, was dann erst im Alter zur Wirksamkeit kommt. Also schon im Kinde werden gewisse, ich möchte sagen, Organe aufgebaut, welche aber noch nicht in der Kindheit benutzt werden sollen, sondern das Alter kann sie nicht mehr aufbauen, daher bleiben sie in der Reserve, um dann im Alter benutzt zu werden. Wenn aber z.B. gar keine Rücksicht darauf genommen wird, daß man den Menschen bis zum Zahnwechsel hin durch die Nachahmung erziehen soll, daß man dann den Menschen vom Zahnwechsel an so erziehen und unterrichten soll, daß die Autorität eine große Rolle spielt, wenn das nicht bedacht wird, so können einfach frühzeitig die Organe, die für das Alter in der Reserve bleiben sollen, beansprucht werden...., kurz, wenn eben Organe — es sind natürlich feine Organisationen —, die eigentlich in der Reserve bleiben sollen ins Alter hinein, in der Kindheit bereits in Anspruch genommen werden, so entsteht die furchtbare Dementia praecox. Das ist der eigentliche Grund für Dementia praecox. Deshalb kann man schon sagen: Ein gutes Heilmittel ist die sachgemäße Erziehung...." (171).

Liegt also das Wesen der Geisteskrankheit in einer "Deformation" der unteren Organsysteme des Menschen, auf die sich das Seelisch-Geistige nicht richtig "abstützen" kann, und die ihrerseits wieder in der nicht richtigen leibgerichteten, gesamthaften Tätigkeit störende, unterbewußte Kräfte in das bewußte Leben des Menschen hinaufschicken, da sie von der oberen Organisationskraft nicht richtig durchdrungen werden können, so liegt die Heilung hauptsächlich auf dem organischen Gebiet und ist nach Steiner eine physisch-medikamentöse.

"Heute redet man sehr viel von dem unregelmäßigen Verlauf der Vorstellungen, dem unregelmäßigen Verlauf der Willenshandlungen usw. Aber so lange man nicht weiß, wie durch das merkwürdige Zusammenwirken von Leber, Milz und den anderen Unterleibsorganen eigentlich dasjenige gestützt wird, was zuletzt in seiner höchsten seelischen Form als der menschliche Wille erscheint, so lange wird man nicht dazu kommen, das entsprechende physische Gegenbild für eine Pathographie wirklich zu finden. Man sollte schon gerade bei sogenannten Geisteskrankheiten daran denken können, die physische Behandlung einzuleiten" (172).

Die Organerkrankungen

Bei den Organerkrankungen nun, die immer auf das disharmonische Zusammenspiel des oberen mit dem unteren Menschen und umgekehrt zurückzuführen sind und auf das Nichtausgleichenkönnen durch die differenzierte rhythmische Organisation, sah Steiner es als einen wesentlichen therapeutischen Faktor an, durch eine Verstärkung des Seelisch-Geistigen neben der Anregung durch medikamentöse Heilmittel, die dem Leib ja die Möglichkeit geben, die Wesensglieder wieder ins rechte Lot zu bringen und darauf die Selbstheilungskräfte zu betätigen, die organisch manifesten Krankheiten zu behandeln. "Das ist scheinbar ein Widerspruch, daß Geisteswissenschaft führen muß bei sogenannten Geisteskrankheiten auf physische Behandlung, während sie darauf hinweisen muß bei physischen Erkrankungen auf die Mitwirkung des Seelischen bei der Gesundung. Aber es hängt das zusammen mit dem gewaltigen Gegensatz zwischen dem unteren und dem oberen Menschen" (173).

Durch den richtigen und nicht nur einseitigen Gebrauch des Seelisch-Geistigen (z.B. im bloß intellektuellen Betätigen), durch Aktivierung der gesamten Kräfte des Denkens, Fühlens und Wollens im geisteswissenschaftlichen Sinne, sah Steiner eines der wesentlichsten individuellen und auch kulturell wirksamen Aufgaben einer geisteswissenschaftlichen Hygiene. "Dagegen greift dasjenige, was nicht aus dem Intellekt, aus dem Kopfe, sondern aus dem ganzen Menschen als geisteswissenschaftliches Ergebnis hervorgeht, wenn es auftritt als Imagination, Inspiration, Intuition und wenn es vom Menschen aufgenommen wird, in seinen ganzen Organismus ein. Es greift wirklich in die physische Organisation des Menschen gesundend ein, was Geisteswissenschaft wirklich ist" (174). Durch eigene seelisch-geistige Aktivität kann der Mensch bewußt in sein Leibesgeschehen eingreifen und erst so als wirklich gesund angesehen werden. Da die anthroposophische Geisteswissenschaft die Aktivität des gesamten Menschen voraussetzt, betrachtete Steiner sie auch als wichtigsten hygienischen Impuls für die Menschheit.

In einem Vortrag in Berlin finden wir noch einmal deutlich die Anschauung vertreten, daß durch Pflege des Geistig-Seelischen im Menschen körperlich-leiblich Prozesse gesundend reguliert werden können:

"Es mögen noch so sehr die Äußeren-Tatsachen-Fanatiker davon sprechen, man solle die Wirklichkeit nicht mit Bildern der übersinnlichen Welt durchsetzen. So paradox es auch klingt, diese Bilder bringen unseren Geist wieder in eine Tätigkeit, die ihm angemessen ist. Sie bringen ihn wieder in Einklang mit dem physischen Organismus. Derjenige, der an den rein abstrakten Vorstellungen der bloß materialistischen Wissenschaft haftet, der tut aus seinem Geistigen nichts für seine Gesundheit. Wer positiv nur Abstraktionen in seinem Begreifen sich schafft, macht seine Seele öde und leer, und er ist immer darauf angewiesen, das äußere Instrument des Leibes zum Träger der Gesundheit und zum Träger der Krankheit zu machen. Wer in ungeordneten und verkehrten Vorstellungen lebt, der weiß auch nicht, wie er sich in geheimnisvoller Weise vollpumpt mit den Ursachen der Zerstörung seines Organismus. Dabei stehen die Geisteswissenschaftler auf dem Standpunkte, daß durch das, was die Geisteswissenschaft über die übersinnliche Welt geltend macht — über jene Welt, die wir nicht mit unseren Sinnen erkennen, sondern in stiller Weise innerlich wachrufen müssen —, wir unsere Seele innerlich so regsam machen, daß ihre Tätigkeit in Einklang steht mit der geistigen Welt, aus der heraus unser ganzer Organismus geschaffen worden ist. Daher wird unser Organismus nicht durch kleinliche

Mittel zur Gesundung gebracht, sondern die Geisteswissenschaft selbst ist das große Heilmittel zur Gesundung".

"Derjenige, der aus dem großen Gesichtspunkte der Welt seine Gedanken bildet, diese Gedanken lebendig macht, der ruft eine solche innerliche Tätigkeit hervor, daß auch seine Gefühle und Empfindungen in einer harmonischen, die Seele beseligenden Weise abfliessen. Wer auf seine Gedanken so wirkt, wirkt auch auf seine Willensimpulse, und diese wirken dann in einer gesunden Weise. Aber nur dadurch, daß wirklich eine gesunde Weltanschauung, eine gesunde Harmonie der Gedanken unsere Seele erfüllt, werden auch unsere Empfindungen und im Zusammenhange damit unsere Lust und Unlust, unsere Sympathie und Antipathie, unser Verlangen und unsere Abscheu so geregelt, daß wir der Welt so gegenüberstehen, daß wir im einzelnen Falle wissen, was zu tun ist, wie das Kind, dessen Instinkt noch nicht verdorben ist. So werden wir in unserer Seele innerlich diejenigen Gefühle und Empfindungen und Willensimpulse und Begierden wachrufen, die uns eine sichere Richtschnur im Leben sind, die uns anweisen, was zu tun ist, um das richtige Verhältnis zu der Außenwelt und zu uns selber hervorzurufen. Es ist nicht zuviel gesagt, wenn wir sagen: Klare, helle Gedanken, umfassende Gedanken, wie sie nur durch eine umfassende, auf das Ganze der Welt, also auch auf das Übersinnliche gehende Weltanschauung hervorgerufen werden können, sind Voraussetzung für die Gesundheit. Reine, dem Objektiven des Geistes entsprechende Gefühle, wie sie solchen Gedanken entsprechen und solchen Willensimpulsen, die werden den Menschen die Möglichkeit geben, den gesunden Hunger zu empfinden. Wenn man den Menschen auch nicht mit Weltanschauung füttern kann, wird es doch möglich, in dem, was für seine Seele das Entsprechende ist, das Richtige zu finden, zu suchen das für ihn Entsprechende und zu verabscheuen, was nicht entsprechend ist. Die Gedanken, welche Abbilder sind für die übersinnliche Welt, sind das beste Verdauungsmittel — wenn auch als Paradoxon. Sie sind nicht bloß Gedankenkräfte, die auch gut für die Verdauung sind, sondern sie wirken günstig auch dadurch, daß sie durch die geistkräftigen Gedanken in sich die Kräfte wachrufen, welche die Verdauung in geregelter Weise vor sich gehen lassen" (175).

8. Kinder- und Alterserkrankungen

Der Mensch wird, indem er sich auf der Erde verleiblicht, ein Wesen, das nach Steiner eine Raumesorganisation, d.h. einen individuellen Leib annimmt, in dem die vier Wesensglieder auf individuelle Art zur Entfaltung kommen müssen. Zu seiner irdischen Existenz gehört es aber auch, daß der Mensch in einem polaren Spannungsfeld lebt, welches wir als die "obere" und "untere" Kräfteorganisation kennengelernt haben, die in einer den ganzen Menschen durchziehenden "rhythmischen Organisation" ihren Ausgleich findet. Insofern im Menschen die Organe und Organsysteme mit ihren Tätigkeiten nicht nebeneinander und abgesondert ihre speziellen Leistungen vollbringen, sondern durch einen feinabgestimmten, den ganzen Organismus durchwaltenden und übergreifenden "Wahrnehmungsprozeß" einander bedingen, wird organisch-leibliches Leben und seelisch-geistiges Vermögen Ausdruck der Individualität des Menschen. Das Primat des Geistigen vor dem Materiellen hat Goethe schon formuliert: "Das Leben beruht auf einer Idee; es verwirklicht dieselbe durch eine bestimmte Form des Daseins, indem es der fremden Materie seinen eigenen Stempel aufprägt und aus der solchergestalt geschaffenen Substanz nach eigenem Typus einen Kreis von Organen bildet, welcher der räumliche Ausdruck der Idee ist; Einzelheiten sind sinnlich wahrnehmbare Erscheinungen; den Gegensatz dazu bildet die Gesamtheit, welche alle Teile und Eigenschaften umfaßt und als solche nicht sinnlich erscheint: der Begriff" (176).

Im sechsten Kapitel sahen wir, daß die Krankheitssymptome, die an einem bestimmten Orte der leiblichen "Raumesorganisation" zum Ausdruck kommen, als eine aktive Leistung der Wesensglieder aufzufassen sind und zu einer "ideellen Krankheitsorganisation" gehören: Der Organismus lebt nämlich immer in der Bedrohung, daß Wesensglieder, die an einem bestimmten Ort eine bestimmte Tätigkeit ausführen müssen, die damit die Gesundheit garantiert, an anderer Stelle auftreten können und zu Krankheit werden, die deshalb auch für den Organismus immer "ideell" vorhanden ist. "Wenn man z.B. merkt, daß der Mensch, sagen wir, an einem bestimmten Kopfschmerz leidet, muß man sich sagen können, daß man vielleicht die Heilung von irgendeinem inneren Organ des Leibes aus bewirken muß, daß man durchaus nicht die Heilung bloß gegenüber dem Kopfe vornehmen kann, sondern gegenüber einem Organe, das weit abliegt vom Kopfe. In dem Raumorganismus, den wir an uns tragen, hängt eben alles zusammen" (177).

Irdische und kosmische Gesetzmäßigkeiten schaffen so nach Steiner an der leiblichen Raumesorganisation des Menschen, das Resultat ihres Ineinander- und Aufeinanderwirkens sind die verschiedenen Organe und die Gestalt des Menschen, die ihrerseits die irdische Grundlage für das selbstbewußte seelisch-geistige Vermögen abgeben. Auf das übende, intuitive Eingeschultsein des Arztes auf die Kräftewirkungen und -änderungen im Räumlichen, z.B. bei den Skelett- und Wachstumsmetamorphosen hat Steiner verschiedentlich hingewiesen. Durch sie soll der Arzt in die Lage kommen, das Körperlich-Leibliche als Ergebnis realer geistiger Bildemächte allmählich zu erkennen.

Der Mensch als ein Zeitwesen

Mit der oben geschilderten erweiterten Erkenntnismethode ist es aber auch möglich, außer der leiblichen Raumesorganisation noch einen feineren Organismus im Menschen wahrzunehmen, der den Leib gesamthaft durchzieht und für alles das verantwortlich ist, was den Menschen zu einem der Zeit unterworfenen Wesen macht: Der ätherische Organismus, der einmal die lebendigen Kräfte enthält und zum anderen im normalen seelischen Bewußtsein der Träger des Gedächtnisses und der Gewohnheiten ist. Dieser Ätherleib ist nach Steiner der eigentliche Veranlasser, daß sich der Mensch in der Zeit zwischen Geburt und Tod gesetzmäßig im Leibe entwickelt und auch seelisch durch die Erinnerungskräfte das Zeitbewußtsein ermöglicht bekommt. Der Ätherleib hat, wie wir im folgenden noch sehen werden, je nach dem Lebensalter des Menschen dem Leibe gegenüber eine besondere Affinität. In den ersten Kinderjahren, wo er hauptsächlich mit dem Auf- und Umbau des gesamten Organismus zu tun hat, kann er für das vollbewußte Seelische noch nicht die Grundlage abgeben und läßt somit natürlich auch den Menschen ein ganz anderes Zeitgefühl erleben als im späteren Alter, wo er sich nicht mehr so sehr der inzwischen fertigen Organisation zuwenden muß und ganz anders für die seelisch-geistigen Leistungen zur Verfügung steht. So haben wir nach Steiner Polaritäten zwischen Jugend und Alter zu sehen, was die ätherische Intensität im Leiblichen betrifft, die in ihrer Prozeßgestik zwar grundverschieden sind, sich jedoch gegenseitig bedingen müssen und voneinander abhängig sind. Der Ätherleib muß ja in der frühen Jugend die Gestalt des Menschen so vorbereiten, daß im späteren Alter Seelisch-Geistiges in richtiger Weise Platz ergreifen kann. Ich und Astralleib haben in der früheren Jugend eine sehr enge Verbindung im menschlichen Organismus, um an der menschlichen Gestalt zu schaffen. Tritt nun im höheren Alter, wenn Ich und Astralleib rein für Seelisch-Geistiges zur Verfügung stehen, Krankheit ein, so muß für die Gesundung an Ich und Astralleib wieder appelliert werden, d.h. sie müssen zu einer Tätigkeit aufgerufen werden, dem Leibe sich so zuzuwenden, wie sie es in frühester Jugend getan haben. Wurden sie im frühen Lebensalter nicht richtig darauf vorbereitet, können sie diese Leibzuwendung nur unvollkommen ausführen.

"Denn alle Entwicklung des menschlichen Organismus beruht darauf, daß ursprünglich die Gesamtgestaltung des physischen und ätherischen Leibes aus der Tätigkeit des Astralischen und der Ich-Organisation sich ergibt; daß aber mit zunehmendem Alter die astralische und Ich-Tätigkeit in der physischen und ätherischen Organisation weiterlaufen. Tun sie das nicht, so müssen der astralische Leib und die Ich-Organisation in einem Stadium ihrer Entwicklung in einer Art eingreifen, zu der sie in diesem Stadium nicht mehr geeignet sind" (178).

Neben der Gesetzmäßigkeit, die wir im Räumlichen fanden und die bei einem Versagenszustand als bestimmtes Symptom im oberen, mittleren oder unteren Menschen zutagetrat, haben wir nun auch im Zeitorganismus Gesetzmäßigkeiten zu sehen, die in bestimmten

Lebensepochen sichtbar am Leiblichen zum Ausdruck kommen. Daraus wird ersichtlich, daß das richtige, d.h. zeitgemäße Entbinden und Gebrauchen des "Zeitleibes" (Ätherleibes) in der frühen Jugend für die einzelnen körperlichen, seelischen und geistigen Metamorphosen in den verschiedenen Altersstufen von entscheidender Bedeutung ist und, da seine Entwicklung nach Steiner ja gesetzmäßig zu ganz bestimmter Zeit einsetzt, die gesunde und kranke Entwicklung des Menschen (mit besonderem Schwerpunkt in den letzten Lebensjahren, wo durch ein zu starkes "naturgemäßes" Auseinanderklaffen von Physisch-Ätherischem und Astralisch-Ichhaftem Insulte nicht mehr so leicht ausgeglichen werden können) beeinträchtigt werden kann. Den ganzen, in der Gegenwart existenten Menschen richtig zu erfassen, heißt nach Steiner, ihn zu betrachten im Hinblick darauf, wie er war, ist und sein wird. "Aber dasjenige, was mehr räumlicher Natur ist, müssen wir mit dem Zeitlichen verbinden, denn wir dürfen niemals vergessen, daß der Mensch als Wesen in seiner Ganzheit betrachtet werden muß, d.h. daß der ganze Mensch gewissermaßen Kind und reifer Mensch und Greis ist und daß er so organisiert ist, daß diese drei Werdeglieder seines Wesens eigentlich wiederum in jedem Einzelnen drinnenstecken" (179). Das übende Erfassen von dem Räumlichen und Zeitlichen beim Menschen soll den Blick schulen für das Wirken des Ätherischen im Physischen, d.h. aber, für das wesenhafte Erkennen, wie Geistiges im Leiblichen seinen Ausdruck findet. Das Verhältnis von Körperlichem zu Geistig-Seelischem ist nach Steiner nur zu erfassen aus dem eingehenden Studium der räumlichen und zeitlichen Organisation. "So muß man das Verhältnis von Körper und Geist zu Seele und Leib suchen. Wir haben heute in der Theorie alle möglichen Prinzipien und Verhältnisse. Da ist das eine: die Seele, die wirkt auf den Leib; das andere sagt: alles, was in der Seele ist, wird durch den Leib bewirkt. Heute ist am verbreitetsten die Anschauung vom psycho-physischen Parallelismus, d.h. es werden beide Prozeßreihen, das Geistig-Seelische und das Physisch-Körperliche betrachtet. Aber man kann lange spekulieren über das Verhältnis von Geist und Seele, Körper und Leib; wenn man bloß spekuliert und nicht zu Beobachtungen vorrückt, kommt man nicht über die Abstraktion hinaus. Beobachten kann man aber nicht nur die Gegenwart, sondern muß das ganze Leben beobachten — dann muß man sich sagen: Dasjenige, was du vom siebenten bis zum vierzehnten Jahre als seelisch-geistiges Leben im Kinde vor dir hast, das waren vorher Kräfte, welche im Organismus unten gewissermaßen latent waren, verborgen waren, verborgen wirkten. Du mußt dasjenige, was im Organismus von der Geburt bis zum Zahnwechsel wirkt, später, vom Zahnwechsel bis zur Geschlechtsreife, im Seelisch-Geistigen suchen, dann hast du etwas von dem Verhältnis zwischen Seele und Geist auf der einen Seite und dem Körperlich-Leiblichen auf der anderen Seite. Beobachtest du die körperlichen Vorgänge bis zum Zahnwechsel, dann hast du die Wirkung eines Seelisch-Geistigen; willst du dieses Seelisch-Geistige an sich beobachten, dann beobachte es vom Zahnwechsel bis zur Geschlechtsreife. Also suche nicht so, daß du sagst: Hier ist der Körper, und da drinnen ist die Seele, nun will ich die Wirkung suchen. Nein, gehe aus dem Räumlichen heraus, gehe in das Zeitliche über, dann wirst du ein reales, ein konkretes Verhältnis zwischen dem Geistig-Seelischen und dem Physisch-Leiblichen finden können; dann wirst du aber auch fruchtbarere Ideen für das Leben finden können. Dann wirst du viel lernen — ich kann das jetzt nur prinzipiell andeuten zunächst —, dann wirst du lernen, wie du in einer gewissen Beziehung für die kindliche, physische Gesundheit vor dem Zahnwechsel zu sorgen hast, damit die seelisch-geistige Gesundheit im zweiten Lebensalter, vom Zahnwechsel bis zur Geschlechtsreife, in entsprechender Weise sich offenbaren kann, so wie die Gesundheit des Magens in der Gesundheit des Kopfes sich offenbart im zeitlichen Organismus, d.h. im ätherischen Leib, im Bildekräfteleib des Menschen. Das ist es, worauf es ankommt" (180).

Wir haben den Menschen aber als eine viergliedrige Wesenheit kennengelernt mit physischem Leib, Ätherleib, Astralleib und Ich-Organisation, die alle am menschlichen Organismus auf ihre Weise bildend wirken und physisch-leiblich und seelisch-geistig den Menschen konstituieren und existieren helfen. Sie alle sind zwar nach Steiner von der Geburt bis zum Tode in jedem Menschen wirkend, doch müssen sie sich, den einander folgenden Lebens- und Reifestufen entsprechend, erst im Leiblichen entwickeln, um voll wirksam zu werden, wie ja auch der menschliche Keim im Mutterleibe bestimmte Gesetzmäßigkeiten erfüllen muß, um geboren zu werden. Um den Menschen in seinen leiblichen und seelischen Bezügen richtig zu verstehen, muß man ihn nach Steiner nach den gerade vorhandenen Entwicklungsstufen seiner Wesensglieder anschauen, um ihm als ein "Zeitwesen" in jedem Augenblick seiner Entwicklung von der pädagogischen und medizinischen Seite her gerecht zu werden.

So wie der Menschenkeim eine bestimmte Zeit braucht, um die physischen Mutterhüllen zu verlassen, um geboren zu werden, so ist auch nach Steiner jedes Wesensglied von einer geistigen "Hülle" umgeben und wird in der Reihenfolge Ätherleib, Astralleib und Ich-Organisation jeweils im rhythmischen Wechsel von etwa sieben Jahren "geboren", d.h. frei zur individuellen seelisch-geistigen und leiblichen Verfügbarkeit und bedarf vor seiner Geburt einer anderen Behandlung als nachher. Da der Mensch nach seiner physischen Geburt noch nicht eigentlich menschliches Vermögen vollbringen kann, sondern erst in den weiteren Lebensepochen nach der Geburt des Ätherleibes und Astralleibes langsam zum Menschen wird, der Seelisch-Geistiges richtig zu leisten vermag, so spricht Steiner insgesamt von einer "dreifachen Geburt" des Menschen. Diese dreifachen Geburtsprozesse sind für ihn nun von größter Bedeutung für die praktische Handhabung von Pädagogik und Medizin, denn sie führen zu bestimmten erzieherischen und therapeutischen Maßnahmen, da ja der Mensch durch den ganzen Kultur- und Erziehungsprozeß erst von anderen Menschen zum Menschen gemacht werden muß. — Ein zeitgemäßer Erziehungsprozeß ist nach Steiner von größter Bedeutung, um die noch latenten Kräfte im Kinde richtig entbinden zu helfen und sie weder zu früh noch zu spät zu beanspruchen. "Diese dreifache Geburt zeigt, daß wir jede einzelne dieser Wesenheiten getrennt betrachten müssen. So wie es unmöglich ist, daß man das äußere Licht an das Auge des Kindes heranbringen kann, solange es im Mutterleibe ist, so ist es für den Seelenzustand, wenn nicht unmöglich, so doch im höchsten Grade schädlich, äußere Einflüsse an den Ätherleib heranzubringen, ehe derselbe nach allen Seiten hin frei geworden ist. Ebensowenig darf an den Astralleib vor der Geschlechtsreife etwas herangebracht werden, was ihn unmittelbar beeinflußt. Vom geisteswissenschaftlichen Standpunkt aus darf auf den Menschen bis zum siebten Jahre erzieherisch nur so gewirkt werden, daß wir bewußt nur seinen physischen Körper beeinflussen. Wir dürfen seinen Ätherleib vorher so wenig beeinflussen wie den physischen vor der Geburt. Wie aber die Pflege der Mutter von Einfluß ist auf die Entwicklung des Embryo, so muß auch hier die Unantastbarkeit des Ätherleibes geschützt werden, wenn sich das Kind gedeihlich entwickeln soll" (181).

Da sich leibliches und seelisch-geistiges Geschehen essentiell bedingen, verlangt Steiner vom Arzt und Erzieher eine intime Kenntnis der einzelnen Lebensrhythmen und ihrer Leistungsmöglichkeiten, die ja auch für die Therapie von ausschlaggebender Bedeutung sind. "Vor allen Dingen mache ich Sie darauf aufmerksam, daß ebenso wie für das Jugendalter die Pädagogik gezwungen ist, Rücksicht zu nehmen auf die Verschiedenheit der Lebensalter, also von der Geburt bis zum Zahnwechsel, vom Zahnwechsel bis zur Geschlechtsreife und dann weiter, eigentlich alles dasjenige, was auf die Medizin hinausläuft, die Notwendigkeit hat, auf den ganzen Menschen Rücksicht zu nehmen, d.h. auf den Menschen von der Geburt bis zum Tode" (182).

Die Grundbedingungen der kindlichen Erkrankung

Das Urbild, das dem ganzen Geschehen in der Leibbildung in den verschiedenen Lebensepochen zugrunde liegt, ist wieder die Polarität von "oben" und "unten" oder, wie es Steiner auch bezeichnet, die Auseinandersetzung des "oberen", d.h. Geistig-Seelischen (Individuellen) mit dem "unteren", d.h. Physisch-Ätherischen, nämlich dem "Modell", dem Vererbungsleib, den der Mensch als Erbstück seiner Vorfahren umarbeiten muß. ".... daß in diesem kindlichen Lebensalter erst in den Menschen dasjenige eingearbeitet wird, was funktionell liegt in dem eigentlichen Ich und in dem astralischen Leibe, wie wir die Dinge bezeichnen. Das Funktionelle wird erst so eingearbeitet in das Organische im kindlichen Alter, daß es dann wirklich arbeiten kann mit der biegsamen und elastischen organischen Substanz. Es ist daher nicht zu verwundern, daß gerade im Kindesalter Störungen auftreten, die zusammenhängen mit dieser Einarbeitung des höheren Menschlichen in das niedere Menschliche...." (183).

Dieses Einarbeiten der einzelnen Wesensglieder in den verschiedenen Lebensepochen bedeutet wegen ihrer grundsätzlichen Verschiedenheit ein Erhöhen des Zusammenarbeitens untereinander, um dem Menschen den Leib zu schaffen, der ihm die richtige Grundlage für sein Erdendasein abgeben kann. Wenn auch diese Auseinandersetzung ein nie abgeschlossenes Geschehen ist, so haben wir doch nach Steiner den Schwerpunkt dieser Auseinandersetzung in den ersten vier Jahrsiebten vom 1. bis zum 28. Lebensjahr zu sehen und die dabei auftretenden Krankheitsmöglichkeiten "typischer" Kinder- und Jugenderkrankungen als Ausdruck dieses zu leistenden Geschehens zu betrachten und entsprechend zu behandeln. Ist einer dieser Prozesse zu stark oder zu schwach, so resultieren ganz bestimmte Krankheitsformen daraus, die später noch genauer zu besprechen sein werden.

Der Mensch drängt nach Steiner als geistig-seelische Wesenheit dahin, einen Leib anzunehmen, den ihm seine Vorfahren als "Modell" gebildet haben. Da er als Geistwesen den Leib für sein irdisches Wirken braucht, muß er ihn erst umgestalten, d.h. ihn individualisieren, was die ersten sechs bis sieben Lebensjahre benötigt, um aus dem angebotenen "Modell" seinen eigenen Leib heranzuformen. Dieser Kampf, der je nach der Kongruenz zwischen "Individuellem" und "Modell" leicht oder sehr heftig sein kann, drückt sich in diesen Jahren in den speziellen Kinderkrankheiten aus, die als ein Gradmesser dieser Auseinandersetzung betrachtet werden können, um den "zweiten Leib" zu bilden, der dadurch oft bis in die Physiognomie hinein anders als der erste ist. Nach Steiner sind aber die Kinderkrankheiten nicht zu verstehen, wenn man nicht auf das eigentlich spirituelle Wesen des Menschen sieht, welches das physisch-ätherische "Modell" umwandeln und an sich anpassen muß. "Dasjenige, was so dieser ewige Wesenskern des Menschen ist, der untertaucht durch Konzeption, Embryonalentwicklung, Geburt, in den physischen und Ätherleib, was wiederum verläßt diese physische und ätherische Organisation im Tode, das muß sich, indem es untertaucht in physische und ätherische Organisation, anpassen an diesen physischen und ätherischen Leib. Das ist nun in der menschlichen Entwicklung nicht immer ohne weiteres vorhanden. Da findet durchaus ein innerer Kampf statt. Indem das Kind in die Welt tritt, kommt von der geistigen Welt her der astralische Leib und das Ich, aus der Vererbung von den Voreltern der physische Leib und der Ätherleib. Die müssen sich kämpfend ineinanderfügen. Diesen Prozeß des sich kämpfend Ineinanderfügens schauen Sie äußerlich an, in einer äußerlichen Offenbarung, indem Sie die verschiedenen Arten von Kinderkrankheiten anschauen" (184).

Will man in der Terminologie der Polarität von "oben" und "unten" sprechen, wie Steiner es im ersten Kurs getan hat, so kann man sagen, daß die Krankheit mit dem ganzen Symptombild und die Therapie in den verschiedenen Lebensaltern sich nach dem gerade stattfindenden Werdeprozeß des unteren und oberen Menschen zu richten hat: Der ganze organische Prozeß schiebt sich nämlich bedingt durch das Seelisch-Geistige von oben und bedingt durch das Physisch-Ätherische von unten, auf die Mitte, auf das funktionelle Herzgeschehen zu, das als "Stauorgan" erst diesen polaren Kräften den Ausgleich verschaffen muß. Den richtigen rhythmischen Ausgleich zwischen oben und unten hatten wir ja schon als die eigentlich gesundende Grundbedingung im Menschenbildeprozeß kennengelernt. "Zum Herzen als dem eigentlichen Stauungsorgan drängt sich die ganze menschliche Bildung von der einen und von der anderen Seite hin. Nun geschieht aber dieses Vorschieben in den verschiedenen Lebensaltern" (185). Wird dieser Prozeß des auf die Mitte Zustrebens in irgend einer Weise von innen oder außen störend beeinflußt, so muß konsequenterweise Krankheit als Ausdruck dieses nicht richtig geleisteten Inkarnationsprozesses auftreten. Ein zu frühes oder zu rasantes Wegschaffen der nun auftretenden Krankheitssymptome würde dann auch dem werdenden Menschen das weitere richtige Einarbeiten erschweren oder gar ganz unmöglich machen müssen. Dieses bedarf daher nach Steiner einer ganz speziellen Beachtung bei der Behandlung der Kinderkrankheiten (s. unten).

Betrachten wir nun die einzelnen Lebensjahrsiebte in ihrer leibgerichteten Dynamik zwischen dem Seelisch-Geistigen und Physisch-Ätherischen und den verschiedenen Versagensmöglichkeiten:

Die Krankheiten des ersten Lebensjahrsiebts

Das Kind verläßt mit seiner Geburt die mütterlichen, es schützenden und ernährenden Hüllen und tritt langsam mit der Erdensubstanz, mit Nahrung, Wärme, Licht usw. in Berührung. Seine ersten Zähne bekommt es nach Steiner aus der Vererbungsströmung mit. In den ersten Lebensjahren hat das Kind die Hauptaufgabe darin zu leisten, seine physischen Organe so aus- und umzugestalten, zu wachsen und den Leib richtig zu proportionieren, um alle Organtätigkeiten im Hinblick auf sein weiteres Leben richtig zur Entfaltung zu bringen. Diese zunächst primär organisch gerichtete Tätigkeit, die hauptsächlich vom Ätherleib geleistet wird und in den ersten drei Kindheitsjahren ihre größte Aktivität entfalten muß, findet nach Steiner ihren Abschluß mit dem Zahnwechsel um das sechste bis siebte Lebensjahr, wo die gesamte vererbte Organisation umgebildet und die zweiten Zähne nun den physisch-sichtbaren Ausdruck dieses Umbildevorganges darstellen. — Über die immer stärker sich verschiebenden Rhythmen in den Jugendjahren schreibt z.B. Wolf: "Wenn heute der vorgenannte Entwicklungsrhythmus mehr und mehr aus den Fugen geraten ist, so kündigt sich darin ein Zerfall einer natürlichen Ordnung an. Dies ist ein böses Omen. Schuld daran sind die veränderten Umweltsbedingungen und vor allem eine Reihe törichter Eingriffe in die natürlichen biologischen Abläufe während der Kindheit. Die Verabreichung antirachitischer Medikamente in Form von Vigantolstößen, die Zunahme der Schutzimpfungen und nicht zuletzt die Denaturierung der Säuglingskost haben zu einer überstürzten Entwicklung geführt (Akzeleration)" (186).

Die ätherischen Kräfte, die vorher rein im organischen Bereich tätig waren, können sich nun mehr und mehr emanzipieren und sind für seelisch-geistige Leistungen verfügbar: Der Ätherleib ist somit aus der rein leiblichen Tätigkeit heraus "geboren" und kann zum Träger seelischer Funktionen werden. "Was am Ätherleib des Menschen haftet, ist nicht nur das, was dem Ätherleib der Pflanze eignet; für den Menschen wird er zum Träger dessen, was von seelischer Dauer ist; Gewohnheiten und Charakter, Gewissen und Gedächtnis, seine bleibende Temperamentsanlage haftet am Ätherleib" (187).

Da die Bildungsintensität des Ätherleibes in den ersten sechs bis sieben Jahren hauptsächlich physisch-leiblich ausgerichtet ist, darf nach Steiner gerade in diesen Jahren erzieherisch nur auf die physische Organisation des Menschen gewirkt werden, um den Ätherleib nicht zu früh von außen her zu beanspruchen. Das Kind wird durch diese Tätigkeit, indem es sich rein physisch seinem Leib und auch seiner Umgebung zuwendet, ganz zu einem "Nachahmungswesen", das bis zum siebten Lebensjahr eigentlich durch und durch wie ein feines "Sinnesorgan" ist, das alles das, was in der Umgebung lebt, bis in seine Organe hinein nachbildet, da es noch nicht seelisch zu verarbeiten, d.h. zu distanzieren vermag. "In einer feineren Art, möchte ich sagen, ist das Kind ganz eine Art von tastendem Auge. Wie das Auge, indem es die Gegenstände um sich her sieht, innerlich nachbildet dasjenige, was draußen ist, so daß der Mensch ein innerliches Bild von dem hat, was die Gegenstände draußen darstellen, wie das Auge ein innerliches Bild hat, so hat das Kind in seinem frühesten Lebensabschnitte zwar kein Sehbild, aber ein anderes Wahrnehmungsbild. Es ist ganz Sinnesorgan, wenn ich mich so ausdrücken darf. Ich möchte das anschaulich so aussprechen: Nehmen wir den Säugling. Wir als erwachsene Menschen haben unseren Geschmack auf der Zunge und im Gaumen, und das Kind.... hat einen Anflug von Geschmack durch den ganzen Organismus hindurch: Es ist ganz Geschmacksorgan. Es ist auch noch ganz Geruchsorgan. Auch ganz in einer gewissen innerlichen Beziehung innerliches Tastorgan. Aber es hat seine ganze Organisation eine sinnesgemäße Natur, und diese sinnesgemäße Natur strahlt im ganzen Organismus des Kindes aus. Dadurch ist das Kind bis zum siebten Jahr dazu veranlangt, alles dasjenige, was in seiner Umgebung vorgeht, innerlich nachzubilden und sich selber danach zu entfalten" (188). Aus diesem veranlagten Nachahmungsprozeß geht dann auch das hervor, was besonders in den ersten drei Jahren des Menschen Sprache, Gehen und Denken bedingt, wie es auch Portmann für dieses Lebensalter herausgearbeitet hat: "Bedenken Sie nur das eine seltsame Faktum: daß drei so verschiedene Züge des Humanen wie das Stehen, Sprechen, Denken in der gleichen Entwicklungsperiode, im gleichen Zusammenspiel von Reifen und Lernen, im gleichen Kontakt mit der Sozialwelt erworben werden, im Gegensatz zu den erblichen Instinktweisen des Verhaltens bei allen höheren Tieren, die alle im Mutterkörper ohne Sozialkontakt, ohne Lernen heranreifen. So ist es denn verständlich, daß der Erwerb einer Sprache ebensosehr ein Natur- wie ein Kulturvorgang ist" (189). Die menschliche und natürliche Umwelt werden so in den ersten Lebensjahren organ- und schicksalsbildend für das Kind das ganze Leben lang. Deshalb ist die Erziehungsmaxime Steiners: Richtiges Vorbild des Erziehers, das zur richtigen Nachahmung führen kann. Da die physische Grundlage, in der ja Seelisch-Geistiges im Leben erst richtig zur Entfaltung kommen muß, in den ersten sieben Lebensjahren gelegt wird, ist das Kind den äußeren Einflüssen im Hinblick auf die organische Leibesbildung dort am empfindlichsten ausgesetzt. "Organbildend, für die physischen Organe von Bedeutung ist alles, was in der Umgebung des Kindes vor sich geht, auch in moralischer Beziehung, und von dem Kinde wahrgenommen wird. So ist es nicht gleichgültig, ob das kleine Kind Schmerz und Leid oder Freude und Lust um sich her sieht. Denn Freude und Lust begründen gesunde Anlagen, sind gesunde Organbildner; was anderes einfließt, kann zum Begründer von Krankheit werden. Alles um das Kind herum sollte Freude und Lust atmen, um beides hervorzurufen, sollte der Erzieher bedacht sein, bis auf die Farbe der Kleider, der Tapeten und der Gegenstände. Dabei ist sorgfältig die individuelle Anlage des Kindes zu berücksichtigen" (190). Das, was in diesen Jahren als leibliche Konstitution für das ganze Leben veranlagt wird, muß, wenn es durch falsche oder zu frühe Beanspruchung entbunden wird, zu physischen und seelischen Folgeerscheinungen im weiteren Lebensalter führen, da ja in dem weiteren Lebensalter Ätherleib, Astralleib und Ich für die einzelnen seelisch-geistigen Leistungen frei werden und nicht mehr in dem Maße leibbildend wirken können. Insofern wird besonders am Ende des Lebens, wo wir das polare Geschehen von dem haben, was in den ersten sieben Lebensjahren vorgeht, nämlich ein mehr oder weniger "leibabgewandtes" Geschehen des Seelisch-Geistigen, ein nicht richtig geleisteter Erziehungsprozeß seine gesundheitlichen Folgen haben. Der Erzieher wird nach Steiner so zum realen Schicksalsfaktor in leiblicher und seelisch-geistiger Hinsicht für das Kind. "Denn das, was sich da nicht nur seinem Geist und seiner Seele, sondern auch seinem Leibe einpflanzt, wie sich innerlich die Organe verstärken, das bleibt als eine Konstitution das ganze Leben hindurch. Wie ich mich neben einem Kinde von vier Jahren benehme, daran hat das Kind bis in sein sechzigstes Jahr hinauf in seinem Leben zu tragen; so daß es mein Verhalten neben ihm im spätesten Lebensalter als sein Schicksal empfindet" (191).

Insofern kann auch die Anschauung von Maurice Merleau-Ponty verstanden werden, daß der Mensch durch seine Umgebung konstituiert wird: "Der Leib reicht so weit, wie die Kultur reicht" (192).

Die "fundamentale Verankerung" (Merleau-Ponty) in das den Menschen umhüllende Sein läßt ihn in einer ganz neuen Art die Dinge der Welt in sein Bewußtsein rücken. "Mensch und Welt sind nicht mehr bloß durch einen intellektuellen Akt des Erkennens aufeinander bezogen, sondern dies gegenseitige Bezogensein umschließt den Menschen in seinem gesamten Sein". Das Verhaftetsein mit den Dingen nennt Merleau-Ponty die "ontologische Rehabilitierung" in der Welt und läßt den Menschen ganz anders die Dinge dieser Welt und seinen Leib anschauen. "Und so ist ein eigentliches Erforschen der Welt auch gar nicht mehr dort möglich, wo der Mensch versucht, möglichst unabhängig von seinem leiblichen Dasein die Welt aus völliger Distanziertheit zu betrachten, sondern eben nur dort, wo er in direktem leiblichen Kontakt mit den Dingen, in der Wärme des Lebens und mit der ganzen Kraft seines Herzens diesen eine Bedeutung abringt, die auch sie bewohnbar machen" (193). Nach Steiner ist der bloße intellektuelle Kontakt mit der Welt auch nicht geeignet, die Dinge in ihrer Eigenheit wirklich zu erforschen, sondern er forderte ja die Erkenntniserweiterung, wie er sie als Imagination, Inspiration und Intuition genau beschrieben hat.

Aber auch das zu frühe Entbinden und Inanspruchnehmen der leibgerichteten Tätigkeit des Ätherleibes, indem er zu früh, z.B. durch eine zu starke Betätigung der Gedächtniskräfte engagiert wird, wird sowohl für das weitere leibliche Sein als auch für das spätere seelische Leben nicht ohne Konsequenz bleiben. "Danach ist es auch nicht richtig, dem Kind vor dem Zahnwechsel den Sinn der Buchstaben einprägen zu wollen; es kann zunächst nur die Form derselben nachahmen, indem es sie nachmalt. Denn die Kraft zum Begreifen des Sinnes haftet erst am Ätherleib" (194).

Wir sahen, daß durch eine nicht entwicklungsgerechte Erziehung in der Kindheit Grundlagen für spätere Erkrankungsmöglichkeiten gelegt werden und können uns nun den typischen Erkrankungsformen der ersten sieben Jahre zuwenden, um aus einer geisteswissenschaftlichen Pathologie die Brücke zur rationellen Therapie für diese Zeit zu finden. Wir bemerkten ja schon, daß Ich-Organisation und Astralleib durch die Nerven-Sinnes-Organisation und die Atmung hinein von oben strukturierend mit der unteren physisch-ätherischen Organisation, die über die Gliedmaßen-Stoffwechsel-Organisation bis in die Zirkulation aufbauend und auflösend wirkt, in einem Kampfgeschehen stehen, um den Leib zu bilden. In dem richtigen Rhythmus drückt sich dann der Ausgleich zwischen oben und unten aus. "Wir können in dem Atmungssystem die rhythmische Fortsetzung des Nerven-Sinnes-Systems sehen, und wir können in dem Zirkulationssystem die rhythmische Fortsetzung des Stoffwechsel-Systems sehen" (195).

In der verschieden schnellen Rhythmus-Intensität von Atem- und Blutkreislauf (Puls)-Geschehen, das sich normalerweise in dem Verhältnis 1 : 4 ausdrückt, haben wir nach Steiner den direkten Ausdruck der verschieden gearteten Dynamik von Nerven-Sinnesprozessen und Stoffwechselprozessen zu sehen, von denen letztere mit einer viermal schnelleren Intensität ablaufen. Besonders in den ersten Lebensjahren muß der hereinflutende Stoffwechsel von den plastisch gestaltenden Kopfkräften, die somit unbedingt präponderieren müssen, bezwungen und leiblich gestaltet werden. Als Abschluß dieses Plastizierens treten als sichtbares Ergebnis die zweiten Zähne zutage. "In dem zweiten Zahnen des Kindes haben wir ein Heraufstoßen des Stoffwechselsystems bis in den Kopf, aber so, daß bei der Begegnung des Stoffwechselsystems mit dem Nerven-Sinnessystem das Nerven-Sinnessystem zunächst überwiegt" (196). Da das Stoffwechselgeschehen nun viermal so intensiv wie das Nervengeschehen ist, müssen die Kopfkräfte in den ersten Jahren besonders stark wirksam sein, um diese mächtig heraufstoßenden Stoffwechselkräfte richtig in die Gestaltung hineinzuzwängen. So haben wir in den ersten sieben Jahren, wenn auch in extremer Form, das Urbild dessen zu sehen, was das ganze Leben über fortdauernd, wenn auch nicht mehr in dieser starken Intensität wie am Lebensanfang, geleistet werden muß: Das Bezwingen des außermenschlichen Stoffes durch das Seelisch-Geistige, das, um leiblich wirken zu können, gestaltend und abbauend tätig sein muß. Die Grundlage der menschlichen Gestalt urständet so in dem richtigen Eingreifenkönnen dieser Prozesse von oben (siehe Gicht, S. 146).

Was nun von der Stoffwechselseite gesehen in leiblicher Hinsicht um das siebte Jahr zeitlich zu einem gewissen Einregulieren und zu einem gewissen Abschluß gekommen ist, dauert aber für die Nerven-Sinnes-Prozesse viermal länger, so daß, nachdem in den darauffolgenden Epochen der Astralleib und die Ich-Organisation für den seelisch-geistigen Gebrauch frei werden, der Mensch erst mit 28 Jahren die eigentliche Wachstumsreife der Nerven-Sinnes-Organisation erreicht hat. Daß diese zwei so verschieden gearteten Bewegungsströmungen nicht zu früh und nicht zu spät aufgehalten werden, ist für Krankheit und Gesundheit des Menschen im weiteren Leben von größter Bedeutung. "So daß der Mensch eigentlich erst im 28. Jahr seines Lebens mit Bezug auf die Kopforganisation so weit ist, wie er mit sieben Jahren in

Bezug auf seine Stoffwechselorganisation ist, d.h. das plastische Prinzip des Menschen schreitet langsamer vor als das ausstrahlende, das unplastische Prinzip. Viermal so langsam schreitet das plastische Prinzip vor. Damit hängt zusammen, daß wir in Bezug auf dasjenige, was aus unserem Stoffwechsel kommt, am Ende des siebenten Jahres ungefähr soweit sind, wie wir in Bezug auf unser gesamtes Wachstumsverhältnis, insofern es dem Nerven-Sinnes-System unterliegt, erst im 28. Lebensjahr sind. So daß also der Mensch in dieser Weise ein kompliziertes Wesen ist, daß in ihm eigentlich zwei Strömungen, zwei Bewegungsströmungen tätig sind, die einem ganz verschiedenen Rhythmus unterliegen" (1917). Die eigentliche Krankheitsursache haben wir nun in den ersten sieben Jahren in dem nicht richtigen Arbeiten der plastizierenden Nerven-Sinnes-Organisation, die sich in ihrer Gestaltungstendenz bis an die äußerste Leibesperipherie erstreckt, zu sehen. Somit können wir die Kinderkrankheiten in zwei große Gruppen von Versagensmöglichkeiten einteilen:

Ist das, was vom Stoffwechsel herkommt, zu stark wirksam, so daß es sich nicht in die individualisierenden, gestaltenden Prozesse von oben eingliedern will, so entstehen die kindlichen Stoffwechselkrankheiten, bei denen eigentlich eine "Überernährung" von außermenschlicher Substanz im Organismus vorliegt, die nicht in die organische Bildetätigkeit des Oberen integriert werden können und die der Organismus deshalb durch Ablagerungen, Stauungen und zu starken Ausscheidungen an den falschen Stellen z.B. Pleura oder über die Haut loszuwerden versucht. Nach Steiner haben wir die Diphtherie, die kindlichen Lungenentzündungen, die Masern und den Scharlach unter diesem Aspekt zu sehen. Von diesen Stauungen der Substanzen im Stoffwechselbereich wird aber oft auch die Nervenorganisation selber betroffen, und es resultieren daraus die kindlichen entzündlichen Veränderungen im Nerven-Sinnessystem wie Meningitis und Enzephalitis. Ist aber das Stoffwechselgeschehen in Ordnung und sind Ich und Astralleib, die von oben wirken, zu schwach, so können sie nicht richtig den Stoff durchdringen, sie stauen sich gewissermaßen vor der physischen und ätherischen Organisation, die dann "unterernährt" sind, weil die Stoffe nicht bis auf die menschliche Stufe gelangen können: es entstehen dann typische Durchfallerkrankungen und Krampferscheinungen im Kindesalter, ".... von denen wir sagen müssen, sie beruhen darauf, daß die Ich-Organisation und die astralische Organisation nicht ordentlich hinein können in die physische und ätherische Organisation" (198).

Formation und Deformation des Organismus haben wir so nach Steiner im richtigen oder falschen Funktionieren der Nerven-Sinnesprozesse zu sehen und dementsprechend von dieser oberen Organisation aus zu behandeln. Bei der Behandlung der Krankheiten bieten sich ganz besonders von der therapeutischen Seite her Mineralisches oder auch Pflanzenwurzeln an, die ja eine besondere Affinität zur Kopforganisation des Menschen haben. "Wir können heute mit unserer naturwissenschaftlichen Erkenntnis nicht an die alten Erkenntnisse anknüpfen, aber wir müssen dennoch Versuchsreihen haben, die uns zeigen, wie auf der einen Seite, sagen wir, ein Absud aus irgend einer Pflanzenwurzel auf die Kopforganisation, folglich auch auf die Kinderkrankheiten wirkt" (199). Die Stoffwechselorganisation selber müssen wir durch Diät und Samenartiges von Pflanzen so gestalten, daß sie sich nicht nur an die äußeren Nahrungsverhältnisse, sondern auch an die Kopfkräfte anpaßt, die dann, wenn sie von oben her wieder richtig bewältigt wird, allmählich aus sich selber erstarken kann. Die Kinderkrankheiten als ein "Rumoren" des Seelisch-Geistigen im Leibe zu durchschauen und die Symptome in ihrem richtigen Stellenwert, d.h. als Ausdruck dieser zu starken Auseinandersetzung des Seelisch-Geistigen mit dem Physisch-Leiblichen nur zu begleiten und nicht einfach wegzuschaffen, wird zur wesentlichen Aufgabe des Therapeuten in den frühen Lebensjahren.

Am Beispiel der frühkindlichen Pneumonie und Pleuritis macht Steiner deutlich, daß sie Ausdruck eines nicht richtig geleisteten einregulierenden Prozesses von oben sind, der ja normalerweise von oben zur Mitte hin fortschreitet, um dann im Herzgeschehen seinen Ausgleich zu finden. Durch eine zu frühe Inanspruchnahme der sich einregulierenden oberen und unteren Prozesse oder durch zu schnelles Wegschaffen der auftretenden Kinderkrankheiten wird später im rhythmischen Organismus eine krankhafte Folgeerscheinung eintreten müssen. Somit wird die rhythmische Organisation schon frühzeitig zu einem besonders empfindlichen Indikator von Gesundheit und Krankheit.

"Diese rhythmische Organisation des Menschen ist es gerade, welche sehr häufig in Bezug auf eine ganz bestimmte Eigenschaft nicht richtig gewürdigt wird, das ist das Verhältnis, das sich herausstellt zwischen dem Rhythmus der Blutzirkulation und dem Rhythmus des Atmens. Bei erwachsenen Menschen ist ja dieses Verhältnis nahezu dasjenige von 4 : 1 . Es ist das natürlich nur ein approximatives, ein Durchschnittsverhältnis, und gerade darin, wie sich dieses ganze Verhältnis spezialisiert für die einzelne menschliche Individualität, drückt sich etwas aus von dem Maße von Gesundheit und Krankheit, die im menschlichen Organismus sind. Und dasjenige, was uns in diesem rhythmischen Menschen als ein Verhältnis von 4 : 1 erscheint, das setzt sich eigentlich fort für den gesamten Menschen" (200). Steiner beschreibt nun, wie z.B. in den ersten Lebensjahren ein Kampf stattfindet im oberen Menschen, da ja das Nervensystem aus einem flüssigen, noch plastischen Element erst strukturiert werden muß, zwischen einem zu starken Flüssigwerden, das er als "Hydrocephalie" bezeichnet und dem zu wenig Flüssigwerden, dem "Gegenteil der Hydrocephalie", für das er selber noch keinen Ausdruck gefunden hat. In diesem Kampfesgeschehen steht jeder Mensch am Anfang seines Lebens darinnen. "Eigentlich sind wir alle für die Hydrocephalie veranlagt, und sie muß auch da sein. Würde sie nicht da sein, so würden wir niemals zu einer ordentlichen Ausbildung unseres Gehirns und Nervensystems kommen können. Denn das muß gewissermaßen aus dem im Menschen befindlichen flüssigen Element herausgeholt werden, so daß wir im kindlichen Alter immer einen Kampf anschauen können zwischen der Hydrocephalie und zwischen dem, was die Hydrocephalie bekämpft, was eintritt in die menschliche Organisation, um die Hydrocephalie zu bekämpfen. Man sollte eigentlich nicht allein von einer Hydrocephalie sprechen, sondern man sollte auch von dem Gegenteil sprechen, von einem zu starken Schwinden des Wassers im Gehirn. Das ist eine Krankheit, die man vielleicht zu wenig beachtet und die eigentlich nur der notwendig zu beachtende Gegenpol der Hydrocephalie ist. Wir pendeln als kleine Kinder eigentlich immer hin und her zwischen diesen beiden Extremen, der Hydrocephalie und ihrem Gegenteil später" (201). Rutscht diese Tätigkeit des oberen Menschen nun in ihrer Prozeßaktivität an die falsche Stelle, nämlich in die rhythmische Organisation hinein, so entsteht dort ein nicht richtiges Einregulieren der Wasserverhältnisse mit darauffolgender sekundärer Schädigung durch Mikroorganismen: Die kindliche Pleuritis oder Pneumonie entsteht. ".... dann findet man, daß das ein vorgeschobener Prozeß ist, derselbe Prozeß ist, der sich im noch früheren Lebensalter auslebt in der Hydrocephalie. Es ist einfach die Hydrocephalie ein Stück weiter in der menschlichen Organisation nach unten geschoben und bildet da die Disposition für Pneumonie oder pleuritische Erscheinungen, aber auch für dasjenige, was gerade im kindlichen Alter mit diesen Erscheinungen zusammenhängt" (202).

Nimmt man nun den Kräften des Organismus die Möglichkeit, diese an falscher Stelle wirkende Prozeßaktivität durch eine gesamthafte Anstrengung selber einzuregulieren, indem man z.B. die Symptome zu schnell wegschafft, so kann im späteren Leben, wenn die polaren Tätigkeiten des Einregulierens vom Stoffwechsel her folgen, ein Gegenschlag von unten kommen, der dann im besonderen Maße die rhythmische Organisation trifft, da die oberen Kräfte in der "Mitte" nicht richtig ihren Ausgleich finden konnten. Steiner sieht das spätere Auftreten der Endocarditis, die Disposition von mannigfaltigen Herzerkrankungen, auch die Polyarthritis u.a. als Folge dieses durch den Arzt gehinderten Einregulierens an. Die Therapie soll dort auch wesentlich eine nur begleitende sein. "Das führt dazu, darauf zu sehen, daß nicht in einer verfrühten oder zu schnellen Weise Pneumonie und pleuritische Erscheinungen bei Kindern zurückgetrieben werden. Nicht wahr, selbstverständlich Eltern und Erzieher haben die Sehnsucht, daß diese Erscheinungen möglichst schnell zurückgehen, aber gerade bei diesen Zuständen des Menschen ist es eigentlich ungeheuer wichtig, daß man sie, ich möchte sagen, ihrem eigenen Schicksal überläßt und als Arzt dabei ist, um gewisse Dinge abzulenken, die sonst schädigend wirken könnten, daß man aber den Krankheitsverlauf wirklich ablaufen läßt.... das also ist ganz besonders zu berücksichtigen, daß man auf diesem Gebiete nicht den Krankheitsprozeß gewissermaßen stört. Es würde bei manchen Menschen die Anlage zu allerlei Erkrankungen, die sich dann in Unregelmäßigkeiten des Herzens entlädt, hinweggeräumt werden, wenn man gewissermaßen das, was die Pleuritis und die Pneumonie wollen, nicht stören würde" (203).

Als wesentliches therapeutisches Prinzip kommen hier außer der Unterstützung der Kopfkräfte durch Mineralisches und Wurzelhaftes und der Unterstützung der Verdauungsorganisation durch Samenhaftes die sogenannten Außenmittel bei den früheren Kinderkrankheiten in Frage, wie Salben, Bäder, Wickel, Klistiere usw. mit bestimmten Heilsubstanzen, da ja die Haut nach Steiner auch eine besondere Sinnesfunktion besitzt und das Kind besonders stark von "außen", von der Peripherie nach dem Zentrum des Organismus hin gebildet wird.

Die Krankheiten des zweiten Lebensjahrsiebts

Mit Beginn der zweiten Zähne hat der Mensch nach Steiner nun seinen Vererbungsleib so umgestaltet, daß er jetzt ganz von ihm selber, "von innen her", bearbeitet werden kann. Er hat gewissermaßen einen "zweiten Menschen" ausgebildet. Die seelisch-geistige Wesenheit des Menschen hat, aus dem "vorirdischen Dasein" kommend, in der Auseinandersetzung mit dem "Modell" ihr Individuelles modelliert und den Vererbungsleib bis in die äußerste Gestaltung hinein verändert. "Der Mensch kommt niemals wieder in die Lage, so stark nach einem Modell etwas Selbständiges auszuarbeiten wie in den ersten sieben Lebensjahren. Da muß er alles, was er aufnimmt, so verarbeiten in seinem Ich und astralischen Leib, daß es dem Modell nachgebildet werden kann" (204). Das Kind, das bisher hauptsächlich in der Auseinandersetzung und Umgestaltung seines Vererbungsleibes lebte und in dieser Auseinandersetzung typischen Erkrankungsformen (Kinderkrankheiten) ausgesetzt war, kann von nun ab sich nach der Geburt des Ätherleibes an seine Umgebung seelisch wenden, die ihm durch die Erziehung sein nun verfügbares Seelisches heranbilden kann. Es sind dem Kinde zwar noch aus dem Vererbungsleib gewisse Vererbungskräfte geblieben, aber sie sind durch das Seelisch-Geistige so in die jetzige "Imitation des Modells" hereingefügt, daß sie nur noch eine unwesentliche Rolle spielen, falls sie nicht durch eine zu starke Schädigung dem Individuellen Hindernisse in den Weg legen. Nach Steiner findet zwischen dem siebten bis vierzehnten Lebensjahr (bei Jungen 16. Lebensjahr) eigentlich der Schwingungsausschlag nach der entgegengesetzten Seite statt: Der Mensch ist jetzt viel zu unirdisch, da das außerirdische Ich- und Astralhafte jetzt besonders stark präponderiert. Deshalb sieht es Steiner als eine Hauptaufgabe für dieses Lebensalter an, daß sich Astralleib und Ich-Organisation nun mit den äußeren Erdenverhältnissen in richtigem

Maße auseinandersetzen können, ein Geschehen, das dann mit der Geschlechtsreife (nach Steiner "Erdenreife") seinen Abschluß findet. Deshalb ist der Mensch erst mit der Geschlechtsreife ganz in die umgebenden Erdenverhältnisse hineingestellt, die er mit etwa 14 Jahren in seinen Organismus integriert hat. Indem er sich nun jetzt an die äußeren Erdenverhältnisse anzupassen versucht: Durch die Atmung an die Luftverhältnisse, durch seine Stoffwechselorganisation an die Nahrungswelt und durch die Zirkulation und das Herzgeschehen an die richtigen Bewegungen seines Körpers, die letzten Endes ja alle ihren Ausdruck im rhythmischen Geschehen finden, ist der Mensch nun, da im Rhythmischen die gesundenden Kräfte liegen, falls sie nicht von oben und unten, d.h. aber hier hauptsächlich von außen korrumpiert werden, eigentlich seiner physisch-leiblichen Konstitution nach in diesem Lebensalter von sich aus gesund. Er lebt zwischen dem siebten und vierzehnten Lebensjahr in dem sogenannten "rhythmischen" Lebensalter.

Lag im ersten Lebensjahrsiebt die Erkrankungsmöglichkeit in dem nicht richtig geleisteten Umgestalten des Vererbungsleibes, so tritt der Mensch nach Steiner rein leiblich gesehen jetzt zwischen 7 und 14 in seine gesundeste Lebensphase ein, die Krankheitsmöglichkeiten kommen hauptsächlich von der Umwelt. "Solange der Mensch sich nach dem Modell richtet, richtet er sich nach etwas Vererbtem... In den Vererbungskräften liegen die meisten pathologischen Kräfte, so daß in der Tat der Mensch von inneren Krankheitsursachen ungeheuer viel aufnimmt, indem er sich nach dem Modell richtet. Er nimmt aber wenig auf in der Zeit nach der Geschlechtsreife, weil er sich nach der Außenwelt richtet, Klima usw., alles, was in der äußeren Luft liegt, ist weniger schädlich. Der Mensch ist gesund zwischen dem siebten und dem vierzehnten Jahr, dann beginnt wieder die Zeit, wo er anfällig wird" (205).

Hält man nun im Elternhaus oder in der Schule in diesem Lebensalter die Umgebung nicht in Ordnung, d.h. wird der junge Mensch durch eine mangelhafte Hygiene der Luft-, Wasser- und Nahrungsverhältnisse verdorben oder auch durch Überbürdung mit intellektuellen Aufgaben überfordert, so züchtet man selber dem Kinde die Krankheiten von außen heran. Der den Jugendlichen umgebende Erwachsene muß deshalb nach Steiner darauf achten, daß dem Heranwachsenden aus dem rechten Gebrauch der Dinge in der Umgebung das rechte Lebens- und Leibesgefühl erwachsen kann. "Das ist dasjenige, was einem eine so ungeheure Verantwortung auferlegt, mit Bezug auf den medizinischen Teil der Pädagogik, daß man ganz genau wissen kann aus einer wirklichen Menschenkenntnis heraus: Du hast im Grunde genommen dasjenige verschuldet, was an Krankheitsursachen im wesentlichen auftritt zwischen dem siebten und vierzehnten Lebensjahre. Also gerade für das volksschulpflichtige Alter, da ist der Mensch nicht eigentlich von sich abhängig, sondern er paßt sich seiner Umgebung an in seiner Atmung, eben durch das Einatmen der Luft und durch dasjenige, was durch den Stoffwechsel in seiner Zirkulation sich ausdrückt. Der Stoffwechsel hängt immer mit der Gliedmaßenorganisation zusammen. Wenn man die Kinder nicht ordentlich turnen läßt, nicht ordentlich sich Bewegung machen läßt, züchtet man äußere Krankheitsursachen. Das ist dasjenige, was die Grundlage bildet für das Studium einer wirklich ordentlichen Volksschulpädagogik" (206).

Das Erziehungsprinzip, das Steiner für die von ihm intendierte Waldorfschul-Pädagogik angab, ist in diesen Jahren, in denen sich der Mensch jetzt nicht nur physisch, sondern hauptsächlich seelisch seiner Umgebung hingibt, auf das Seelische, Gefühlsmäßige direkt gerichtet, um nicht durch falsche Beanspruchung der Kopf- und Verdauungsorganisation das Gefühlsmäßige, das ja an das rhythmische System gebunden ist (s. Kapitel 2), zu zerstören. "Unser Ideal muß sein, zwischen dem siebten und vierzehnten Jahre überhaupt nicht auf das Kopfsystem in erster Linie zu wirken, sondern auf das rhythmische System. Das tun wir, wenn wir künstlerisch unsere Erziehung gestalten. Da wirken wir auf das rhythmische System, und da werden wir sehen, daß wir dasjenige, was man heute erforscht aus dem falschen Unterrichte als die Ermüdungsverhältnisse, geradezu korrigieren. Man kann nämlich auch z.B. durch falsches Belasten des Gedächtnisses, wenn auch in einer leisen Weise, aber immerhin auf die Atmungsbewegungen einen Einfluß ausüben, der sich dann erst in einem späteren Lebensalter zeigt" (207). Seelisch muß jetzt das vom Pädagogen an das Kind herangebracht werden, was die nun frei gewordenen Kräfte des Ätherleibes verstärken und vertiefen kann, um die charakterliche Konstitution (Temperament, Gewohnheiten usw.) für das spätere Leben zu legen. Der Heranwachsende ist jetzt besonders von dem beeindruckbar, was in der Umgebung in den anderen Menschen lebt. Glaube, Vertrauen, Ehrfurcht und die natürliche Autorität spielen jetzt die dominierende Rolle in der Erziehung. Durch den Unterricht (208) werden auch die Gestalten aus der Geschichte und Literatur so an das Kind herangebracht, daß es daran die richtigen Gefühle, Phantasie, auch Sympathie- und Antipathiekräfte entwickeln kann und durch künstlerisches Tun zu phantasievollem Schaffen angeregt wird. Nach Steiner soll sich in diesem Lebensalter die Moralität als ein natürliches Lebensgefühl ausbilden; deshalb fordert er, daß nicht abstrakte Grundsätze auf den Jugendlichen in diesem Alter Autorität ausüben sollen, sondern Menschen, die durch ihre moralischen Fähigkeiten echte Autoritäten sein können. "Nicht an Grundsätze muß das Kind glauben, sondern an Menschen. Die Menschen, die das Kind umgeben, die es sieht und hört, die müssen seine Ideale sein, und aus der Geschichte oder Literatur muß es sie wählen" (209).

So wie durch die zu frühe Inanspruchnahme des Gedächtnisses in den ersten sieben Jahren die Ätherkräfte für die Leibesorganisation zu früh verbraucht werden, so kann in diesem Alter durch ein zu starkes Ansprechen der kindlichen Urteilskräfte die Organisation des Astralleibes zu früh entbunden werden, der ja erst nach dem vierzehnten Lebensjahr geboren wird, d.h. mit der Welt in Beziehung tritt. "Die gesunde Entwicklung leidet Schaden, wenn es (das Kind) schon vor der Geburt des Astralleibes auf sein eigenes Urteil gestellt wird. Wichtig ist, daß in dieser Zeit das Gedächtnis herausgebildet wird...." (210).

Dem Menschen als in der Zeit sich wandelndes und sich in und an der Welt bildendes physisch-seelisches und geistiges Wesen wird in den ersten sieben Jahren der Grund für seine Leibes- und in den Jahren zwischen sieben und vierzehn der Grund für seine Seelenkonstitution gelegt. Beide Male sind die Menschen seiner Umgebung wesentlich an diesem Bildeprozeß konstituierend beteiligt. Das Hinaufschauen zum anderen Menschen, die Autorität spielt nach Steiner für die seelische Konstitution eine der wesentlichsten Rollen. "Gedächtnis, Gewohnheit und Charakter müssen in ihren Grundfesten in dieser Periode (zwischen sieben und vierzehn) angelegt werden. Der Weg dazu ist die Autorität. Ein Mensch, bei dem dies nicht richtig geschieht, weist eine mangelhafte Erziehung auf. Wo richtig erzogen wird, muß das Hinaufschauen zur Autorität in dieser Zeit zur Geltung kommen, während Grundsätze erst nach der astralischen Geburt am Platze sind. Dasjenige, was vom Kind als innerste Natur eines Menschen geahnt wird, was in der Autorität verehrt wird, was überhaupt zu ihm strömt vom Erzieher, das bildet des Kindes Gewissen, den Charakter und sogar sein Temperament aus und wird zur dauernden Anlage bei ihm" (211).

Ist auch das Kind in den eben geschilderten Jahren seiner Konstitution nach am gesündesten, so liegt doch nach Steiner ein gewisses Gefahrenmoment darin, daß, da sich der freigewordene Ätherleib im physischen Leib seine "Stellung" erst neu erobern muß, damit die Geschlechtsreife zur rechten Zeit eintreten kann, die Elastizität zwischen physischem Leib und Ätherleib nicht zusammenfällt und der Astralleib nun seinerseits aufgerufen wird, durch Verstärkung seiner Kräfte den richtigen Ausgleich herbeizuführen. Sind seine Kräfte nun gesamthaft zu schwach, um das zu leisten, so müssen im Organismus an irgendeiner Stelle charakteristische Krankheitserscheinungen auftreten: Der Astralleib, der ja die Ursache für alle Bewegungs- und Abscheidungsvorgänge ist, wird durch diese verstärkte, aber einseitig vermittelnde Tätigkeit für die anderen Prozesse geschwächt, so daß die Bewegungsvorgänge nicht mehr normal ablaufen können: "Physische Entladungen", begleitet von psychischen Symptomen, treten nach Steiner auf, wie wir sie typischerweise bei der kindlichen Chorea haben. "Alle Erkrankungen, die auf diesen Symptomkomplex hinauslaufen, d.h. neben dem, was im Organischen selbst vor sich geht, diese Symptomkomplexe, also diese psychischen Störungen zeigen, alle diese Erkrankungen mit psychischen Störungen hängen eben zusammen mit der dem Astralleib nicht ganz gewohnten Arbeit, die er in Bezug auf die Ausgleichung von Elastizität, in Bezug auf physischen und ätherischen Leib zu leisten hat" (212). Kann der Astralleib auch durch gewisse, ihn stärkende Substanzen gesamthaft im leiblichen Geschehen angeregt werden, so kommt es doch in erhöhtem Maße darauf an, durch äußere Maßnahmen dem rhythmischen und von der Umgebung stark beeinflußbaren Lebensalter von außen Hilfestellung zu geben und auch die eventuellen Ursachen, die außerhalb liegen können, zu beseitigen. W. Holtzapfel schreibt hierzu: "Wohl beschränkt sich die Chorea im allgemeinen auf die zweite Lebensepoche, aber sie hat auch das mit dem Krankheitstypus dieses Alters gemeinsam, daß sich Restzustände in verwandelter Form in das folgende Lebensalter fortsetzen können. So wurde bei Nachuntersuchungen von ehemals choreatischen Kindern festgestellt, daß es ihnen häufig an körperlicher und seelischer Frische mangelt (Avitalität und Aspontaneität)" (213).

Ein anderer Erkrankungsmodus entsteht, wenn der Astralleib gegen Ende des zweiten Jahrsiebts, wenn sich seine "Geburt" vollziehen soll, sich in das rechte Verhältnis zu dem Ätherleib und dem physischen Leib setzen muß. Ist er in diesem Alter durch eine vorherige, zu frühe Entbindung nicht dazu in der Lage, so wird er im Gesamthaften wieder zu schwach und muß die leibliche Organisation besonders nach der Bewegungsseite hin störend beeinflussen: Polyarthritis und verwandte rheumatische Erscheinungen können in diesem Alter oder als Folge im späteren Alter auftreten. Der Bewegungsdynamik des Astralleibes entsprechend haben wir in diesem Alter Krankheitsformen, die sehr stark wechseln und von einer Erkrankungsart in die andere umschlagen können. Die zeitlichen Bezüge in den verschiedenen Lebensaltern herzustellen, ist nach Steiner eine der wesentlichsten Aufgaben des Arztes zum Erkennen der Krankheitsursachen. ".... daß man die Zeit gewissermaßen in das Krankheitsstudium hereinbezieht, daß man .... nicht voraussetzt, daß die Natur den menschlichen Organismus möglichst bequem eingerichtet hat, damit man an ihm möglichst leicht und bequem ablesen kann, wie man ihn kurieren soll. So ist der menschliche Organismus nicht eingerichtet, daß man an ihm möglichst bequem ablesen kann, wie man ihn kurieren kann. Daß man möglichst bequem ablesen sollte, wie man ihn kurieren kann, das wird zu stark vorausgesetzt" (214). Da aber in diesem frühen Alter besonders stark von oben und unten auf die mittlere Organisation zu hingearbeitet wird, um auch die verschiedenen Bewegungsabläufe im Menschen richtig rhythmisch einzuregulieren (als Ausdruck dieses extremen und damit krankhaften Einregulierens haben wir auf der einen Seite die Krankheiten zu sehen, die in einer Überbeweglichkeit (Chorea), auf der anderen Seite in einer Unterbeweglichkeit (Polyarthritis) münden), affizieren sie gerade in diesem Alter das Herz als das wichtigste Rhythmusorgan: Die Karditis tritt jetzt besonders häufig auf (215). Alle diese Krankheitsdispositionen können aber, wie wir schon oben erwähnten, in den ersten Lebensjahren gelegt werden, wobei durch ein zu frühes Wegbringen der Symptome, wie wir es an dem Einregulieren der Wasserverhältnisse im Menschen kennengelernt haben, die Wesensglieder im späteren

Alter im Leibe nicht mehr richtig wirken können und deshalb zu mannigfaltigen Krankheiten Anlaß geben. "Man kann gar nicht irgendwie zu etwas kommen in der Medizin, wenn man immer wieder meint, daß da ein solch geradliniger Fortgang in der Entwicklung ist. Der Mensch ist wirklich aus abgerissenen Entwicklungsströmungen, die von sieben zu sieben Jahren verlaufen, zusammengesetzt, und es knüpft immer ein Späteres an ein Früheres an; es ist nicht ein einseitiges Fortsetzen, sondern es greifen immer andere Verhältnisse ein. Ein richtiges solches Fortsetzen der Entwicklung, wo immer nur das Frühere die Ursache des Späteren ist, ist nur im Mineralreich zu finden, weniger im Pflanzenreich, am wenigsten im Menschenreich" (216).

Das, was eigentlich primär vom siebten bis zum vierzehnten Lebensjahr gesundend im Menschen veranlagt ist, und zunächst, wenn Krankheit auftritt, als eine relativ leicht zu behebende Störung vom Arzt behandelt werden kann, kann aber bei der nicht richtigen, dem Alter entsprechenden Behandlung doch noch zur Grundlage für später auftretende Folgeerkrankungen werden. Walter Holtzapfel beschreibt einige dieser Umwandlungen: "Wie die Schein-Anämie zur Bleichsucht, so können die funktionellen Herzstörungen (Herzklopfen, Herzstechen etc.) des Schulkindes zu einer organischen Herzerkrankung im späteren Lebensalter führen. Aus den Magen-Darm-Störungen können sich organische Magen- oder Darmerkrankungen, Magengeschwüre etc. entwickeln. Wir sahen ja, daß das Magengeschwür mit Verfrühung sogar im Volksschulalter schon auftritt. — Wohl ist die zweite Lebensepoche das gesündeste Lebensalter des Menschen, aber sie ist zugleich derjenige Zeitabschnitt, der für Gesundheit und Krankheit im späteren Leben entscheidend ist. Das legt dem Erzieher des Schulkindes eine so außerordentlich hohe Verantwortung auf" (217).

Die Krankheiten des dritten Jahrsiebts

Wie am Anfang des Lebens das Seelisch-Geistige (Ich- und Astralleib) des Menschen ganz intensiv mit dem Auf- und Umbau der Leibesorganisation beschäftigt ist, so können wir am Ende des Lebens die polare Prozeßaktivität der zwei oberen Wesensglieder erleben: Physischer und Ätherleib haben durch Ich und Astralleib ihre Prägung gefunden, das Seelisch-Geistige steht somit frei für die Bewußtseinsleistungen zur Verfügung. Was in den ersten Jahren an der leiblichen Grundlage der Organisation nicht richtig geleistet wurde, wird nach Steiner aber gerade in den letzten Lebensjahren, wo das Seelisch-Geistige am meisten von der physisch-ätherischen Organisation emanzipiert ist, seine Folgeerscheinungen sowohl in leiblicher als auch in seelisch-geistiger Hinsicht haben. Die Heilungsmöglichkeit wird, wie wir ja schon sahen, besonders in den letzten Lebensjahren erschwert, weil die Wesensglieder aufgrund ihrer verschiedenen Beanspruchung durch Seelisch-Geistiges nicht mehr so elastisch zusammenarbeiten können. — In der frühen Jugendzeit erleben wir aber auch schon Krankheitstendenzen, die sich polar gegenüberstehen: Die Krankheiten der ersten sieben Jahre und die vom vierzehnten bis zum einundzwanzigsten Lebensjahr mit dem Ausgleich des relativ gesunden Alters zwischen sieben und vierzehn. Nehmen wir vom ersten bis zum siebten Lebensjahr das Präponderieren der Nerven-Sinnes-Organisation mit ihren plastizierenden Kräften wahr, so dringen nun zwischen vierzehn und einundzwanzig die Stoffwechselkräfte mit ihren viermal schnelleren Prozeßintensitäten vor, die sich nun vom unteren Menschen her einregulieren müssen, und anfänglich ihren sichtbaren Ausdruck in der Reife der Geschlechtsorgane und im Stimmwechsel des männlichen Geschlechts finden. "Nun ist das Krankwerden in der ersten Lebensepoche bis zum Zahnwechsel hin im Grunde genommen etwas ganz anderes als das Krankwerden nach der Geschlechtsreife. Diese zwei Möglichkeiten des Krankwerdens sind so verschieden, möchte ich sagen, wie das Bekommen der zweiten Zähne von dem Stimmwechsel der Knaben verschieden ist" (218).

War in den ersten Jahren der Kindheit die obere Organisation durch das Wirken von Ich- und Astralleib am stärksten tätig, so überwiegen nun im dritten Lebensjahrsiebt die Wesensglieder des physischen und ätherischen Organismus von unten her, die aber immer wieder vom oberen Menschen in die Gesamthaftigkeit des organischen Bildeimpulses integriert werden müssen. In diesem Lebensalter liegt die besondere Gefahr, daß die Stoffe, die der Mensch als Nahrungssubstanzen aufnimmt, ihre zu starke Eigengesetzlichkeit entwickeln und so als fremde, außermenschliche Welt den menschlichen

Organismus störend beeinflussen und somit zu mannigfaltigen Ablagerungserscheinungen oder zu anderen Stoffwechselerkrankungen im späteren Lebensalter führen können. Wir haben schon das "Tor" der unteren Organisation, wo die fremde Welt immer von oben bezwungen werden muß, als einen der dauernden Gefahrenherde für den Menschen kennengelernt: Durch die Nahrungsaufnahme ist er ja eng an die Welt angeschmiedet, überwindet er nicht ihre Fremdartigkeit, so muß er erkranken. "Der menschliche Organismus entfaltet durch alle seine Glieder hindurch Tätigkeiten, die ihre Impulse allein in ihm selber haben können. Was er von außen aufnimmt, muß entweder bloß die Veranlassung dazu sein, daß er eine eigene Tätigkeit entwickeln kann; oder es muß so im Körper wirken, daß die Fremdtätigkeit sich nicht von einer inneren Tätigkeit des Körpers unterscheidet, sobald sie in diesen eingedrungen ist" (219).

In diesem Alter spielen dann auch bei einer Erkrankung die Heilmittel eine besondere Rolle, die aus dem Blütenhaften der Pflanzen gewonnen werden und somit eine besondere Affinität zu den Stoffwechselprozessen haben. Auch im dritten Lebensjahrsiebt, in dem der Mensch nun als Geschlechts- bzw. Erdenreifer sich besonders mit der Stoffeswelt auseinanderzusetzen hat, treten bestimmte organische und psychische Krankheitssituationen auf, die wiederum zu der "ideellen Krankheitsorganisation" dieses Lebensalters gehören. In einer fehlerhaften und nicht richtig geleisteten Bewältigung der Stoffe müssen wir die somatischen und psychischen Entgleisungen dieser Epoche sehen: Pubertätsmager- und -fettsucht, Schilddrüsenüber- und -unterfunktion, Tuberkulose und auch die jugendliche Schizophrenie, deren Ursache nach Steiner hauptsächlich in der frühen Kindheit zu suchen ist, wenn durch ein falsches Erziehungsprinzip, das nicht auf Nachahmung beruht, die ätherische Kräfteorganisation, die ja Organe für das spätere Alter bilden muß, zu früh beansprucht und verbraucht wird.

Durch das Freiwerden des Astralleibes für seelisch-geistige Tätigkeit zu Beginn der Pubertät erwächst nun nach Steiner der Pädagogik eine neue Aufgabe: War es im ersten Jahrsiebt ein physisches Sichhingeben des Kindes an alles, was in seiner Umgebung lebte und was durch richtige Nachahmung es leiblich konstituieren half, so sahen wir im zweiten Jahrsiebt, wie das Kind sich seelisch an den Menschen, an die Autorität wandte, um seine Charakter- und Temperamentsgrundlage zu legen, so haben wir nun zwischen vierzehn und einundzwanzig ein geistiges Sichhingeben des Menschen an die Umgebung, die durch die richtigen moralischen Grundsätze, das eigene Urteil, die eigene Freiheit und den eigenen Willen erzieht. Steiner vergleicht einmal den Erziehungsprozeß mit der Arbeit eines Gärtners, der, wenn er die Entwicklungsgesetze der Samen-, Blatt- und Blütenbildung kennt, nur ein Helfer der Entwicklung sein kann, indem er die Umgebung für das richtige Gedeihen des Pflanzenorganismus herstellt. "Wenn man die Pflanze als Gärtner pflegen soll, so schiebt man ja auch nicht den Saftstrom, der von der Wurzel nach der Blüte geht, sondern man bereitet die Umgebung ringsumher so zu, daß der Saftstrom sich entfalten kann. So selbstlos muß man sein als Erzieher, daß sich die inneren Kräfte des Kindes entfalten können, dann wird man ein guter Erzieher, und dann wird das Kind in der richtigen Weise gedeihen können" (220). Auch hier muß jedes willkürliche und zu frühe Eingreifen, da das Seelisch-Geistige sowohl eine Hinorientierung nach der leiblichen als auch nach der Bewußtseinsseite hin ist, früher oder später zu Hindernissen in beiden Bereichen führen, ".... wie eigentlich jedes Organ des Menschen eine zweifache Aufgabe hat, immer eine mit Bezug auf die Hinorientierung ins Bewußtsein und eine nach der entgegengesetzten Seite, nach dem bloßen organischen Prozeß" (221). Steiner sieht es als eine Hauptaufgabe für den Erzieher an, durch die richtige und zeitgerechte Entwicklung des Seelisch-Geistigen im Leiblichen dem Menschen in diesem Alter sowohl eine gesunde Leibesorganisation als auch das richtige Bewußtsein für seine seelischen und geistigen Kräfte zu geben, mit denen er sich dann als mündiger Mensch ab dem einundzwanzigsten Lebensjahr in die Welt verantwortlich hineinstellen kann. "Und in der dritten Lebensepoche erwacht in der freien menschlichen Entwicklung, an dem Leben orientiert für den Geist, das moralische Urteil im Intellekt, so wie die Pflanze zur Blüte und zur Frucht erwacht an dem Sonnenlichte. Im Geiste setzt sich das Moralische nur dann richtig fest, wenn das, was in Körper und Seele für das Moralische vorbereitet ist, an dem Leben erwacht, frei, wie frei erwacht die Blüte und die Frucht der Pflanze an dem Sonnenlicht. Dann aber, wenn in dem Menschen das Moralische also entwickelt wird, so daß der Mensch gewissermaßen selbst in seiner inneren Freiheit geachtet wird, es verbindet sich mit dem Menscheninneren der moralische Impuls so, daß der Mensch wirklich empfinden kann: Das ist etwas, was zu ihm gehört und er fühlt sich dann in seinen moralischen Kräften, seinem moralischen Wirken so, wie er sich körperlich in dem Zirkulieren seines Blutes und seinen Wachstumskräften fühlt. Wie er das natürliche Leben so zu ihm gehörig betrachten muß, daß es seinen ganzen Körper bis an die Oberfläche der Haut durchpulst und durchkraftet, so fühlt er, weil er es in der richtigen Weise an sich selbst entwickelt hat, das Moralische" (222).

So können wir Steiners Anliegen in Medizin und Pädagogik daraufhin zusammenfassen, daß wir sagen: Es kam ihm wesentlich darauf an, aufmerksam zu machen, daß, wie der Raumesleib des Menschen eine Ganzheit ist, in dem bestimmte Gesetzmäßigkeiten zu beachten sind, auch der "Zeitleib" eine Einheit ist, eine Einheit zwischen Geburt und Tod, aus der nach bestimmten Entwicklungsrhythmen organische und seelisch-geistige Tätigkeit entbunden wird. Eine umfassende Menschenkunde soll nicht nur die Gesetze des Raumes von oben und unten beachten, sondern auch die Rhythmen und Perioden, die sich von der Jugend bis zum höheren Alter abspielen und genauso wie der "Raum" zur Kontinuität des menschlichen Daseins gehören. Das ergibt eine neue Aufgabenstellung für eine umfassende menschengemäße Diagnose. "Man sollte bei jeder Diagnose im Auge haben, wie der Mensch in der Welt drinnen steht und wie der Mensch bisher gelebt hat und verspricht, im Folgenden zu leben. Was meine ich damit, wenn ich sage: im Folgenden zu leben? Ja, in dem gegenwärtigen Menschen ist ja schon durchaus in einer gewissen Weise dasjenige keimhaft veranlagt, was er in dem Rest seines Lebens, namentlich organisch, verleben wird" (223).

Haben wir in den drei charakteristischen Lebensepochen der Sieben-Jahresrhythmen die aus den verschiedenen nicht geleisteten Bildeimpulsen erwachsenen Krankheitstendenzen ersehen, so ist nun der Mensch weiterhin als Erwachsener hauptsächlich durch die nicht überwundenen Vererbungskräfte oder Erziehungsfehler im weitesten Sinne verletzbar und auch durch die Umwelteinbrüche der Nahrung, die ja immer für ihn eine fremde Welt ist, den mannigfaltigsten Schädigungsmöglichkeiten ausgesetzt.

Im dritten Lebensjahrsiebt kündigen sich dann mit aller Deutlichkeit Krankheitsmöglichkeiten an, wenn der Mensch in einem seiner Systeme, sei es im oberen, mittleren oder unteren Bereich, nicht in der Lage ist, die äußere Stofflichkeit, aber nicht nur die, sondern alles, was von außen an ihn herandringt, wie Licht, Kälte, Wärme usw. so umzuwandeln, daß es zu eigener leiblicher Substanz werden, d.h. im Organismus seinen fremden Charakter ablegen kann. "Ich darf nicht der Gefahr ausgesetzt werden, die äußere Wärme bloß wie einen Gegenstand über mich fließen zu lassen. Ich muß in jedem Augenblick in der Lage sein, von den Stellen meiner Haut an sofort die Wärme zu ergreifen und zu meiner eigenen zu machen. Bin ich dazu nicht imstande, so tritt die Erkältung ein. Das ist der innere Vorgang der Erkältung. Die Erkältung ist eine Vergiftung durch äußere Wärme, die nicht vom Organismus in Besitz genommen worden ist. Sie sehen, alles das, was draußen in der Welt ist, ist Gift für den Menschen, richtiges Gift, und wird erst dadurch für den Menschen etwas Brauchbares, daß der Mensch Besitz von ihm ergreift durch seine eigenen Kräfte" (224).

Durch die kontinuierliche Nahrungsaufnahme von mineralischer, pflanzlicher und tierischer Substanz erfährt der Mensch zeit seines Lebens die Hauptinsulte durch die untere Organisation. In seinem unteren Menschen muß er am meisten in der Lage sein, die fremde, in ihn hineindringende Welt so umzuwandeln, daß sie nicht in seinem Organismus zum "Gift" wird. "Wir führen eigentlich mit jeder Nahrung etwas in den menschlichen Organismus ein, was dieser durch und durch umkehren muß. Also im Grunde genommen ist jede Ernährung der Anfang einer Vergiftung" (225). Der Mensch ist darauf angewiesen, daß sich die Wesensglieder im unteren Organismus in der Verdauung richtig engagieren, um in der oberen Organisation das individuelle Seelisch-Geistige zur Entfaltung zu bringen. "Wir wollen zunächst Rücksicht darauf nehmen, daß schon durch den Verdauungstrakt selbst alles dasjenige, was der Mensch von außen, z.B. aus dem Pflanzenreich aufnimmt, zunächst vorverarbeitet werden muß, damit der Mensch es dann weiter beleben kann. Das Vitalisieren, das Beleben, sagte ich, muß eine eigene Tätigkeit des Menschen sein, und der menschliche Organismus könnte einfach nicht existieren, wenn er diese Belebung nicht vornehmen würde" (226). Die Stoffumwandlung im menschlichen Organismus unterliegt nach Steiner zwei hauptsächlichen Tätigkeiten: Einmal muß sie so beschaffen sein, daß sie dem menschlichen Leibe zu seiner Erhaltung als Aufbaumaterial dienen kann, zum anderen muß sie sich wiederum so in den Abbaustrom hineinfügen können, daß Seelisch-Geistiges, das ja im Abbauen tätig sein will, richtig wirken kann. Insofern kann der Mangel der Stoffbewältigung einmal darin liegen, daß die fremde Substanzwelt in ihrer fremdartigen Eigentendenz im menschlichen Organismus weiter besteht und ihre Kräfte nicht frühzeitig genug abgelähmt werden, so daß zu viel außermenschliche Welt in den Organismus hineinflutet, auf der anderen Seite kann aber auch eine mangelhafte Abbau- und Ausscheidungstätigkeit vorliegen, so daß als deren Resultat eine Anhäufung von Stoffwechselprodukten entsteht, die wiederum als fremde Welt an bestimmten Stellen abgelagert werden muß. Die Hauptinsulte haben wir in einer dieser Tätigkeiten zu suchen, die, wie wir sahen, ab dem 3. Lebensjahrsiebt ihre erste krankhafte Folgeerscheinung haben können und von da ab mit fortschreitendem Alter immer mehr und mehr an Bedeutung gewinnen. Die Nahrung, die ja dem Menschen für seine leiblichen und seelisch-geistigen Tätigkeiten als Grundlage dient, muß immer mehr im Organismus ihre Eigenheit verlieren, um durch den Aufbaustrom in den physischen, ätherischen, astralischen und Ich-haften Bereich der Leibesorganisation übergeführt zu werden, damit sie zur eigenen leiblichen Substanz werden kann. Geschieht nun in einem dieser Wesensglieder die Umwandlung des Stoffes nicht in der richtigen Weise, so muß die nicht bewältigte Stofflichkeit zum störenden Faktor für alle weiteren Tätigkeiten werden. Es ist nun die Auffassung Steiners, daß die menschlichen Organisationskräfte im unteren Menschen die fremde Nahrungswelt total vernichten, ja sie so bewältigen müssen, daß sie einen "anorganischen" Charakter annehmen, um sie dann jenseits der Darmwand mit den eigenen Ätherkräften wieder zu verlebendigen und in das Zirkulationssystem überzuführen, d.h. sie dann als eigene Leibessubstanz wieder aufzubauen. "Beim Menschen ist die Organisation eben so weit fortgeschritten, daß der Mensch eigentlich, wenn er durchläßt seinen Speisebrei durch die Darmwand, ihn möglichst unorganisch gemacht hat. Da ist eigentlich der rein physische Mensch vorhanden, in dem Gebiet, wo übergeht der Speisebrei aus dem Darm in die Herz-Lungen-Organisation, wenn ich mich so ausdrücken darf" (227). Diese Tätigkeit des Vitalisierens jenseits einer Grenze von unorganisch gemachter Substanz muß genau eingehalten werden, damit in den Aufbaustrom die nur von der eigenen Tätigkeit aufgebaute Substanz in den Organismus hineinfließen kann. Die Tätigkeit des richtigen Überwindenkönnens diesseits der Grenze hat also als spiegelbildliche Folge das richtige Aufbauenkönnen jenseits der Darmgrenze. Gelangt die Nahrung, durch die ätherischen Kräfte verlebendigt, in den Flüssigkeitsorganismus des Menschen, der ja vom Ätherleib gesamthaft reguliert wird, so muß er weiter durch den Astralleib, der primär im luftförmigen Organismus wirkt und weiter hinauf bis zur Ich-Organisation, die im Wärmehaften des Menschen ihren Ausdruck hat, hinaufmetamorphosiert werden. "Betrachten wir alles dasjenige, was als lebendiges Flüssiges die feste physische Organisation durchsetzt, so müssen wir etwas nehmen, was sich nicht erschöpft in der physischen Gesetzmäßigkeit, sondern da kommen wir zum ätherischen Organismus, der ein geschlossenes System darstellt. Und ebenso nenne ich astralische Organisation, was nun nicht unmittelbar eingreift in die feste und in die flüssige, sondern erst in die gasförmige Organisation. Ich nenne sie nicht astralische Gesetzmäßigkeit, sondern astralischen Organismus, weil es ein geschlossenes System ist" (228).

"Und ebenso kommen wir zur Ich-Organisation. Die greift unmittelbar nur ein in die Wärmedifferenzierungen, die im menschlichen Organismus sind, so daß man sprechen kann von einem Wärmeorganismus, einem Wärmemenschen. Und in diesen Wärmemenschen greift unmittelbar ein die Ich-Organisation, die natürlich dadurch, daß sie da ist als etwas Übersinnliches, die Wärmedifferenzierungen bewirkt, aber vor allen Dingen auch perzipiert, in ihnen lebt. In den Wärmedifferenzierungen lebt dann die Ich-Organisation unmittelbar, mittelbar im übrigen Organismus dadurch, daß die Wärme nun wirkt auf alle gasförmigen, flüssigen und festen Organisationen" (229).

Astralleib und Ich-Organisation benutzen aber die Substanzen nicht allein nur zum Aufbau ihrer eigenen Organisation, sondern durch ihr Eingreifen in die leibliche Substanz müssen sie auch abbauend tätig sein. Im Alter, wo Ich und Astralleib primär für seelisch-geistige Tätigkeit zur Verfügung stehen, kann das Zusammenspiel von physischem und Ätherleib gestört sein, so daß die anorganisch gewordene Nahrungswelt für die eigene Leibessubstanz nicht mehr richtig in den Aufbaustrom geraten kann und sich so unorganische Stoffwechselprodukte (z.B. Harnsäure) ansammeln können, die nicht mehr für die Plastik des Organismus zu verwerten sind und an irgendeiner Stelle des Organismus in erhöhtem Maße ausgeschieden werden müssen. "Es kann schon das vorhanden sein, daß eine Störung des entsprechenden Zusammenwirkens zwischen dem, was der menschliche Organismus als Unorganisches erzeugt, als Vorbereitung zum Organisieren, und dann dem Eingreifen des Ätherleibes, dem Eingreifen der Herz-Lungen-Tätigkeit, auftritt. Diese Störung ist sogar immer wahrscheinlicher in der menschlichen Entwicklung, je älter man wird. Da arbeiten der Verdauungstrakt und das Gefäßsystem nicht ordentlich zusammen. Wenn das eintritt, dann hat man vor allen Dingen nötig zu achten darauf, daß die Folge davon eine Ansammlung von Stoffwechselprodukten ist" (230). Nach Steiner haben wir so im unteren, mittleren und oberen Bereich des Menschen verschiedene Betätigungsarten des Organismus an den aufgenommenen Nahrungssubstanzen zu betrachten: Im unteren Mensch ist es hauptsächlich die Tätigkeit der Zerstörung der Nahrung, also der Anfang einer für den ganzen Organismus richtigen Ernährung, im mittleren Menschen durch das Wechselspiel von Äther- und Astralleib im Flüssigen und Gasförmigen der Aufbau zu eigener Substanz und im oberen Menschen die richtige Abbau- und Gestaltungstätigkeit, die zur Folge das menschengemäße Eingreifenkönnen von Seelisch-Geistigem hat. "Also wenn Sie sich vorstellen wollen, wie ein Mineralisches im Menschen verwendet wird, so müssen Sie sich folgendes sagen: Da ist das Mineralische; dieses Mineralische geht in den Menschen ein. Im Menschen wird es durch das Flüssige usw. bis zum Wärmeäther verwandelt; da ist es Wärmeäther. Dieser Wärmeäther hat die größte Neigung, dasjenige, was aus den Weltenweiten an Kräften hereinstrahlt und hereinströmt, in sich aufzunehmen. Er nimmt also die Kräfte des Weltenalls auf. Und diese Kräfte des Weltenalls bilden sich nun als die Geistkräfte, die hier die wärmeätherisierte Erdenmaterie durchgeistigen. Und von da aus dringt dann mit Hilfe der wärmeätherisierten Erdensubstanz dasjenige erst in den Körper, was der Körper nun braucht zu seiner Gestaltung" (231).

So dient die Nahrung nach Steiner dem Menschen in zweifacher Weise: einmal als Grundlage für das Wirken des Seelisch-Geistigen und zum anderen für die richtige Gestaltung seines leiblichen Organismus. Nur in einer menschlichen Gestalt kann ja menschliches, selbstbewußtes Denken zur Wirksamkeit kommen (siehe Theosophie 1904: "Der Mensch hat einen dem Denken entsprechenden Bau") (232). Um in richtiger Weise durchmenschlichte Substanz zu werden, darf die Nahrung weder zu früh auf irgendeiner Stufe auf dem Weg zu dem Wärmehaften ausfallen, noch darf ihre Eigenaktivität zu sehr über das Ziel hinausschießen. Die Substanzen so zu erkennen, auf welcher Stufe ihres leiblichen Werdens sie sich gerade befinden, ist für die Pathogenese äusserst wichtig: ob das Nichtleistenkönnen des Organismus in der anfänglichen Überwindung ist, im Überführen in das Flüssige, in dem richtigen Eingliedern in den Luftorganismus usw. "Denn wenn man das Stoffwechselsystem beim Menschen für sich studiert.... so ist es fortwährend von allen möglichen Neigungen durchdrungen, den Menschen krank zu machen. Und den Ursprung der inneren Krankheiten, die also nicht durch äußere Verletzungen entstehen, den müssen wir immer im Stoffwechselsystem suchen. Wer daher wirklich eine rationelle Krankheitsbeobachtung anstellen will, muß ausgehen vom Stoffwechselsystem, und er muß eigentlich jede einzelne Erscheinung im Stoffwechselsystem daraufhin fragen: Auf welchem Wege bist denn du? Wenn wir alle Erscheinungen von dem Aufnehmen der Nahrung im Munde, von dem Verarbeiten der Nahrung, indem wir gewisse Stoffe in uns in Stärke und Zucker usw. verwandeln, wenn wir das Einhüllen der Speisen im Munde durch Ptyalin nehmen, wenn wir weitergehen, wenn wir das Einpepsinieren im Magen nehmen, wenn wir weitergehen, und die Verarbeitung der Stoffwechselprodukte wiederum im Verdauungssystem nehmen, bei ihrem Übergang in die Lymphgefäße, bei ihrem Übergang ins Blut, dann müssen wir jeden einzelnen Vorgang suchen, und es sind unzählige Vorgänge, die da in Betracht kommen. Die Vermischung der Stoffwechselprodukte mit dem Sekret der Bauchspeicheldrüse, die dann noch hinzukommt, die Durchmischung der Stoffe mit der Gallenabsonderung usw., jeden einzelnen Vorgang müssen wir fragen: Was willst du denn eigentlich? Und er wird uns antworten: Wenn ich allein bin, so bin ich ein solcher Prozeß, der immer den Menschen krank macht. Kein Stoffwechselvorgang darf in der menschlichen Natur bis zu Ende kommen, denn jeder Stoffwechselvorgang, wenn er zu Ende kommt, macht den Menschen krank. Die menschliche Natur ist nur gesund, wenn die Stoffwechselvorgänge auf einer gewissen Stufe gestoppt werden" (233).

Eiweissgeschehen und Gichterkrankung

An der Verarbeitung des Eiweisses, der Fette und Kohlenhydrate hat Steiner auf differenzierte Weise gezeigt, wo sie ihre verschiedenen Aufgaben im Organismus haben und wie sich die Wesensglieder an ihnen betätigen müssen, um sie in die Leibessubstanz umzuwandeln (234). Tritt ein Versagen an irgend einem Punkte ein, so wird die Substanz im Organismus zum störenden Fremdkörper: Eine bestimmte Stoffwechselkrankheit entsteht.

Am Beispiel der Gicht wollen wir eine der typischen Stoffwechselerkrankungen aufführen, wie sie im Alter recht häufig erscheinen (235).

Das von außen aufgenommene Eiweiß ist nach Steiner eine Substanz, die als Grundlage für die mannigfaltigen Organe des Menschen zu dienen hat. Deshalb muß sie auch, anders als z.B. die Kohlenhydrate und Fette, die primär zur Ablagerung, Reserve- und Wärmebildung und für die verschiedensten Bewegungen im Organismus nötig sind (236), ganz ihre Eigengesetzlichkeit verlieren, um in den Aufbaustrom des menschlichen Ätherleibes zu gelangen, um zu völlig eigener Stofflichkeit umgewandelt zu werden. Dieses so umgewandelte ("native") Eiweiß kann das Organleben des Menschen, das eine relativ stabile Eiweißstruktur aufweist, durch ein differenziertes Zusammenspiel zwischen festem und flüssigem Organismus aufrechterhalten. Wir sahen ja schon, daß nicht nur auf der leiblichen Seite Substanzaufbau und -abbau für den Menschen und seiner Erhaltung wichtig waren, sondern daß in der Tätigkeit der Stoffbewältigung und Einscheidung und im Abscheiden der Substanzen sich Aktivitäten der Wesensglieder für die Bewußtseinsleistungen entfalten können. So können sich in erhöhtem Maße am Eiweiß, das ja für die leibliche Gestalt von größter Wichtigkeit ist, die geistigen Glieder am Auf- und Abbau betätigen. Im Aufbau allein, der ja in besonderem Maße den physischen und ätherischen Wirksamkeiten unterliegt, kann der Mensch noch kein Selbstbewußtsein entfalten. "Die Aufnahme des Eiweisses ist ein Vorgang, der mit der einen Seite der inneren Betätigung des menschlichen Organismus zusammenhängt. Es ist dies die Seite, die aufgrund der Stoffaufnahme zustande kommt. Jede derartige Betätigung hat ~~zu ihrem~~ Ergebnis Formbildung, Wachstum, Neubildung von substantiellem Inhalt. Alles, was mit den unbewußten Verrichtungen des Organismus zusammenhängt, gehört hierher.

Diesen Vorgängen stehen diejenigen gegenüber, die in Ausscheidungen bestehen" (237).

Nach Steiner sind aber nicht nur die Ausscheidungen nach aussen, sondern es sind ebenso die Ausscheidungen bzw. Einscheidungen nach innen nötig, wo diese umgewandelten Produkte innerhalb des Organismus weiter zur eigenen Formung und Substanzierung gebraucht werden. Es ist ihm deshalb wichtig, darauf aufmerksam zu machen, daß die Stoffausscheidung nach innen und außen nicht primär ein vom leiblichen Organismus intendierter Vorgang ist, wo nur auf biochemischem Wege überflüssige Abbauprodukte von der Nahrung abgesondert werden, sondern daß diesem ganzen Vorgang eine Betätigung der zwei oberen Wesensglieder, nämlich Ich-Organisation und Astralleib zugrunde liegt, die ohne diese Tätigkeit nicht seelisch-geistig im Organismus zur Wirksamkeit kämen. Die nachweisbaren Stoffwechselprodukte werden so zum Ausdruck einer vorher vonstatten gegangenen Tätigkeit von Ich-Organisation und Astralleib. Die Stoffwechselvorgänge selber werden so gesamthaft zur materiellen Grundlage und zum Ausdruck der bewußten Innenerlebnisse. Es muß nach Steiner ein differenziertes Gleichgewicht herrschen zwischen den Auf- und Abbauvorgängen, die ihrerseits das Maß unbewußter Tätigkeit regulieren. "Man hat dann neben diesen Absonderungen nach dem Inneren des Organismus diejenigen, die eigentliche Abscheidungen nach außen sind. Man irrt, wenn man in diesen nichts weiter sieht als das, was der Organismus von den aufgenommenen Nahrungsstoffen nicht brauchen kann und deshalb nach außen wirft. Es kommt nämlich nicht darauf an, daß der Organismus Stoffe nach außen absondert, sondern daß er diejenigen Tätigkeiten vollzieht, die zu den Ausscheidungen führen. In der Verrichtung dieser Tätigkeiten liegt etwas, das der Organismus für seinen Bestand braucht. Diese Tätigkeit ist ebenso notwendig wie diejenige, die Stoffe in den Organismus aufnimmt und in ihm ablagert. Denn in dem gesunden Verhältnis der beiden Tätigkeiten liegt das Wesen der organischen Wirksamkeit" (238).

Am Beispiel der Harnsäureeinlagerung und Ausscheidung versucht Steiner nun, die Tätigkeiten der Wesensglieder in Bezug auf Leibliches und Seelisch-Geistiges klarzumachen. Für ihn ist dieser Vorgang insgesamt ein "bemerkenswerter Ausscheidevorgang": Ausscheidung von Harnsäure durch die Nieren und Einlagerung in den Organismus sind für ihn an Astralleib und Ich-Organisation gebunden, die die rechte Ökonomie der Verteilung für die einzelnen Organe und Organsysteme gewährleisten. Der Astralleib entfaltet ja besonders seine Tätigkeit in der unteren Stoffwechselregion (Nieren), wo er sich gerade in der Ausscheidung betätigt. Bei diesem Vorgang ist die Ich-Organisation nur in untergeordneter Weise tätig. Aber der Astralleib ist auch tätig für die innere Harnsäureeinscheidung, als ein "Wegbereiter" für die Imprägnierung der Organe, besonders des Gehirns, die dort zur Tätigkeit für die Ich-Organisation benötigt wird, und wo der Astralleib zurücktreten muß, der in diesem Falle nur eine Vermittlerrolle zwischen Physisch-Ätherischem und Ich-Organisation hat. Diese Imprägnierung mit unorganisch gewordenen Substanzen im Gehirn gibt der Ich-Organisation die Möglichkeit, im leiblichen Dasein Bewußtsein zur Entfaltung zu bringen. "Nur durch diese Imprägnierung der Organe mit Unorganischem kann der Mensch das bewußte Wesen sein, das er ist. Organische Substanz und organische Kraft würden das menschliche Bewußtsein zum Tierischen herabdämpfen."

"Der astralische Leib macht durch seine Tätigkeit die Organe geneigt, die unorganischen Einlagerungen der Ich-Organisation aufzunehmen. Er ist gewissermaßen für sie der Wegmacher" (239).

Die Ausscheidung im unteren Menschen von Harnsäure ist somit ein Grad der dort herrschenden Aktivität des astralischen Leibes, der dieses Betätigungsfeld für seine speziellen seelischen Leistungen nötig hat. Die Einlagerung bzw. Imprägnierung von Unorganischem in dem Tätigkeitsbereich der Ich-Organisation (besonders im Gehirn) bedingt ein normales leibliches, als auch geistiges Leben für den Menschen. In dem richtigen Maße von Aus- und Einscheidung von Harnsäure sieht Steiner den direkten Ausdruck des gesunden Wechselspiels von Ich-Organisation und Astralleib. "Da nun der astralische Leib der Wegmacher für die Ich-Tätigkeit in den Organen ist, so muß man die richtig verteilte Harnsäureablagerung als ein ganz wesentliches Glied der menschlichen Gesundheit ansehen. Denn in ihr kommt zum

Ausdruck, ob zwischen der Ich-Organisation und dem astralischen Leib in irgend einem Organ oder Organsystem das rechte Verhältnis besteht" (240).

Es kann nun durch eine zu sehr geschwächte Ich-Organisation (durch Erziehung, Vererbung usw.) (241) eintreten, daß an der Stelle, wo sie im Organismus eigentlich vorherrschen sollte, der relativ stärkere Astralleib die Oberhand gewinnt, dessen Hauptaufgabe es ja ist, die Harnsäure nach außen richtig auszuscheiden. In den Regionen der kleinen Gelenke und Bindegewebspartien haben wir nach Steiner noch einen besonderen Fall des Vorherrschens der Ich-Organisation im Menschen zu sehen. Der Astralleib scheidet nun bei einer zu schwachen Ich-Organisation in den dortigen Partien in vermehrtem Maße Harnsäure aus, ohne jedoch, wie bei den Nieren, besondere Ausscheidungsorgane vorzufinden. Somit wird die Harnsäure im Organismus an diesen Stellen selbst konzentriert abgelagert, es entstehen "Herde", die wie Fremdkörper wirken müssen, da die Ich-Organisation sie nicht in ihre Gestaltungstätigkeit hineinnehmen kann. Wir kommen so zum eigentlichen Grund der Gicht, die zwar primär eine Erkrankung im Stoffwechselbereich darstellt, aber durch die geschwächte Ich-Organisation (die ja im Leiblichen gestaltend tätig sein muß) eine Deformation der Leibesgestalt, die ja letztlich Ausdruck des "Ich" des Menschen ist, nach sich zieht. "Da die ganze Form des menschlichen Organismus ein Ergebnis der Ich-Organisation ist, so muß durch die gekennzeichnete Unregelmäßigkeit eine Deformierung der Organe eintreten. Der menschliche Organismus strebt da aus seiner Form heraus" (242).

Die Ätiologie dieses ganzen Geschehens liegt nach Steiner darin, daß das aufgenommene Eiweiß seine Fremdartigkeit im Organismus nicht ganz abgelegt hat, weil die geschwächte Ich-Organisation im unteren Menschen die Nahrung nicht ganz zerstören konnte und sie damit nicht in die Ätherregion zum richtigen Aufbau übergeführt wurde. Damit verbleibt die Nahrung hauptsächlich eine "Stufe" tiefer in der Region der astralischen Tätigkeit. Da nun der Mensch als höchstes Wesen in der Welt ein Ich-Wesen ist und bis in die Substanzverwandlung hinein diese Ich-Tätigkeit für die Gesamtgestaltung nötig sein muß, so sind die nun in ihm wirkenden Kräfte, die nicht mehr vom Ich, sondern nur vom Astralleib beherrscht werden können, untermenschlicher bzw. animalischer Natur.

Eine nicht richtige Bewältigung der fremden Nahrungswelt und ein nicht richtig geleistetes Aufbau- und Abbaugeschehen muß so nicht nur eine Krankheit des Stoffwechsels nach sich ziehen, sondern auch, da die Gesamtgestaltung von der richtigen Tätigkeit der höheren Wesensglieder abhängig ist, immer auch eine Deformation des Organismus zur Folge haben. Eine sinnvolle, rationelle Therapie wird somit an verschiedenen Orten einzusetzen haben: An dem Anfangsteil der Verdauung, auf die lokalen Schädigungen und auf die Ausscheidungsvorgänge. Hier käme auch generell der Schwefel in potenzierter Form in Frage, da er nach Steiner, als Heilmittel appliziert, "die physischen Tätigkeiten des Organismus dem Eingreifen der ätherischen geneigter macht, als sie im kranken Zustand sind" (243). Bei vielen Stoffwechselerkrankungen ist ja die erste Stufe der Umwandlung der Nahrung ins Ätherische schon gestört. Auch in der Homöopathie ist der Schwefel (Sulfur) eines der größten Stoffwechselmittel (244).

Wird in der Kindheit nun durch falsche Erziehung nicht der richtige Grund gelegt, daß im Leiblichen Seelisch-Geistiges zur freien Entfaltung kommen kann, so läuft der Mensch im Alter Gefahr, daß die Welt des fremden Stofflichen durch die Nahrungsaufnahme in seinem Leib die Oberhand gewinnt und ihre Fremdartigkeit in seinem Organismus sich immer störender bemerkbar macht. Die Ernährung des Menschen hat somit nicht nur eine Bedeutung für seine leibliche Kontinuität auf Erden, d.h. sie ist nicht nur Nebensache für das Seelisch-Geistige, sondern in besonderem Maße dafür wichtig, daß der Mensch durch die richtige Stoffbewältigung im "Unteren", wo ja alle Wesensglieder beteiligt sind, überhaupt im Leiblichen die richtige seelisch-geistige Tätigkeit vollbringen kann. Daß Ernährung und geistige Entwicklung zusammengehören, ist auch heute schon bekannt (245). In seiner Gestaltung ist der Mensch nach Steiner also Ausdruck der Ich-Organisation, die alle Stoffe letztlich bis zur höchsten Stufe (Wärmestufe) führt und somit die Grundlage für das selbstbewußte Denken abgibt. Der menschliche Leib in seiner gesamten Gestaltung bis hinein in die physiologisch nachweisbaren Stoffwechselvorgänge wird so zum Ergebnis der Leistungen der einzelnen Wesensglieder. Falsche Nahrung oder Hunger müssen den Leib zerstören, weil er für das Seelisch-Geistige des Menschen keine Grundlage abgeben kann zur richtigen Entfaltung im Organismus: Ich und Astralleib müssen sich demnach von der organisch gerichteten Tätigkeit zurückziehen, d.h. der Tod muß über kurz oder lang eintreten. Der Leib des Mensch ist zu seiner Erhaltung in leiblicher und seelisch-geistiger Art nach zwei Seiten hin orientiert: Einmal nach der Seite der Substanzen und zum anderen Male nach der Seite des selbstbewußten Denkens. Erst in beiden Tätigkeiten kann er seine Erfüllung im irdischen Bereich finden, und somit ist auch seine Gesundheit durch die richtige Betätigung nach beiden Seiten hin gewährleistet. "Der Körper ist ohne den Geist nicht denkbar, denn er ist nur die Offenbarung des Verlangens nach dem Geiste. — Wer den Körper recht versteht, in dem bildet sich wie etwas Selbstverständliches die Fähigkeit des Geisterlebens.... Das Leben des Körperlichen ist das Verlangen, der Hunger nach dem Geist. Wird der Hunger nicht befriedigt, so tritt Zerstörung des Körperlichen ein. Ein Körperliches, das selbständig sein will, kämpft gegen sein eigenes Wesen" (246).

9. Die Polarität von Entzündung und Geschwulst

Es ist die Grundanschauung Steiners, daß der Mensch als Gesamtwesenheit das Ergebnis polarer Kräftewirkungen ist, die in ihrer nur einseitigen Wirkung zu Krankheiten führen müssen, wenn ihnen nicht von der anderen, d.h. polaren Seite ausgleichende Kräfte entgegengeschickt werden, die durch die rhythmische Organisation den Krankheitsinsult wieder ausgleichen können. Jede Organisation für sich gesehen bedeutet für den Menschen Krankheit, wenn sie zu stark über ihr Gebiet hinausdrängt, d.h. ihre "Funktionsabgrenzung" überschreitet; so daß im Organismus ein dauernder Kampf um eine Mittellage stattfindet, der diese in die Vereinseitigung strebenden Kräfte in ihren Grenzen hält, damit im Physischen, Seelischen und Geistigen der Mensch eine gesunde Entfaltungsmöglichkeit findet. Doch ist aufgrund der polaren Organisation die Erkrankungsmöglichkeit immer vorhanden, wäre sie nicht da, könnte es für den Menschen kein physisches, seelisches und geistiges Leben mehr geben. Die Dualität in der menschlichen Bildung aufzuzeigen, den Menschen als Ergebnis und in Abhängigkeit von polaren Kräften der Leichte und Schwere, oberer und unterer Organisation, Auflösung und Verhärtung usw. zu begreifen, dürfen wir als vordringlichstes Anliegen Steiners ansehen. Daß wir als Menschen durch die einander widerstrebenden Kräfte nicht zerstört werden, verdanken wir dem Rhythmus, jener Organisation, die selber Ausdruck eines übersinnlichen, seelisch-geistigen Wirkens ist, und eigentlich erst das menschliche Leben auf der Erde garantiert.

Von diesem Gesichtspunkt des Menschenbildeprozesses ausgehend, hat Steiner gefordert, bei jedem Krankheitsprozeß genau zu durchschauen, ob in dem einen Falle das abbauende Nervensystem dort präponderiert, wo es eigentlich nicht präponderieren dürfte, oder ob in dem anderen Falle das Stoffwechselsystem zu stark den Organismus mit seiner auflösenden Kraft überwuchert und das Nerven-Sinnessystem zurückdrängt. Da der Mensch zu den Prozessen der Natur evolutionsmäßig in einer wesenhaften Beziehung steht, können Heilmittel gefunden oder bereitet werden, die das obere und untere System je nach dem stattfindenden Krankheitsprozeß stärken oder abschwächen können. "Wenn der Abbauprozeß der Nerven-Sinnes-Organisation hineinwirkt durch den Rhythmus in das Stoffwechsel-Gliedmaßen-System, dann ist etwas vorhanden, was entgegenwirkt dem Stoffwechsel-Gliedmaßen-System, was für dieses Stoffwechsel-Gliedmaßen-System Gift ist. Und umgekehrt ist dasjenige, was im Aufbausystem vorhanden ist, wenn es im Rhythmus hineinwirkt in das Kopfsystem, für das Kopfsystem Gift. Und da die Systeme, wie ich angedeutet habe, über den ganzen übrigen Organismus ausgebreitet sind, so hat man es überall im menschlichen Organismus zu tun mit einem fortwährenden Giften und Entgiften, was durch den rhythmischen Prozeß zum Ausgleich gebracht wird. Wir sehen also nicht hinein in einen solchen Naturprozeß, wie man ihn sich gewöhnlich vorstellen möchte, der einseitig-einsichtig, möchte ich sagen, verläuft, so daß man die gesunden Prozesse einfach als die normalen bezeichnen kann, sondern wir sehen hinein in zwei einander entgegenwirkende Prozesse, von denen der eine für den anderen durchaus ein kränkender Prozeß ist. Und wir können gar nicht leben im physischen Organismus, ohne daß wir unser Gliedmaßen-Stoffwechsel-System fortwährend den Krankheitsursachen des Kopfsystems, und das Kopfsystem den Krankheitsursachen des Stoffwechselsystems aussetzen.... und heilen heißt nichts anderes, als z.B. das Kopfsystem, wenn es zu stark vergiftend wirkt auf das Stoffwechselsystem, seiner vergiftenden Wirkung zu entladen, ihm seine vergiftende Wirkung zu nehmen oder umgekehrt, wenn das Gliedmaßen-Stoffwechsel-System zu stark auf das Kopfsystem vergiftend, d.h. wuchernd wirkt, muß ihm seine Giftwirkung genommen werden. Aber zu einer vollständigen Anschauung auf diesem Gebiete kommt man erst, wenn man nun wiederum dasjenige, was man in die Lage kommt, am Menschen zu beobachten, ausdehnt auf die Beobachtung der ganzen Natur, wenn man nur diese Natur im geisteswissenschaftlichen Sinne aufzufassen in der Lage ist" (247).

Steiner war es immer daran gelegen, nicht an herausgesonderten Einzelheiten oder an abgesonderten anatomisch-physiologischen Substraten seine Aussagen über den Menschen zu machen, sondern ihn bis in seine Organe hinein als Zusammenwirken von irdischen (terrestrischen) und kosmischen (außerterrestrischen) Kräftewirkungen zu verstehen. Das Ergebnis des Zusammenwirkens dieser beiden Kräfte ist der ganze Mensch in organischer und seelisch-geistiger Hinsicht und kann niemals durch das Studium der Zelle allein erkannt werden. Die Zelle ist für Steiner immer etwas, was gegen die Gesamtheit Mensch, der aus dem ganzen Kosmos gebildet ist, als Tendenz zur Vereinzelung entgegenwirkt und gegen die vom Kosmos gebildete gesamthafte Form sich auflehnt. "Denn was ist die Zelle? Die Zelle ist eigentlich dasjenige, was sich eigensinnig geltend macht mit einem Eigenleben gegen dasjenige, was der Mensch ist. Und wenn Sie auf der einen Seite den Menschen sehen in seiner ganzen Form aus den tellurischen und außertellurischen Wirkungen zusammengefügt und dann die Zelle irgendwie beachten, so ist die Zelle dasjenige, was diesen ersten Wirkungen ins Konzept hineinspukt, was geradezu diese äußeren Wirkungen zerstört, weil es sein eigenes Leben entfalten will. Wir kämpfen in unserem Organismus eigentlich fortwährend gegen das Leben der Zelle. Und das krasseste Unding von Anschauungen ist eben gerade entstanden durch die Zellularpathologie und Zellularphysiologie, die überall die Zellen zugrunde legen und überall den menschlichen Organismus als Aufbau von Zellen ansehen, während der Mensch ein Ganzes ist, das mit dem Kosmos zusammenhängt und eigentlich immer gegen den Eigensinn der Zellen zu kämpfen hat" (248). In diesem Sinne wendet Steiner sich wiederum krass gegen Virchows Zellularpathologie, die den gesamten Menschenbildeprozeß seiner Meinung nach gar nicht berücksichtigt. — Die Organbildungen selber sind aber Steiners Meinung nach als sichtbarer Ausgleich zwischen diesen beiden Kräftekomplexen von Irdischem und Außerirdischem anzusehen und neigen einmal mehr zum kosmischen Einfluß, d.h. die Gestaltungsprozesse herrschen vor wie im oberen Menschen, wo der individuelle Menschenbildeprozeß präponderiert, oder die Zellkräfte herrschen mehr vor, wie es Steiner im unteren Menschen "zwischen dem eigentlichen Sexual- und Ausscheidetrakt und dem Herzen" sieht. "So treten uns gewissermaßen im Menschenbildeprozeß und im Zellenprozeß zwei entgegengesetzte Kräftekomplexe entgegen, die Organe liegen in der Mitte drinnen, und sie sind Leber oder Herz oder dergleichen, je nachdem das eine oder das andere überwiegt.... insbesondere ist es interessant, von einem solchen Gesichtspunkte aus zu betrachten alles dasjenige, was an Organsystemen liegt zwischen dem eigentlichen Sexual- und Ausscheidungstrakt und dem Herzen. In diesem System ist am meisten Ähnlichkeit vorhanden mit dem, was das Zelleben eigentlich will. Wenn man den ganzen Menschen durchgeht und alle seine Organisationsglieder betrachtet: am meisten Ähnlichkeit findet man zwischen den charakterisierten Teilen des Menschen und dem Zelleben eben bei diesem Teile" (249).

Dieser Zelltendenz, die nach Steiner immer versucht, ein "eigensinniges Leben" gegen die Gesamtheit des Organismus zu führen, muß vom Kosmos her durch Kräfte entgegengewirkt werden, um ihre verselbständigenden Bildekräfte abzulähmen, sie nicht wuchern zu lassen und sie in die Gesamthaftigkeit des Organismus zu integrieren. Besonders stark müssen diese außerirdischen Kräfte auf den unteren Menschen wirken, da er ja besonders Gefahr läuft, das irdische Zellwesen überwuchern zu lassen und so die Menschenform zu zerstören. Die kosmischen Kräfte, die dieses bewerkstelligen können, sind nach Steiner besonders an den Merkur gebunden und finden physisch sichtbar ihren Niederschlag in dem Metall des Quecksilbers: somit haben wir wieder einen rationellen Weg, dieses Metall als Heilmittel für die untere Sphäre des gesamten Verdauungstraktes, wenn er in einer gewissen Beziehung krank wird, anzuwenden (250). "Und alles dasjenige, was bei uns am meisten hinneigt, zum Zelligen zu werden, also der Trakt im Menschen, von dem ich gerade vorhin gesprochen habe, der ist daher am meisten darauf angewiesen, der rechten Einwirkung des Planeten Merkur ausgesetzt zu werden, also das sind diejenigen Teile des Unterleibes, die zwischen den eigentlichen Ausscheidungsorganen und dem Herzen liegen" (251).

Bei allen diesen oben erwähnten Vorgängen müssen wir uns natürlich vor Augen halten, daß die vier Wesensglieder überall auf eine bestimmte Weise tätig sein müssen und in der organischen Bildung dann ihren physischen Ausdruck finden. Als zwei polare Bildungen, die uns zum Geschwulst- und Entzündungsgeschehen hinleiten sollen, nennt Steiner die Bildung von Blut und Nerv als größtes Spannungsfeld von oben und unten.

Während die Nerventätigkeit hauptsächlich der physischen Organisation unterliegt und so für das Seelisch-Geistige eine "Spiegelorganisation" abgibt, durch die durch das ungehinderte Wechselspiel von Ich und Astralleib erst Wahrnehmen, Vorstellen und Denken möglich ist, weil sie sich einen "Abdruck" oder ein "Abbild" schaffen können, sind die Wesensglieder im Stoffwechselsystem und im damit zusammenhängenden Blutsystem innig miteinander verwoben, da ja dort die außermenschlichen Stoffe "vermenschlicht", d.h. verwandelt werden müssen und dadurch erst die Willensgrundlage im Organismus abgeben können. So stehen sich Blut und Nerv nach Steiner als Bildungsresultat der Wesensglieder polar gegenüber. "Und tatsächlich, der Stoffwechsel beim Menschen ist ein solcher, daß, während das Geistig-Seelische sich im Gehirn ein bloßes Abbild schafft und im übrigen draußen bleibt, es den Atmungsrhythmus beeinflußt, also sich hineinversetzt, den Atmungsrhythmus durchdringt als Seelisch-Geistiges, aber eben sich immer wiederum zurückzieht, so taucht das menschliche Geistig-Seelische in den Stoffwechsel vollständig unter, so daß es sogar als Geistig-Seelisches verschwindet. Man findet es nicht wieder. Man findet es auch empirisch nicht wieder" (252).

Wie nun Blut- und Nervenbildung, wenn sie, örtlich und zeitlich im Organismus durch die Wesensglieder bedingt, richtig auftreten, seelisch-geistige Tätigkeit und Verdauung und Ernährung, aber auch Gestaltungs- und Auflösungsprozesse ermöglichen, so werden sie zu krankmachenden Prozessen, wenn sie, nicht als anatomische Bildung gemeint, sondern als Prozeßaktivität der Wesensglieder, am falschen Ort, d.h. disloziert auftreten.

Im Blut, wo nach Steiner die "phosphorigen Vorgänge" vorherrschen, werden in den Gebieten, wo diese Bildungstendenzen an falscher Stelle vorherrschend werden, Anlässe zu Entzündungen gesetzt, in die dann die fremde Welt der Mikroorganismen sekundär eindringen kann. "Dieselben Prozesse, die sich abspielen im flüssigen Blut, die können nun nach irgendwelchen Seiten hin, das was nun Wandung oder Gerüst oder irgend etwas fest Gebildetes, Gestaltetes im Menschen sein kann, ergreifen, dann ist das, was ins Blut hineingehört, in der Gefäßwandung, oder im Muskel oder irgendwo im Knochen drinnen oder in irgend einem Umhüllungsorgan. Was wird es dann da? Da wird es der Impuls für Entzündungserscheinungen. Was wir als die Impulse von Entzündungserscheinungen da oder dort finden, wir finden es fortwährend im flüssigen Blute als die normalen Vorgänge. Was da an Entzündung erscheint, das sind an die unrechten Stellen, d.h. an die gestalteten, festen Stellen hingedrängte Vorgänge, die fortwährend im fließenden Blute stattfinden müssen. Ein absolut normaler, gesunder Prozeß disloziert, an eine andere Stelle gestellt, wo er nicht hingehört, ist ein krankmachender Prozeß" (253).

Dringen nun die organischen Bildeimpulse, die von den Wesensgliedern angeregt, das Nervensystem aufbauen, über ihr Ziel hinaus, so entsteht eine Nerven- und Sinnestendenz am falschen Ort, die nach Steiner die Ursache zur Geschwulstbildung abgibt. "Ich sagte, daß in den Nerven ganz andere Vorgänge als im Blute sind, die entgegengesetzten Vorgänge. Im Blut sind nach dem Phosphorigen hindrängende Vorgänge, Vorgänge, die eben, wenn sie als phosphorige Vorgänge das Blut Umgebende oder das dem Blut Benachbarte ergreifen, zu Entzündlichem führen. Wenn Sie die Vorgänge in den Nervenbahnen verfolgen und diese auswandern in die anderen benachbarten Organe, oder auch ins Blut hinein, dann entstehen die Impulse für alle Geschwulstbildungen beim Menschen, wenn das ins Blut hinübergetragen wird, so daß das Blut dann in ungesunder Weise die anderen Organe versorgt, dann entstehen die Geschwulstbildungen. So daß wir sagen können: Jede Geschwulstbildung ist ein metamorphosierter Nervenprozeß an unrechter Stelle im menschlichen Organismus. Sie sehen, was im Nerv läuft, muß im Nerv bleiben, was im Blute läuft, muß im Blute bleiben" (254).

Wir sehen: Die Tendenz zur pathologischen Entzündungs- und Geschwulstbildung ist hiermit wieder an zwei normale menschliche Tätigkeiten gebunden.

Die Krankheitstendenz von Entzündung und Geschwulst nimmt Steiner nun zum Anlaß, um sein Augenmerk besonders auf den ätherischen Leib des Menschen zu richten, der durch die Ich-Organisation und den Astralleib geführt, die menschlichen Substanzen menschengemäß gestalten muß. Gerade in dem Versagenszustand bei Entzündung und Geschwulst kann man sich über seine eigentliche Aufgabe im Organismus ins Klare setzen. "Man sollte ja nicht bloß sagen, daß man unbedingt Hellseher sein müsse, um über die Tätigkeit des

Ätherleibes im menschlichen Organismus zu sprechen. Denn man kann ja an sehr vielen Prozessen, die einfach den Tätigkeiten des Ätherleibes entgegengesetzt sind, sehen, daß der Ätherleib in einer gewissen Weise nicht tätig ist oder wenigstens nicht ordentlich tätig ist. Und um auf diesem Gebiete zu gültigen Vorstellungen zu kommen, wird es nötig sein, einmal ins Auge zu fassen alles dasjenige, was mit Entzündungen zusammenhängt, was sich auf dem Boden von Entzündungen entwickelt, und alles dasjenige, was mit Geschwulstbildungen zusammenhängt, gewissermaßen von da ausgehend den menschlichen Organismus zerstört" (255).

Das ätherische Geschehen bei Entzündung und Geschwulst

Bei der Entzündung sieht Steiner die Ursache darin, daß der Ätherleib, der im ganzen Menschen eine "universelle Tätigkeit" entfalten und gesamthaft im Menschen an jeder Stelle tätig sein muß, an irgendeiner Stelle zu träge wird, einfach stagniert. Das ist ein Vorgang, der als einheitlicher allen Entzündungen bis zu Geschwürsbildung hin zugrunde liegt. Die Therapie muß nun darin bestehen, den ganzen Ätherleib so anzuregen, daß er seine Tätigkeit wieder über alle Gebiete des Organismus gleichmäßig erstreckt und somit die Stagnation an einer Stelle aufheben kann. "Es ist eigentlich nur Hinleitung der Tätigkeit des Ätherleibes nach ganz bestimmten Richtungen, während der gesunde Ätherleib seine Tätigkeit über alle entsprechenden Richtungen des Organismus erstrecken muß. Das ist im wesentlichen auch so, daß man sagen kann: Man kann Reaktionen finden...., die den Ätherleib, der z.B. träge wird nach einem gewissen Organsystem hin, wiederum anregen können, wenn er im ganzen noch gesund ist, nach dieser Richtung hin seine, wenn ich so sagen darf, universelle Tätigkeit zu entfalten" (256).

Während bei den Entzündungserscheinungen ein Stagnieren (und damit zu starkes Vorherrschen) des Ätherischen stattfindet, tritt nun bei den Geschwulsterkrankungen nach Steiner genau das Gegenteil ein: Das Ätherische weicht an einer bestimmten Stelle zurück, weil die physischen Kräfte so stark geworden sind, daß der Ätherleib sich nicht mehr in die gesamtmenschliche Tätigkeit einfügen kann: Dadurch bricht nun als Folgeerscheinung die außermenschliche physische Welt zerstörend in den menschlichen Organismus ein. "Anders ist es bei den Geschwulstbildungen, bei allen Arten von Geschwulstbildungen. Da handelt es sich darum, daß gewisse Vorgänge im physischen Leib sich direkt als Feinde ausnehmen der Tätigkeit des Ätherischen, daß sich gewissermaßen Vorgänge im physischen Leibe einfach auflehnen gegen die Tätigkeit des Ätherleibes und daß dann für diese Bezirke des physischen Leibes der Ätherleib nicht mehr wirksam ist" (257).

Lag die therapeutische Idee bei der Entzündung im Verstärken der gesamten ätherischen Tätigkeit, so sieht Steiner bei den Geschwulstbildungen den therapeutischen Ansatz darin, das Hindernis im Physischen, "diese Revolution gewisser physischer Kräfte gegen die Kräfte des Ätherleibes" (258) zu beseitigen und dem Ätherleib — der ja eine große Generationsfähigkeit besitzt — wieder geführt von Ich-Organisation und Astralleib, die menschengemäßen Prozesse der Gestaltung und des Überwindens der physischen Kräfte voll zu überlassen. "Bei Geschwülsten wird es sich darum handeln, gewissermaßen durch Naturtätigkeit das Hinwegschaffen der dem Ätherleib entgegenstehenden physischen Tätigkeiten hervorzurufen, so daß der Ätherleib wiederum hinwirken mag an die Stelle, wo er sonst nicht hinwirkt. Das wird gerade von einer großen Bedeutung werden bei, sagen wir, der Carzinombehandlung" (259).

Die eigentlich entscheidende und den Organismus zerstörende Ursache beim Carzinom sieht Steiner darin, daß die Kräfte der physischen Welt, die der Mensch ja dauernd durch Ätherleib, Astralleib und Ich überwinden muß, an einer Stelle in den Organismus einbrechen, zu stark vorherrschen und dadurch die höheren Wesensglieder zurückdrängen. Die Geschwulst, wie sie im Organismus sichtbar auftritt, ist selber nur wieder Antwort auf diesen geschilderten Prozeß, dem eigentlich entgegnet werden soll vom Ätherleib, der aber, da Ich und Astralleib immer mehr zurückgedrängt werden, keine menschengemäße Gestaltung mehr ausführen kann und somit nur noch eine Zellchaotisierung (die Geschwulst) aus den an diesem Ort verbleibenden Kräften des Organismus fertigbringt, die natürlich wiederum sekundär auf die leibliche Bildung zerstörend wirkt. Insofern ist die Geschwulst selber, aus den nicht mehr richtig zusammenwirkenden Wesensgliedern entstanden, eine eigene Bildung des Organismus und nach Steiner keine eigentliche Neu-, sondern höchstens eine Fehlbildung. "Nun, natürlich stören bei diesen Dingen sehr häufig nicht gerade alte, aber, ich möchte sagen, mittelalterliche Namengebungen — nicht auf das Mittelalter bezüglich, sondern auf ein sogar sehr nahe hinter uns liegendes Mittelalter bezügliche Namengebung. Es ist nicht ganz richtig, wenn man die Geschwulstbildungen als "Neubildung" bezeichnet. Sie sind es höchstens in dem ganz trivialen Sinne, daß sie früher nicht dagewesen sind, aber sie sind es in dem Sinne nicht, daß sie etwa auf dem Boden des von der Haut bedeckten Organismus selber erwachsen. Sondern dadurch, daß der physische Leib in einem Prozeß zu stark in Gegensatz tritt gegen den Ätherleib, ordnet sich der äußere Leib gewissermaßen auch dem Äußeren, der dem Menschen feindlichen Natur unter, und es öffnet die Geschwulstbildung allen möglichen äußeren Einflüssen einen starken Zugang" (260).

Sinnesorganbildung am falschen Ort beim Carzinom

Es tritt also nach Steiner bei der Carzinombildung im Menschen eine Enklave auf, wo primär die physischen Kräfte vorherrschen, die dann das Einbruchstor für die zerstörenden außermenschlichen Prozesse sind, die sowohl eine Zurückdrängung des Ätherleibes als auch eine immer stärker werdende Dissoziation von Astralleib und Ich zur Folge haben. Dieselbe Prozeßgeste, d.h. dasselbe Verhältnis der Wesensglieder untereinander, führt aber nach Steiner, wenn sie normal, d.h. am richtigen Ort und evolutionsmäßig zeitgerecht auftritt, im Leiblichen zur normalen Sinnes- und Nervenbildung, bei der ja primär die physische Bildung vorherrscht, damit Seelisches und Geistiges dort frei wirken können und äußerlich Wahrgenommenes verinnerlicht werden kann. Strebt nun an irgendeiner Stelle im Zentrum oder an der Peripherie der Organismus diese geschilderte Bildung an einem falschen Ort und nicht zeitgerecht an, so muß es zu einem "Sinnesorgan am falschen Ort" kommen, wo aber primär kein Sinnesorgan gebildet werden kann, sondern als eine Folge davon nur eine chaotische Bildung auftreten muß: Es kommt zu einer Geschwulst, die den Weg weiterhin freimacht für allerlei schädliche physische Einflüsse.

Für Steiner liegt also dem Geschwulstgeschehen, von der leibgerichteten Tätigkeit der vier Wesensglieder aus gesehen, die im oberen, mittleren und unteren Menschen ihre speziellen Organe und Organsysteme schaffen, eine "deplacierte Sinnesorganbildung" zugrunde, wie sie normalerweise bei der richtigen Organbildung vorhanden ist, wo, damit überhaupt ein Sinnesorgan entstehen kann, Physisch-Ätherisches und Astralisch-Ichhaftes in einem bestimmten dissoziierten Verhältnis zueinander stehen müssen. "Wenn Sie nun die ganze organische Wirkung betrachten, die sich z.B. in einem Sinnesorgan, sagen wir vorzugsweise im Ohre, ausdrückt, so haben Sie das Folgende: Ich-Organisation, astralische Organisation, ätherische, physische Organisation wirken in einer gewissen Weise zusammen, so daß der Stoffwechsel durchdringt das Nerven-Sinneswesen, daß das durchrhythmisiert wird von dem Atmungsvorgange, insofern er in das Gehörorgan hineinwirkt, durchorganisiert, durchrhythmisiert wird vom Blutrhythmus, insofern er in das Gehörorgan hineingeht. In jedem einzelnen Organ drückt sich in einem gewissen Verhältnis dasjenige aus, was ich in einer verschiedenen Weise drei-vierfach durch den dreigliedrigen Menschen, durch die vierfache Organisation, wie ich sie angeführt habe — versuchte, Ihnen auf diese Weise durchsichtig zu machen. Aber schließlich ist beim Menschen alles in Metamorphose. Was z.B. hier in der Ohrengegend normal auftritt — warum nennen wir es normal? Weil es in der Weise auftritt, wie es eben auftritt, damit der Mensch zustande kommt, und so zustande kommt, wie er auf der Erde herumläuft. Es gibt keinen anderen Grund, daß wir das normal nennen. Wenn aber diese besonderen Verhältnisse, die da im Ohre namentlich gestaltend wirken, die Lage des Ohres, namentlich dadurch, daß das Ohr an der Peripherie des Organismus ist, so wirken, daß, sagen wir, an irgend einer Stelle im Inneren des Organismus durch Metamorphose ein ähnliches Verhältnis, ein ähnliches Wechselverhältnis zu all diesen Gliederungen entsteht, statt des Wechselverhältnisses, das dort an jener Stelle gerade das angemessene ist, dann gliedert sich an dieser Stelle etwas ein, was eigentlich ein Ohr werden will; verzeihen Sie mir die skizzenhafte Andeutung, aber man kann nicht anders sagen, was ich sagen will, wenn man es skizzenhaft sagen muß. Es gliedert sich z.B. in der Gegend des Magenpförtners ein, statt desjenigen, was dort entstehen sollte, Sie haben auf diese Weise durch eine pathologische Metamorphose den Ursprung der Geschwulstbildung zu sehen. In der Tat sind alle Geschwulstbildungen bis zum Carzinom deplacierte Versuche von Sinnesorganbildungen..." (261).

So verdanken wir nach Steiner "der geschwulstbildenden Kraft" im Organismus, die aber an der rechten Stelle auftritt, unsere Sinnes- bzw. Ohrbildung. Im menschlichen Entwicklungsprozeß ist umgekehrt das Ohr eigentlich eine "Geschwulstbildung", aber im normalen Bereich. "Das Ohr ist eine Geschwulst im Inneren des Menschen, aber eben ins Normale hin ausgedehnt" (262).

Der Menschenbildeprozeß selber ist es, der als gemeinsamer Prozeß der gesunden und kranken Organisation des Menschen zugrunde liegt: Gesundheit, d.h. normale körperliche, seelische und geistige Bildung unterscheidet sich von Krankheit nur dadurch, daß der letztere Prozeß nicht zeitgerecht und an falscher Stelle abläuft. Ihn wieder rückläufig zu machen, d.h. den fehlgelaufenen Prozeß wieder in einen menschengemäßen Prozeß zu verwandeln, indem durch das Heilmittel an die Selbstheilungskräfte appelliert und der Prozeß nicht nur einfach weggeschafft wird, ist die besondere Aufgabe des Therapeuten. "Das ist ja eine wunderbare Beziehung beim Menschen zwischen dem Gesunden und Kranken, daß man es mit denselben Prozessen eigentlich zu tun hat im Gesunden und Kranken, mit denselben Prozessen, die nur das eine Mal in ihrer richtigen Geschwindigkeit und das andere Mal in ihrer unrichtigen Geschwindigkeit verlaufen" (263).

Den Krankheitsprozeß aus dem Menschenbildeprozeß einfach zu eliminieren, hieße nach Steiner einen Teil des Menschenbildeprozesses selber dem Menschen wegzunehmen. "Schaffen Sie ihn (den geschwulstbildenden Prozeß) ab, so kann kein Wesen in der Welt hören. Geben Sie ihm eine falsche Geschwindigkeit, so bekommen Sie all das, was in Myom-, Carzinom-, Sarkom-Bildung vorgeht" (264).

Das therapeutische Prinzip beim Geschwulstgeschehen

Tritt die Geschwulstbildung dadurch auf, daß der Zusammenhang der geistigen Wesensglieder des Menschen gestört ist und dadurch außermenschliche Kräfte sich des Organismus in zerstörender Weise bemächtigen können, so muß nach Steiner das Heilmittel dadurch gefunden werden, daß man in der Natur das Gegenbild zu diesem Prozeß findet, also ein Heilmittel findet, das durch seine ganze Bildung verrät, daß es sich auch gegen die fremden Erdenkräfte wendet und den den Menschen gestaltenden Ätherleib so verstärken kann, daß er wieder von Ich und Astralleib geführt vorherrschen und die chaotische Zellbildung zum Verschwinden bringen kann. Es muß das also eine Bildung in der Natur sein, die gewissermaßen selber eine Antipode zu den irdischen Kräften darstellt, in gewissem Sinne ganz kosmisch ist und sich in ihrer Wachstumstendenz ganz gegen die Erdenverhältnisse stellt. Steiner sah diese geschilderte Tendenz in der Mistel (Viscum album) vorherrschen, die durch ihren anormalen Wachstumsort und die anormale Wachstumszeit sich ganz gegen die geradlinig verlaufenden Erdenkräfte wendet (265).

Wir sahen ja schon, wie die Wurzel stark mit den Erdbildungskräften zusammenhängt, d.h. dem Salzprozeß unterliegt, wie die Blätter dem Merkurhaften unterliegen und den Ausgleich zwischen oben und unten im Wässrigen bewirken und wie die Blüte, die sich am meisten der Erde entzieht und die Imponderabilien in sich aufnimmt, mit dem Phosphorprozeß gleichzusetzen ist. Dem Baume nun, der nach Steiner durch seine Stammesbildung sich aus den Erdenkräften noch mehr emanzipiert und noch obenhinein Blätter und Blüten entwickelt, sitzt die Mistel als ein Halbschmarotzer auf, die durch ihre große Erdentfernung schon zeigt, daß sie gar keine Verbindung mehr zu den Kräften der Erde hat (auch nur durch den Vogeldarm und nicht durch das Mineralreich vermehrt werden kann): Sie ist ein noch gesteigerter Phosphorprozeß. "Ferner beachten Sie von diesem Gesichtspunkte aus die Parasitenbildung bei den Pflanzen, namentlich die Mistelbildung. Da haben Sie dasjenige, was sonst noch mit der Pflanze organisch verbunden ist, das Aufsitzen der Blüten- und Samen-tragenden Organe auf dem Stamm, wie eine äußere Absonderung, wie einen Vorgang für sich. So daß Sie also in der Mistelbildung eine Steigerung, verbunden mit einer Art Abtrennung von den Erdenkräften desjenigen zu sehen haben, was sonst in der Blüten- und Samenbildung vorliegt. Es emanzipiert sich gewissermaßen dasjenige, was in der Pflanze unirdisch ist, gerade in der Mistelbildung. So daß wir das von der Erde Aufstrebende, das sich in Wechselwirkung stellt mit dem Außerirdischen, allmählich in der Blüten- und Samenbildung sich von der Erde absondern sehen und in der Mistelbildung zu einer ganz besonders stark sich individualisierenden Emanzipation kommen sehen" (266).

Ist es einmal der für eine Pflanze ungewöhnliche Ort, den Steiner besonderes herausstellt und der für die Therapie wichtig ist, denn als Halbschmarotzer entzieht die Mistel auch von den verschiedenen Baumarten bestimmte Lebens-(Äther-)kräfte, die sie also dann im Überschuß besitzt, so ist es auch der entgegengesctzte Zeitrhythmus, der die Mistel in der besonderen Weise befähigt, das Grundmittel gegen die Geschwulstbildungstendenz zu sein. Da sie den genau entgegengesetzten Rhythmus zu den anderen Pflanzen hat und örtlich und zeitlich der Natur gewissermaßen "entgegenwächst", kann sie die kosmisch-ätherischen Kräfte so verstärken, daß sie der geschwulstbildenden Tendenz, d.h. den einbrechenden rein physisch-irdischen Kräften, die sich ja auch gegen die geradlinige örtliche und zeitliche Bildung im Menschen auflehnen, entgegenwirken kann. "Sie (die Mistel) will vermöge ihrer Kräfte alles dasjenige nicht, was die geraden Organisationskräfte, die geradlinig sich entwickelnden Organisationskräfte wollen, und sie will dasjenige, was die geradlinig sich entwickelnden Organisationskräfte nicht wollen. Auch da wird die Sache erst klar werden, wenn man sie so auffaßt, daß man sagt: Wenn.... hier eine Stelle ist im physischen, menschlichen Leibe, die sich durch ihre Kräfte auflehnt gegen das ganze Hereinwirken der Ätherkräfte, so daß die Ätherkräfte sich gewissermaßen stauen und haltmachen und dadurch das, was wie eine Neubildung aussieht, eben entsteht, so ist es die Mistel, welche dieser Einsackung, die sich da gebildet hat, entgegenwirkt. Sie zieht gewissermaßen das wiederum an die Stelle hin, wo es nicht hin will" (267).

Erst indem es gelingt, das Hereinfluten der physischen Kräfte abzudämmen, d.h. aber, den Ätherleib an dieser Stelle zu verstärken und auf diesem Wege Astralleib und Ich menschengemäß wirken zu lassen, ist das Carzinom richtig behandelt. So ist es verständlich, daß Steiner sich von dieser Behandlung mehr versprach als von dem bloßen Herausschneiden oder Zerstören der Geschwülste, das ja die eigentliche Hauptgefahr noch nicht bannen kann. "Nun ist die Mistel zweifellos dasjenige, durch dessen Potenzieren man erreichen wird müssen das Ersetzen des Chirurgenmessers bei den Geschwulstbildungen. Es wird sich darum handeln, daß man namentlich die Mistelfrucht, aber durchaus in Zusammenhang mit anderen Kräften der

Mistel selber, in der richtigen Weise wird behandeln müssen, behandeln können, um sie zum Heilmittel zu machen" (268).

Da den verschiedenen Organgebieten nach Steiner die verschiedensten kosmischen Kräfteeinflüsse zugrundeliegen, die sich wiederum physisch auf der Erde in den einzelnen Metallen spiegeln, muß die Mistelsubstanz je nach der Erkrankung des Organs oder der Organgebiete mit den verschiedenen Metallzusätzen zubereitet werden, um in dem Menschen wieder an jene Kräfte zu appellieren, die die kosmischen Bildekräfte sind und die beim Carzinom, wo die einseitig physisch wuchernde Zelltendenz immer mehr Platz ergreift, abgelähmt sind. Damit wird durch die Metalle der Mensch wieder an die kosmischen Bildekräfte, die seinen Organen zugrunde liegen, angenabelt. Ist es auch der Ätherleib, der wieder den physischen Leib richtig ergreifen muß, so steht doch hinter allem die Gesamtbildemacht Mensch als geistige Ich-Wesenheit, die aus dem Kosmos herausgebildet ist und die im Leib ihr Schicksalsfeld auf Erden sucht und durch die Krankheit von organischer Seite gehindert wird. An dieses "Ich", das im Leibe seinen Ausdruck im Wärmeorganismus findet, wendet sich letztlich die Therapie beim Carzinom. "Es muß uns nur gelingen, die Geschwulst zu umhüllen mit einem Wärmemantel. Das ruft eine radikale Umänderung der ganzen Organisation hervor. Gelingt es uns, die Geschwulst zu umgeben mit einem Wärmemantel, dann.... gelingt es uns auch, sie aufzulösen. Das wird eben in Wirklichkeit erreicht, wenn in ganz entsprechender Weise solche Mittel angewandt werden, wie sie Ihnen von unseren ärztlichen Freunden gewiß angegeben worden sind, wenn solche Mittel durch Injektion zur Wirkung gebracht werden im menschlichen Organismus. Hat man gerade die spezifische Wirkung herausbekommen auf das eine oder andere Organsystem, dann kann man sicher sein, daß in jedem Fall durch ein Viscum-Präparat, wie wir es anwenden, um das betreffende abnorme Organ — denn ein solches ist z.B. das betreffende Carzinom — ein Wärmemantel gebildet wird. Man kann nicht dasselbe anwenden bei einem Brustcarzinom, bei einem Uteruscarzinom, bei einem Pförtnercarzinom. Man muß studieren, welchen Weg dasjenige nimmt, was man durch die Injektion hervorruft, aber Sie erreichen niemals etwas, wenn Sie nicht eine wirkliche Wirkung zustande bringen. Und diese Wirkung drückt sich aus dadurch, daß Fieber zustande kommt. Es muß also die Injektion gefolgt sein von einem Fieberzustande. Sie können von vornherein mit einem Mißerfolg rechnen, wenn Sie nicht Fieberzustände hervorrufen" (269).

Das menschliche Ich, das aus dem Kosmos seinen Leib aufbaut, macht seine Erfahrungen in Gesundheit und Krankheit. So formulierte es einmal G. Knapp: "Krankheit ist dabei nicht als psychologischer Vorgang oder als Ablauf biologischer Prozesse verstanden, sondern als eine Grunderfahrung menschlichen Daseins, die sich im Krank-Sein vollzieht" (270). Die Krankheit selber offenbart, wenn auch auf abnorme und einseitige Weise, die geistigen Prozesse, die für den Menschenbildeprozeß auf Erden immer wirken müssen. "Und in einer gewissen Beziehung sind für denjenigen Menschen, der nach dem Geistigen im Menschen sucht, die Krankheiten eigentlich, so unerwünscht und unerfreulich und unsympathisch sie natürlich vom Standpunkte des Lebens sind, sie sind für denjenigen, der spirituelle Aufklärung über den Menschen sucht, tatsächlich unendlich lichtverbreitend. Denn in der Krankheit zeigt sich, wie auf abnorme Weise, durch Verstärkung oder Schwächung dasjenige wirkt, was im Menschen fortwährend wirken muß, damit der Mensch überhaupt ein geistiges Wesen sein kann" (271).

10. Krankheit und Schicksal

Der Mensch umspannt mit den Kräften seines gewöhnlichen Bewußtseins nie die ganze Zeit von seiner Geburt bis zu seinem Tode. Erst einige Jahre nach seiner Geburt, wenn der Ätherleib sich langsam von der rein organischen Tätigkeit emanzipiert hat und für die Gedächtniskräfte verfügbar wird, bekommt der Mensch allmählich ein Gedächtnis für zeitlich Zurückliegendes, und im späteren Leben gehen seine Erinnerungen zurück bis frühestens zu jenem Ereignis. Steiner nennt dieses Bewußtsein zwischen diesem gewissen Punkt (etwa vom 3. Lebensjahr) nach der Geburt und bis zum Tode das "Einzelpersönlichkeitsbewußtsein". — In dem vom gewöhnlichen Standpunkt angeschauten Bewußtsein gibt es nahe beieinanderliegende Ursachen und Wirkungen und wiederum Wirkungen, die wieder zu Ursachen in kürzerem oder längerem Zeitraum werden können. Diese Dinge in ihren Verknüpfungen zu ergründen und seine Handlungen danach auszurichten, gehört zu den Grundfähigkeiten des Menschen. So ist der Mensch als ein Zeitwesen einverwoben in kürzere und weiter auseinanderliegende Ursachen- und Wirkungsverknüpfungen; den größten irdischen Spannungsbogen hatten wir schon als den Zusammenhang von Erziehungsfehlern in der frühen Jugendzeit und ihre Folgen im späten Alter kennengelernt. "Wenn wir das herausgeholt und zur Entwicklung gebracht haben, was an inneren Kräften in ihm (dem Menschen) vorhanden ist, dann werden wir die Früchte am Lebensabend herauskommen sehen in Gestalt eines reichen Seelenlebens. Dagegen in einer verdorrten und verarmten Seele und demgemäß auch — weil, wie wir später sehen werden, eine verdorrte Seele auch auf den Leib wirkt — in den leiblichen Gebrechen des Alters tritt das auf, was wir in der frühesten Kindheit an dem Menschen Unrichtiges getan haben. Da sehen wir etwas, was sich in gewisser Weise regulär, so daß es für jeden Menschen gültig ist, im Menschenleben als Zusammenhang von Ursache und Wirkung darstellt" (272).

Krankheit als karmischer Ausgleich des vergangenen Lebens

Der Mensch ist aber nicht nur als körperliches, seelisches und geistiges Wesen auf sich selbst gestellt, sondern lebt in einer Umwelt und mit bestimmten Menschen zusammen, die sein Schicksalsfeld darstellen. An ihm selber und in den Beziehungen zu den anderen Menschen treten neue Ereignisse ein, die sich nicht mehr unter dem vom normalen Bewußtseinsleben überschaubaren Blick von Ursache und Wirkung darstellen, sondern es geschehen Dinge, die "unbekannter Ursache" sind und die als Ereignisse wieder zur Ursache für andere, neue Erlebnisse und Taten des Menschen werden können. Steiner hat es nun für eine erweiterte Erkenntnis von Imagination, Inspiration und Intuition in Anspruch genommen, den geistigen Blickpunkt über Geburt und Tod des Menschen hinaus zu erweitern, und ist zu Einblicken in jene Gebiete gelangt, die die Individualität jenseits von Geburt und Tod durchmacht. Diese Fähigkeit, die konkrete Individualität mit dem erweiterten Bewußtsein in einem geistigen Entwicklungsgesetz verfolgen zu können, wird von ihm "individuelles Bewußtsein" genannt, welches erst in der Lage ist, über die Ereignisse im gewöhnlichen Bewußtseinsleben richtig urteilen zu können. Das geistige Ursachengesetz, von ihm nach alter Überlieferung, jedoch mit seinen Forschungsergebnissen "Karma-Gesetz" genannt, umspannt mehrere Verkörperungen des Menschen und kann aus einem einzigen Leben einer Individualität nie befriedigend erklärt werden. "Da können wir sehen, daß im Menschenleben Schicksalsfälle eintreten, die sich nicht darstellen als Wirkungen von Ursachen des einzelnen Lebenslaufes, sondern die aus einem anderen Bewußtsein heraus verursacht sind, nämlich aus einem solchen Bewußtsein, das jenseits der Geburt liegt und das unser Leben fortsetzt in frühere Zeiten, als diejenigen sind, die erst seit unserer Geburt abgelaufen sind" (273).

Ursache und Wirkung bedingen sich gegenseitig, da sie von einem gemeinsamen geistigen Band zusammengehalten werden: der

Individualität des Menschen, die nach Steiner unvergänglich ist und zwischen Geburt und Tod Entwicklungen unterliegt, die teilweise ihre Ursachen in der letzten oder der davorliegenden Inkarnation haben. "So finden wir das Karma-Gesetz, das wir nennen können ein Gesetz von Zusammenhang zwischen Ursache und Wirkung, aber in der Weise, daß die Wirkung wieder auf die Ursache zurückschlägt und daß sich beim Zurückschlagen noch das Wesen erhalten hat, dasselbe geblieben ist. Wir finden diese karmische Gesetzmäßigkeit überall in der Welt, insofern wir die Welt als eine geistige betrachten" (274).

Individuelles Schicksal und Schicksal, das sich an und mit anderen Menschen erfüllen muß, ordnen sich nach Steiner dem Karma-Gesetz unter und sind erst in der Lage, der aus "reiner Bequemlichkeit" gestellten Frage nach der "allernächsten Ursache" z.B. bei den Krankheiten einen neuen Sinnzusammenhang zu geben. A. Jores greift die Frage nach dem Sinn in der Krankheit wieder auf, da ja der Arzt tagtäglich vor diesem großen Rätsel steht: "Die Frage nach dem Sinn der Krankheit ist von der heutigen Medizin nie gestellt worden, da die Medizin sich als eine naturwissenschaftliche Disziplin betrachtet und die Sinnfrage keine naturwissenschaftliche Fragestellung ist, sondern letzten Endes eine metaphysische. Obwohl also Naturwissenschaftler Sinnfragen als nicht in den Bereich ihrer Forschung gehörend mit Recht ablehnen, gibt es doch genügend Beispiele, daß auch diese Forscher sich in ihren Fragestellungen immer wieder von Sinnfragen leiten ließen. Auch der Arzt kann der Sinnfrage gar nicht ausweichen, denn seine Patienten fragen nicht nur nach dem Grund ihres Krankseins, sondern auch sehr oft danach, warum gerade sie von einer solchen Krankheit betroffen sind" (275). — Wird der Begriff der Krankheit nach dieser Seite hin erweitert, daß nämlich das Individuum wesentlich daran beteiligt ist, dann wird Krankheit zu einer Frage nach dem eigenen Selbst. Durch eine solche Sicht können auch die Tatsachenergebnisse der naturwissenschaftlichen Medizin in ein neues, den ganzen leiblichen, seelischen und geistigen Menschen umfassendes Erkenntnislicht gerückt werden. "Es darf vielleicht gerade bei dieser Gelegenheit einleitend betont werden, daß die Leistungen in bezug auf die Tatsachen und tatsächlichen Erforschungen der Erscheinungen gerade auf dem Gebiet des Krankheitswesens und der Gesundheitsfragen der Menschheit in den letzten Jahren und Jahrzehnten wahrhaftig zu ebensolchem Lobreden, Anerkennen und Bewundern herausfordern wie zahlreiche andere naturwissenschaftliche Ergebnisse. Und von dem, was auf diesem Gebiete an Tatsächlichem geleistet worden ist, darf auch gesagt werden: Wenn sich irgendjemand freuen darf über das, was die Medizin in den letzten Jahren geleistet hat, so kann dies gerade die Geisteswissenschaft sein. Auf der anderen Seite muß aber auch betont werden, was gerade für die Naturwissenschaft gilt: Daß die Errungenschaften und tatsächlichen Erkenntnisse und Entdeckungen zuweilen recht wenig richtige und befriedigende Interpretationen und Erklärungen finden durch das, was heute 'wissenschaftliche Meinungen' sind. Das ist ja das Hervorstechendste in unserer Zeit für viele Gebiete naturwissenschaftlicher Forschung: Daß die Meinungen, die Theorien nicht gewachsen sind den zuweilen wunderbaren Tatsachenergebnissen. Und erst das Licht, das von der Geisteswissenschaft ausgeht, wird Klarheit über das bringen, was auf diesem Gebiet in den letzten Jahren errungen worden ist" (276).

Der Mensch ist nach Steiner durch die Aufnahme eines "Ich" in der Erdenevolution ein Wesen geworden, das Selbstbewußtsein entwickeln kann, was ihn von allen anderen Wesenheiten unterscheidet. Durch das freie Wählenkönnen des Menschen im Guten und Bösen, Wahren und Falschen, in Wahrheit und Lüge usw. ist er ein moralisches Wesen geworden, das durch sein Ich selbst seine Seelen- und körperlichen Qualitäten in positiver und negativer Hinsicht beeinflussen kann. Aus dem unbewußten und halbbewußten Leben der Pflanzen und Tiere hat der Mensch immer mehr Kräfte aus seiner ätherischen und astralen Organisation für sein individuelles seelisches und geistiges Leben entbunden und sich selber dadurch neue Krankheitsmöglichkeiten geschaffen. ".... wie durch die Aufnahme des Ich, das ein individuelles Leben im Guten und Bösen, Wahren und Falschen entwickelt, der astralische Leib, der mit dem Hinaufsteigen in der Tierreihe die Heilkräfte nur hemmt, wieder etwas Neues dem Menschen einfügt: die aus dem individuellen Leben ihm einfließenden karmischen Krankheitseinflüsse. Bei der Pflanze gibt es noch keine inneren Krankheitsursachen, weil die Krankheit noch im Äußerlichen ist und die Heilkräfte des Ätherleibes ungeschwächt wirken" (277).

Nach Steiner muß also jede Verfehlung des Menschen in moralischer und intellektueller Hinsicht zu Wirkungen im seelischen und geistigen Gefüge führen und im nächsten Leben als eine Folge auftreten, die z.B. als Krankheit ausgeglichen werden muß und die im wissenschaftlichen Sinne als Krankheit "unbekannten Ursprungs" angesehen wird. "Und ich habe mich oftmals gefragt bei der Erforschung dieser Dinge: Woher kommt es eigentlich, daß so viele Krankheitsprozesse in der gebräuchlichen medizinischen Literatur als 'unbekannten Ursprungs', als irgend etwas bezeichnet werden, auf dessen Ursprung man nicht so recht verweisen kann. Das rührt davon her, daß man eben ganz außer acht läßt, daß der Komplex von Kräften, auf den wir gestern als außertellurischen hingewiesen haben, schon da ist, wenn sich der Mensch sogar seiner Empfängnis nähert, nicht nur seiner Geburt, und daß alles das, was so auf den Menschen wirkt, ganz umgekehrte Gegenwirkungen erzeugt, daß also gewisse Prozesse, die eigentlich schon liegen vor der Konzeption, Gegenwirkungen erzeugen nach der Konzeption oder namentlich nach der Geburt. Und manchmal kann man im menschlichen Leben nur dasjenige beobachten, was dann nach der Geburt eintritt und eine Art Gegenwirkung ist gegen dasjenige, was schon vor der Konzeption im ganzen Zusammenhang des Naturdaseins da war" (278).

Krankheiten vom Gesichtspunkt des individuellen Schicksals aus zu betrachten, heißt sie unter dem Zusammenhange zu sehen zwischen in einem früheren Leben geleisteten Verfehlungen und Verstössen und daraus resultierenden Krankheiten in einem anderen, folgenden Leben. "Wenn wir sprechen von Gesundheit und Krankheit vom Gesichtspunkt des Karma aus, so heißt das nichts anderes als: Wie können wir uns vorstellen, daß der gesunde oder kranke Zustand eines Menschen seine Begründung findet in früheren Taten, Verrichtungen und Erlebnissen dieses Menschen? Und wie können wir uns vorstellen, daß sein gegenwärtiger Gesundheits- oder Krankheitszustand mit zukünftigen Wirkungen, die auf dasselbe Wesen zurückfallen, im Zusammenhang steht?" (279).

Steiner stellt aus seiner geisteswissenschaftlichen Forschung das menschliche Wesen so dar, daß durch die begangenen guten und schlechten Taten Astral- und Ätherleib "imprägniert" werden und so mit bestimmten Kräften nach dem Tode durchsetzt sind. Bauen sie aber bei einer wiederholten Geburt mit Hilfe des "Vererbungsleibes" an dem neuen, individuellen Leib, so werden die Kräfte aus dem vorigen Leben in diesen neuen Leib hineinverwoben. Moralische und intellektuelle Fehler werden so durch die organisierenden Fähigkeiten von Äther- und Astralleib zu organischen Schwächen. Die Gestaltung des neuen Menschenleibes ist somit das Ergebnis der eigenen früheren Taten. Der Gesundheitszustand, z.B. die Konstitution des Menschen wird in dieser Hinsicht zum Spiegel der eigenen Taten aus dem vorigen Leben und ist selbst verschuldet.

Krankheit und zukünftiges Karma

Da aber der Mensch nach der Meinung Steiners von Inkarnation zu Inkarnation sich immer höher entwickelt und der geistige Teil seines Ichs seine charakterlichen Fehlleistungen als Hindernis auf diesem Wege sieht, wandelt sich diese moralische Fehlleistung im nachtodlichen Leben in einen "mächtigen Affekt" um, der eine solche Körperdisposition im nächsten Leben macht, daß daran Krankheit auftreten kann, um durch deren Überwindung und durch Entfaltung der selbstheilenden Kräfte die Kräfte zu erwerben, die sowohl das Frühere ausgleichen als auch zu einem neuen Impuls werden können. "Wollen wir jetzt den Begriff steigern, so können wir sagen: Was wir als Handlungen in einem Leben vollführen, das wird im Leben nach dem Tode umgesetzt in einen mächtigen Affekt, und dieser Affekt, der jetzt durch keine physische Vorstellung geschwächt wird und durch kein gewöhnliches Bewußtsein gehemmt ist — denn das Gehirn ist hierbei nicht nötig —, der durch die andere, tiefer wirkende Form des Bewußtseins erlebt wird, bewirkt nun, daß unsere Taten und unser ganzes Wesen vom vorigen Leben in unserer Anlage und Organisation in einem neuen Leben erscheint. Daher werden wir es begreiflich finden können, daß ein Mensch, der in einer Verkörperung sehr egoistisch gedacht, gefühlt und gehandelt hat, wenn er nach dem Tode vor sich sieht die Früchte seines egoistischen Denkens, Fühlens und Handelns, sich durchzieht mit mächtigen Affekten gegen seine früheren Handlungen. Er bekommt Tendenzen in sich, die gegen sein Wesen gerichtet sind. Und diese Tendenzen, insofern sie aus einem egoistischen Wesen des vorigen Lebens hervorgegangen sind, drücken sich aus in einer in sich schwachen Organisation im neuen Leben.

'Schwache Organisation' ist hier dem Wesen nach genommen, nicht dem äußeren Eindruck nach. Wir müssen uns daher klar sein, daß eine schwache Organisation zurückgeführt werden kann karmisch auf ein egoistisches Handeln in einem vorhergehenden Leben" (280).

So lassen sich nach Steiner seelische und geistige Fehler direkt mit bestimmten physischen Krankheiten in Einklang bringen, wobei der Mensch ganz bestimmte Kräfte seiner Organisation zu deren Überwindung betätigen muß. Das führt zu einem neuen Begriff einer umfassenden Krankheitsorganisation, die nicht aus einem Leben allein erklärt werden kann. Krankheit zu erleiden und durch die sich betätigenden Selbstheilungskräfte zu überwinden, bedeutet ein Weiterschreiten des Menschen und ein Sich-Höher-Entwickeln-Können in seelischer und geistiger Hinsicht in der momentanen Inkarnation. Das führt uns auch zu dem Rätsel von Heilbarkeit und Unheilbarkeit von Krankheiten: Ist der Mensch imstande, die durch die überwundene Krankheit entstandenen neuen Kräfte zum karmischen Ausgleich früherer Verfehlungen, z.B. an anderen Menschen richtig anzuwenden? Ist es ihm durch sein Schicksal nicht möglich, muß eine neue Gesetzmäßigkeit in sein Leben eintreten. "Liegt aber sein (des Menschen) Gesamtkarma so, daß er zwar die Absicht gehabt hat, seinen Organismus so zu gestalten, daß er durch die Überwindung der betreffenden Krankheit sich Kräfte zuführt, welche zu seiner Vervollkommnung führen — daß aber, weil die Dinge mannigfaltig sind, er gleichzeitig den Organismus nach einer anderen Richtung hin hat schwach sein lassen müssen, dann kann der Fall eintreten, daß diejenigen Kräfte, welche der Mensch herausstellt und anwendet im Heilprozeß, ihn zwar verstärken — aber doch nicht so weit, daß er dem Arbeiten auf dem physischen Plan schon gewachsen ist. Dann wird er das Stück, was er schon gewonnen hat — weil es auf dem physischen Plan nicht verwendbar ist — verwenden, wenn er durch die Pforte des Todes geht; und er wird versuchen, das seinen Kräften hinzuzufügen, was er auf dem physischen Plan nicht hinzufügen konnte, um diese Kräfte in der Ausgestaltung des nächsten Leibes zu zeigen, wenn er wieder in die Geburt tritt" (281).

Krankheit nur als Wirkung einer vergangenen Ursache aufzufassen, hieße nach Steiner, nur eine Seite des menschlichen Lebens ins Auge zu fassen. Karma ist nämlich nicht bloß ein zufälliges Schicksalsgesetz, sondern soll auch den Menschen durch die eigene Aktivität in seiner Weiterentwicklung in der Welt fördern. Somit kann Krankheit in der Gegenwart, wenn ein anderer Ausgleich nicht möglich ist, zu einer neuen Fähigkeit in der Zukunft werden. Das rückt die Krankheit von einem hemmenden und störenden Faktor in der menschlichen Entwicklung zu einem den Menschen wesentlich fördernden Faktor. Krankheiten abzuschaffen hieße nach Steiner in diesem Sinne: dem Menschen die weitere geistige Entwicklung auf Erden zu nehmen. "Befällt mich eine Krankheit, so habe ich sie mir durch mein Karma zugezogen. Denn wir sollen in diesem Falle nicht bloß an das Karma der Vergangenheit denken, daß also die Krankheit ein Abschluß sei, sondern wir sollen sogar daran denken — die Krankheit ist ja nur das zweite Glied —, daß wir in der Krankheit die sich ergebende Ursache haben für die Schaffenskraft und Tüchtigkeit für die Zukunft. Wir mißverstehen Krankheit und Karma durchaus, wenn wir immer nur auf die Vergangenheit schauen; dadurch wird Karma etwas, was, man möchte sagen, nur ein ganz zufälliges Schicksalsgesetz darstellt. Karma wird aber zu einem Gesetz des Handelns, der Fruchtbarkeit des Lebens, wenn wir in der Lage sind, durch das Karma von der Gegenwart in die Zukunft zu schauen" (282).

An einem Beispiel soll aufgezeigt werden, wie Steiner Krankheit, Krankheitsüberwindung und neue seelisch-geistige Fähigkeiten in Zusammenhang bringt. "Das alles, was jetzt gesagt worden ist, braucht der Mensch nicht zu wissen, aber die Wirkung wird er gewahr. Die Wirkung tritt nun auf als diese oder jene Erkrankung, und hier liegt der karmische Zusammenhang zwischen dem, was im früheren Leben geschehen ist, mit der Erkrankung. Der ganze Krankheitsprozeß wird nun bei dieser geistigen Verursachung so ablaufen, daß er dahin führt, für ein nächstes Mal, wenn die Umstände wieder da sind, diesen Menschen tüchtig zu machen, um das auszugleichen. Also wir sind im zwanzigsten Jahre untüchtig, unfähig, dieses oder jenes auszuführen. Der Trieb aber, der Drang ist da, die Seele will es tun. Was tut nun die Seele anstelle dessen? Sie kämpft sozusagen gegen ihr unbrauchbares Organ, sie läuft Sturm gegen ihr unbrauchbares Organ und die Folge ist, daß sie es sozusagen zertrümmert, daß sie es zerstört. Das Organ, das eigentlich verwendet werden müßte, um die Tat nach außen zu tun, das wird unter dem Einfluß dieser Kräfte zerstört, und die Folge davon ist, daß der Reaktionsprozeß eintreten muß, den wir jetzt den Heilungsprozeß nennen, daß die Kräfte des Organismus aufgerufen werden müssen, um das Organ wieder aufzubauen. Dieses Organ, das zertrümmert ist, weil es nicht so war, wie es hätte sein sollen, damit der Mensch seine entsprechende Arbeit tun könnte, wird jetzt durch die Krankheit gerade so gebaut, wie es die Seele braucht zur Ausführung dieser Tat, für die es jetzt unter Umständen nach der Krankheit schon zu spät sein kann. Dafür hat jetzt aber die Seele eine ganz andere Kraft in sich aufgenommen, nämlich bei der entsprechenden Wiederverkörperung im Wachstum und in der ganzen Entwicklung dieses Organ so zu gestalten, daß bei der nächsten Wiederverkörperung diese Tat ausgeführt werden kann. So also kann die Krankheit das sein, was uns gerade in einem Leben tüchtig macht, um in einem anderen Leben das auszuführen, was uns karmisch obliegt.

Hier haben wir einen geheimnisvollen Zusammenhang zwischen der Krankheit, die im Grunde ein Prozeß ist zur Aufwärtsentwicklung, einen karmischen Zusammenhang zwischen der Krankheit und dieser Aufwärtsentwicklung. Damit die Seele die Kraft entwickelt, daß ein Organ so gestaltet werden kann, wie es gebraucht wird, muß dieses Organ, das ungeeignet ist, zertrümmert und wieder aufgebaut werden durch die Seelenkräfte. Da kommen wir an ein Gesetz, das schon besteht im menschlichen Lebenslauf und das etwa so bezeichnet werden muß: Der Mensch muß sich seine Kraft dadurch erwerben, daß er Widerstände in der physischen Welt Stück für Stück überwindet. Dadurch haben wir uns im Grunde alle unsere Kräfte erworben, daß wir in früheren Lebensläufen dieses oder jenes an Widerständen überwunden haben. Unsere heutigen Tüchtigkeiten sind das Resultat unserer Krankheiten in früheren Lebensläufen" (283).

Legt der Mensch auch durch seine eigenen Verfehlungen und Taten den Grund für seine Krankheitsdisposition, so muß er doch nicht einfach die Krankheit über sich ergehen lassen, um die Fehler durch "organische Selbsterziehung" wieder auszugleichen und um sich weiter entwickeln zu können, sondern er kann als seelisch-geistiges Wesen von einer "seelisch-geistigen Selbsterziehung" Gebrauch machen, durch die er dann bis in die physische Leiblichkeit seine Krankheitstendenzen bekämpfen kann. Das ist einer der Gründe, warum Steiner an mehreren Stellen betont, daß richtige seelisch-geistige Arbeit die bestehenden Krankheitstendenzen im Menschen umwandeln kann. Der Mensch ist so in die Lage versetzt, in Freiheit seine Krankheitsanlagen durch eigene geistige Prozesse in Gesundheit zurückzuverwandeln. "Daraus sehen Sie, daß wir wirklich davon sprechen können, daß die Krankheit in gewisser Beziehung wieder zurückverwandelt werden kann in einen geistigen Prozeß. Und das ist das ungeheuer Bedeutsame, daß, wenn dieser Prozeß in die Seele als Lebensmaxime aufgenommen wird, er eine Anschauung erzeugt, die gesundend auf die Seele wirkt" (284).

Die eigene seelisch-geistige Initiative ist also für den kranken Menschen ein gesundmachender Prozeß. An ihn muß der Arzt sich bei der Therapie immer wieder wenden.

"Erkenntnisprozeß ist Heilungsprozeß"
Der Gesundheitsbegriff der Anthroposophie

Die Frage nach Gesundheit und Krankheit ist die Frage nach der individuellen Leiblichkeit des Menschen und der freien Entfaltungsmöglichkeit aller seiner seelischen und geistigen Kräfte im schöpferischen Tätigsein in der Welt. Jeder rein somatisch definierte Krankheitsbegriff (z.B. als statistisches Befundphänomen) muß an der menschlichen Wirklichkeit vorbeigehen, wenn er die Gleichzeitigkeit körperlichen, seelischen und geistigen Da-Seins, die erst den sichtbaren "Leib" ermöglicht, unberücksichtigt läßt.

Das Menschsein beinhaltet ein freies Wechselverhältnis (ausser im Kranksein) des Bewußtseins zur eigenen Leiblichkeit und zur Um-Welt hin: aus diesem immer neu zu leistenden Akt entsteht das momentane Sich-Befinden, als körperlicher, seelischer und geistiger "Standort" eines Seelen- und Geistwesens in einem Leibe inkarniert.

Es ist verständlich, daß Gesundheit nie aus dem physisch Sichtbaren heraus erklärlich sein kann, sondern sich auf die einen Leib habenwollenden Schöpferkräfte richten muß, die sich sowohl die individuelle Gestalt als sichtbare Erscheinungsform geschaffen als auch das Schicksal als Verwirklichungsfeld gestaltet haben. Erst in dem intuitiven Erkennen jener seelisch-geistigen Wesensglieder (Ich und Astralleib) wird ein neuer existentieller Zugang zur menschlichen Gesundheit gebahnt, die jenseits normierter Laborwerte urständet und immer in die freie Entschlußkraft des Einzelnen gelegt ist, mit welcher Seelenintensität er sich ein Verhältnis zum eigenen Leib und zur Welt schafft. So sagt der Philosoph Franz Vonessen: "Wahre Gesundheit kann nicht eingehandelt, sie kann bloß gewählt werden. Sie beruht auf einer Entscheidung und ist die errungene Freiheit" (285). Gesundheit wird somit zu einem Akt freigewollten Schöpfertums von Seele und Geist, die die Gebrechlichkeit des Leibes durch ihre Gestaltungskräfte aufzuheben vermögen, "denn die Vollkommenheit der Seele richtet die Schwäche des Gehäuses auf, jedoch die Kraft des Gehäuses ohne Vernunft hilft der Seele zu nichts" (286).

Die moderne Vorsorgeuntersuchung findet heute jeden zweiten Mann und jede dritte Frau behandlungsbedürftig und hat so einen Grund mehr, Sanatorien und Krankenhäuser mit "Material" zu füllen, damit einerseits im messbaren physisch-leiblichen Bereich die Laborwerte ihren Durchschnittspegel erreichen und andererseits der Kranke in seiner Beziehung zur Umwelt jene normative Rollenerfüllung in der Gesellschaft leisten kann (meistens mit Hilfe von Psychopharmaka als einer ärztlich "verordneten Anpassung", die ihn zu einem unmündigen Durchschnittsbürger abstempelt. Die Geistwesenheit des Menschen, die sich aus der Freiheit heraus eine bestimmte Erlebnismöglichkeit im Kranksein schafft, verschwindet in der verwalteten Gesundheitsmaschinerie, die den Menschen zur Vergötterung seiner leiblichen Instinkte erzieht und ihm nur von außen Direktiven gibt, was er, um die Volksgesundheit zu gewährleisten, zu essen, zu trinken, zu denken, zu kaufen, zu lesen und zu glauben hat. Wird aber so dem Menschen die freie Initiative, die jedesmal aus den eigenen Willenskräften neu entzündet werden muß, von außen abgenommen, verfällt er erst der wahren Erkrankung: der "Normalität", d.h. jener kollektiven Abhängigkeit, wo körperliches und seelisch-geistiges Sein getrennt voneinander existieren und automatenhaft von außenstehenden Kräften gelenkt werden.

Dieser heute immer mehr um sich greifende kulturpathologische Prozeß isolierten, nebeneinander herlaufenden körperlichen und seelischen Daseins, der zu neuen Erkrankungsformen in der modernen Menschheit führt, da die Leiblichkeit den leibbildenden Schöpferkräften der Seele entfällt, wurde von Steiner am Beginn einer neuen, intuitiven Medizin 1920 mit aller Deutlichkeit formuliert und trifft genau das, was die heutige Medizin mit Hilfsworten wie "psychosozial" oder "psychosomatisch" zu umschreiben versucht. "Das Schlimmste, was dem Menschen in bezug auf seine leibliche und seelische Gesundheit passieren kann, ist, daß seine leiblich-physische Organisation sich abtrennt von seinem seelisch-geistigen Wesen" (287).

Das mußte zu der therapeutischen Konsequenz führen, den körperlich-seelischen Bruch (die Seelenlähmung) durch eine bewußte und gezielte innere Anstrengung zu überwinden, um so die Seelenkräfte durch schöpferische Betätigung gesamthaft im Leibe zur Entfaltung zu bringen. Die Erforschung der menschlichen Seele (Astralleib) zeigt, daß sie der Träger der Gefühle, der Empfindungen, der Impulse und der Begierden ist. Sie in die richtige Tätigkeit und Regsamkeit zu versetzen, damit sie in harmonischer Weise den Ätherleib und physischen Leib durchdringt, heißt nun nach Steiner, in sich bei jeder Betätigung und Betrachtung "Freude, Erhebung, ja eine Durchleuchtung des ganzen Gefühlslebens" rege zu machen, um bis in das irdische Wirken hinein (in das Wahrnehmen, Sprechen, Sich-Bewegen, Handeln etc.) die Seelensubstanz im Physischen anwesend sein zu lassen. Auf diese Weise wird im Körperlichen eine neue, innere Gesundheitsdisposition geschaffen, die nun von innen her die körperlichen, seelischen und geistigen Instinkte (die richtigen Bedürfnisse zur richtigen Zeit) in Besonnenheit reguliert. Die bewußte seelische Anwesenheit bei einer Sache (das Sich-Verbinden mit der Welt mit dem innersten Seelenkern) ist nach Steiner eine der wesentlichsten Voraussetzungen für die Gesundheit und gehört mit zu einer ideellen bzw. spirituellen Hygiene.

Die menschliche Wesenheit, als von Geistwesen aus dem Kosmos gestaltet, erfordert aber noch viel mehr zu ihrer wahren Gesundheit, die sich im Physischen immer nur abbildhaft ausdrücken kann. In der rein intellektuell-abstrakten Betätigung, die nur die tote Welt zu ergreifen vermag und so "den Krankheitskeim des Irdischen" in sich trägt, kann der Mensch nicht jene seelisch-geistige Erfüllung eines schöpferischen Wesens finden, das ihn erst zu einem wahren Erdenbürger macht. Durch die Lähmung der schöpferischen Kräfte in der Seele distanziert sich diese immer mehr vom eigenen Leib und von der Welt: der Mensch wird von zerstörenden Kräften überflutet. Nimmt er aber nun Gedankeninhalte und Bilder aus einer geistigen, d.h. aus der imaginativen, inspirativen und intuitiven Wirklichkeit in sein Bewußtsein, so nimmt er mit seinem "oberen" seelisch-geistigen Menschen an dem bewußt teil, was ihn sonst nur bisher unterbewußt in seiner Leiblichkeit gestaltet hat: an den realen Bildekräften der geistigen Welt, die er jetzt durch die innere Seelenanstrengung in seinen "unteren" physisch-leiblichen Menschen organisierend hineinfügt. Das menschenkundliche Geheimnis dieses Prozesses besteht darin, daß sich der Mensch als eine Geistwesenheit dual sowohl nach der Bewußtseinsseite als auch nach der unbewußten Leibseite verwirklicht und eine Beeinflussung in dem einen Bereich immer zu einer Folgeerscheinung in dem anderen Bereich führen muß. Gesunde Gedanken, aus einer geistigen Wirklichkeit entnommen, werden so zu leiblich durchorganisierenden gesundenden Kräften und bilden die "Arznei der Zukunft". Die richtige Weltanschauung, so paradox das heute auch noch klingen mag, erweist sich nach Steiner als der wesentlichste gesundheits-prophylaktische Faktor in der Zukunft. Steiner betrachtete seine Geisteswissenschaft (Anthroposophie), die ja zur Erfassung übersinnlicher Weltinhalte das gesamte Seelenvermögen des Menschen beansprucht, als reale Verwirklichung dieser zu leistenden spirituellen Gesundheitspflege. "Die Weiterentwicklung wird darin bestehen, daß der Mensch dasjenige, was heute sein Unbewußtes ist, auch während des normalen Lebens als ein Bewußtes haben wird; aber notwendig ist dazu, daß der Mensch allerdings in die Geisteswissenschaft sich hineinfindet, denn geradeso wie man in einem gewissen Sinne doch eine Richtung haben muß, wenn man irgendwo hinschwimmt, so braucht man auch für das heutige gewöhnliche Bewußtsein eine Richtung" (288).

Dieser freie Entschluß des Menschen, Geistiges aufzunehmen, dieses von innen heraus geborene "Ich will, ich kann, ich darf....", muß immer aus der freien Initiative des selbstbewußten Ichs kommen, das sich durch die selbstschöpferischen Eigenkräfte in der Leiblichkeit verwirklicht. Der Entschluß des Kranken zur "wahren" Gesundheit über die bloße Kurierung noch bestehender körperlicher Defekte hinaus (die noch mehr als nur eine Symptomkur erfordern) kann aber nur von solchen Ärzten angeregt werden, die selbst über die Erfahrung schöpferischen Tuns verfügen und aus dem Überschuß an seelisch-geistiger Initiative heraus auf den Patienten anzündend zu wirken vermögen.

Die heutige Therapie, will sie menschen- und menschheitsgemäß sein, kann nicht mehr positivistisch auf noch bessere und schneller wirkende Heilmittel hoffen, sondern muß zu dem einzelnen Heilmittel den Geist hinzufügen d.h. dem Kranken gleichzeitig aus der geisteswissenschaftlichen Erkenntnis heraus die Möglichkeit verschaffen, gezielt in vollbesonnener Seelenanstrengung seine selbstheilenden Kräfte durch Eurythmie, Sprachgestaltung, Farbtherapie, therapeutische Dichtung etc. zu betätigen. Eine wahre medizinische Psychologie wird heute nicht mehr umhin können, zu erkennen, daß der Mensch zu einer gesunden Leibeskonstitution die Kräfte von Glaube, Hoffnung, Wahrheit, Mut, künstlerischem Tun und übersinnlichen Gedankeninhalten genauso nötig hat wie gesunde Luft, Nahrung, Wasser, Kleidung etc.

Aus der Erkenntnis des Geistigen erwächst die Heilung aus dem Geistigen, weil die krankmachenden Kräfte des Irdischen nur aus geisteswissenschaftlicher Erkenntnis heraus geheilt werden können. Erst eine intuitive Medizin kann den Menschen als eine irdisch-kosmische "Doppelwesenheit" in seinem Kranksein erfassen und das individuelle Heilmittel finden.

Arzt und Kranker

Krankheit wird nach Steiner zu einem Durchgangsstadium für den Menschen, das er sich zur Weiterentwicklung selber sucht. Der Arzt soll in erster Linie Helfer sein, der den Kranken darin unterstützt, die Heilung zu finden, damit sein Schicksal auf Erden weitergehen kann. Nie ist es dem Arzt erlaubt, sich über die menschliche Individualität hinwegzusetzen und selber über Leben und Tod des Menschen zu entscheiden. "Und soll die Entscheidung darüber fallen, ob der Mensch weiterleben soll oder ob er mehr gefördert wird, wenn der Tod eintritt, dann kann sie niemals anders als so fallen, daß unsere Hilfe eine Hilfe in der Heilung sein kann. Ist sie dies, so setzen wir es in des Menschen eigene Individualität, seine Kräfte anzuwenden, und die ärztliche Hilfe kann dabei nur eine solche sein, die ihn darin unterstützt. Dann wirkt sie nicht hinein in die menschliche Individualität" (289).

Richtiges Krankheitsstudium bedeutet somit Studium der sich im Leibe verwirklichenden Individualität des Menschen. Die Krankheit selber wird zu der Frage: Was will die Individualität des Menschen nicht nur in körperlicher, sondern auch in seelisch-geistiger

Hinsicht? Die Krankheit richtig zu erkennen, sie zu heilen und den Kranken auf den Weg zu führen, neue seelische und geistige Impulse in seinem Leben zu verwirklichen, das bedarf der Ärzte, die "geisteswissenschaftlich gebildet" sind, d.h., die in Zukunft in der Lage sind, durch die erweiterte Erkenntnismethode der Anthroposophie auf die Frage, die in jeder Krankheit steckt, die richtige menschengemäße Antwort für Diagnose und Therapie in der Welt und im Kosmos zu finden. "Der wirkliche Arzt, er muß erkennen kosmologisch die Heilmittel, er muß erkennen anthropologisch oder eigentlich anthroposophisch die innere menschliche Organologie. Er muß erkennend die äußere Welt durch Inspiration begreifen, die innere Welt durch Imagination begreifen und er muß sich erheben zur Therapie durch eine wirkliche Intuition" (290).

ANHANG

Wachen und Schlafen

Der Mensch lebt zeit seines Lebens in zwei verschiedenen, rhythmisch wechselnden Bewußtseinszuständen: Einmal im Wachzustand, ein anderes Mal im Schlafzustand. Beide sind für sein Gesamtbefinden von ausschlaggebender Bedeutung. Der Mensch ist aus seiner Wesenheit heraus dazu veranlagt, eine gewisse Zeit seines Erdendaseins schlafend verbringen zu müssen: Ermüdungserscheinungen sind der subjektive Ausdruck dieses Bedürfnisses. Auch heute kennen wir noch nicht, vom physiologisch-chemischen Gesichtspunkt aus gesehen, den Grund der Ermüdung. So schreibt H. Schaefer: "Da ist die bekannteste Bedingung des Einschlafens: die Ermüdung. Der Zustand des Nervensystems, den wir Ermüdung nennen, befördert den Schlaf, doch wir müssen gestehen, daß wir faktisch nichts darüber wissen, was diese Ermüdung, die ja ein subjektives Gefühl ist, objektiv hervorruft, welche physikalischen oder chemischen Prozesse also die Ermüdung bewirken und an welchen Teilen des Gehirns sie angreifen" (291).

Wachen und Schlafen, d.h. Bewußtsein und Nicht-Bewußtsein, sind für Steiner zwei polare, rhythmisch wechselnde Zustände, mit denen der Mensch in irdischer und geistiger Weise auf verschiedene Art in die Welt und in den Kosmos eingegliedert ist:

Der Mensch ist mit seinen vier Wesensgliedern im oberen Bereich, wo er Bewußtsein entfaltet, während des Tages so tätig, daß in seelischer Hinsicht Wachsein, in physisch-leiblicher Hinsicht Abbau eintritt. Im unteren Menschen ist gerade das Umgekehrte der Fall. Dort wirken tagsüber die unbewußten Aufbaukräfte, dort "schläft" der Mensch, bewußtseinsmäßig gesehen, nach Steiner auch während seines Wachseins. Den abbauenden, mineralisierenden Kräften von oben muß dauernd ein Strom von aufbauenden Kräften von unten, durch die rhythmische Organisation vermittelt, entgegengeschickt werden, denn beide dürfen nicht über eine gewisse Grenze hinausgehen, um das Leben, wie wir ja schon sahen, nicht zu gefährden. So schwebt der Mensch dauernd in Gefahr, im Schlafen das Pflanzlich-Vegetative überwuchern zu lassen und im Wachsein das zerstörende Mineralische: Durch die großen rhythmischen Zustände von Wachen und Schlafen wird der Gefahr die Waage gehalten. — Was sich rein organisch gesehen während des Tages im Kleinen zwischen oben und unten abspielt, spielt sich aber dauernd im Großen in den rhythmischen Zuständen von Wachen und Schlafen ab: Tagsüber überwiegen die Abbaukräfte, nachts überwiegen die Aufbaukräfte. Zwischen diesen größten, den Menschen bildenden und erhaltenden Polaritäten ordnen sich dann alle weiteren Rhythmen ein. "Wir schicken in der Tat den Kräften, die aus unserem oberen Menschen kommen, die Kräfte unseres unteren Menschen entgegen, und ein geregelter Rhythmus für jede einzelne menschliche Individualität muß bestehen zwischen beiden, der sich ausdrückt in dem richtigen Verhältnis zwischen Wachen und Schlafen. Jedes Mal, wenn wir wachen, ist in einer gewissen Weise der eine Ausschlag dieses Rhythmus da, wenn wir schlafen, ist der andere Ausschlag dieses Rhythmus da. In diesen Rhythmus Wachen-Schlafen-Wachen-Schlafen ordnen sich, wie kleinere Wellenberge den Rhythmus bewirken, andere rhythmische Abläufe ein, welche einfach dadurch herbeigeführt werden, daß wir auch im Wachzustande mit unserem Oberen des Menschen wachen und mit unserem unteren Menschen schlafen. Es findet eine fortwährend rhythmische Tätigkeit zwischen dem oberen und unteren Menschen statt, die nur, ich möchte sagen, in größeren Rhythmen eingefangen wird durch die Abwechslung von Wachen und Schlafen" (292).

Da der Mensch zu seiner bewußten seelischen und geistigen Betätigung Astralleib und Ich-Organisation hat, wird seine leibliche Substanz von diesen beiden Wesensgliedern dauernd ergriffen, gestaltet und aus dem nur lebendigen, vegetativen Zusammenhang ausgesondert, damit sie zur Grundlage für bewußte Betätigungen werden kann. Beim Schlafen tritt nun nach Steiner Astralleib und Ich aus dem oberen Organismus heraus und in die ursprüngliche geistige Welt ein; die ehemals beim wachen Denken von außen ergriffene leibliche Substanz wird also verlassen, aber die Stofflichkeit, die einmal von diesen zwei Wesensgliedern ergriffen wurde, beinhaltet trotzdem noch innerlich die Nachwirkungen von Ich und Astralleib. "Eine Substanz, die einmal innerlich so durchgestaltet ist, wie es von seiten der astralischen und Ich-Organisation geschieht, die wirkt dann auch während des schlafenden Zustandes im Sinne dieser Organisationen, gewissermaßen im Sinne eines Beharrungsvermögens fort" (293).

Da das der Fall ist, kann man beim Menschen während des Schlafens nicht bloß von rein vegetativen Betätigungen sprechen, obwohl ja dann die Kräfte der "unteren" Organisation vorherrschen, die nach dem Herausgehen von Ich und Astralleib den Körper wieder aufbauen können. Der Mensch ist nach dem Schlaf allgemein erfrischt, wenn dieser Prozeß richtig abläuft. Die Unterschiedlichkeit in bezug auf Wachen und Schlafen gestaltet sich nach Steiner dadurch so, daß während des Tages, wenn Ich und Astralleib abbauend ihre Kräfte an der Substanz betätigen, so auf physischen und ätherischen Leib gewirkt wird, daß sie rein von außen ergriffen werden: Der Leib wird dann, wie wir sahen, zum "Spiegelorganismus" für Seelisch-Geistiges. Nachts beim Schlaf aber, wird der Leib nun innerlich von den Substanzen und den nachwirkenden Kräften ergriffen, die tagsüber vom Astralleib und der Ich-Organisation bereitet worden sind. Anders können wir auch sagen: Während tagsüber das Schwergewicht oben liegt, d.h. durch Ich- und Astralleib abgebaut wird, findet nachts durch ein stärkeres Eingreifen von Ich- und Astralkräften im Stofflichen in der unteren Organisation ein Aufbau statt.

Die Individualität will nach Steiner schlafen, nicht weil sie physisch müde ist, sondern weil die Müdigkeit die Folge jenes Ich-Bedürfnisses ist, die geistige Welt aufzusuchen. Als Resultat dieses Bedürfnisses treten im Leibe wahrnehmbare Ermüdungserscheinungen auf. Nach dem Schlaf, wenn das Ich und der Astralleib wieder mit aufbauenden Kräften, die sie aus dem gesamten Kosmos genommen haben, in den Leib wieder eingreifen können, tritt Erquickung im Leiblichen auf. "Wachend lebt der Mensch in einer Betätigung, welche ihn mit der Außenwelt durch seinen astralischen Leib und durch seine Ich-Organisation in Verbindung setzt, schlafend leben sein physischer und sein ätherischer Organismus von dem, was die Reste dieser beiden Organisationen substantiell geworden sind" (294).

Leibbildung ist Resultat des Ich, das nach Steiner in einer geistigen Welt urständet. Die Schlafenswelt ist für den Menschen wichtig für sein gesamtes leibliches bewußtes und unbewußtes Sein, da im Schlaf das Ich sich in der ursprünglichen Geisteswelt befindet und aus dem Kosmos heraus an dem irdischen Leib konstituierend wirken kann.

Wachen und Schlafen dürfen, so wichtig sie für das Erdenleben des Menschen sind, nicht über ein gewisses Maß hinausgehen (sei es bewußt oder unbewußt): Tun sie es, so können sie zur Krankheit werden, weil der Organismus einmal zu physisch, zum anderen zu geistig wird. Dieser oben geschilderte Vorgang lässt uns auch die Problematik der Schlafstörungen sowohl mit sogenannten "biologischen" als auch chemischen Schlafmitteln in einem neuen Licht sehen. Jede echte Therapie der Schlaflosigkeit muß die individuelle seelisch-geistige "Struktur" des Kranken berücksichtigen und durch bestimmte Maßnahmen anzusprechen versuchen.

Anmerkungen

1) Steiner 4, 180 - 181 (Vortr. 21.7.24)
2) Hengstenberg (1972), 67
3) Koch zit. nach Hartmann (1972), 119
4) Lüth (1971), 17
5) l.c., 17
6) Hengstenberg (1972), 66
7) l.c., 66
8) l.c., 72
9) Buytendijk (1967), 75
10) Weizsäcker (1960), 54
11) Merleau-Ponty zit. nach Buytendijk (1967), 32
12) Steiner 20, 24
13) Steiner 11, 44
14) Zur Auseinandersetzung Steiners mit Goethes Naturanschauung vgl. Steiner 10
15) Steiner 28, 52
16) vgl. Lippross (1971), 92 - 93 und Lippert (1972), 161 - 163
17) Vogler (1972a), 8 - 9
18) l.c., 18
19) l.c., 20
20) Steiner 19, 5
21) Steiner 18, 45
22) l.c., 13 - 14
23) Heisenberg (1971), 249 - 250
24) Steiner 13, 16
25) Steiner-Wegman 6, 2
26) Merleau-Ponty (1967), 13
27) vgl. Arendt (1970), 59 - 63. Im 3. Teil ihres Buches setzt sich die Autorin besonders mit der modernen Verhaltensforschung und ihrer Anwendung auf andere Wissensgebiete auseinander. Habermas (1969), 146 - 168 (der Aufsatz trägt den Titel: "Erkenntnis und Interesse"). Knapp (1970). Besonders im ersten Teil seines Buches setzt sich der Autor mit den Vorverständnissen der wissenschaftlichen Methoden kritisch auseinander.
28) Merleau-Ponty (1967), 13
29) Doerr (1972), 425
30) zit. aus Vogler (1972b), 436
31) Vogler (1972a) und Doerr (1972)
32) Doerr (1972), 390
33) Steiner-Wegman 6, 2
34) Steiner 4, 146 (Vortr. 17.7.24)
35) Steiner 16, 594 - 627. Vgl. auch Steiner 18, 22
36) Steiner 16, 611 - 612
37) Steiner-Wegman 6, 5
38) Steiner 3, 102 (Vortr. 27.10.22)
39) Steiner-Wegman 6, 4
40) Steiner-Wegman 6, 5
41) l.c., 6
42) Steiner 3, 103 (Vortr. 27.10.22)
43) Steiner-Wegman 6, 8 - 9
44) Steiner 3, 153 (Vortr. 17.7.24)
45) Steiner 13, 22
46) l.c., 23
47) Steiner 9, 146
48) Steiner 3, 104 (Vortr. 27.10.22)
49) Steiner-Wegman 6, 9
50) Steiner 11, 29
51) l.c., 34
52) zit. nach Maier (1964), 56
53) Steiner 18, 43 - 44
54) l.c., 40
55) l.c., 41
56) l.c., 44 - 45
57) Steiner-Wegman 6, 1
58) Schipperges (1970), 287 - 288
59) Heisenberg (1970), 21
60) Steiner 4, 167 (Vortr. 21.7.24)
61) Steiner 18, 232
62) l.c., 234
63) l.c., 234
64) Steiner 4, 168 (Vortr. 21.7.24)
65) l.c., 168 - 169
66) l.c., 13 (Vortr. 28.8.23)
67) Steiner 18, 240
68) Dadurch kommt eine neue Sinngebung in die Existenz des Menschen.
69) Steiner 18, 244
70) l.c., 245
71) l.c., 243
72) l.c., 245 - 246
73) Steiner 4, 169 (Vortr. 21.7.24)
74) Steiner-Wegman 6, 12

75) l.c., 10
76) Steiner 4, 156 (Vortr. 17.7.24)
77) Steiner,Wegman 6, 10
78) l.c., 10 - 11
79) l.c., 11
80) Dadurch ist der Mensch ein duales Wesen. Geist und Körperlichkeit als Polarität bilden einen "Leib".
81) Steiner 9, 147
82) Steiner-Wegman 6, 11
83) Steiner 4, 156 (Vortr. 17.7.24)
84) l.c., 157 - 158
85) Steiner 28, 49
86) Steiner 13, 22
87) Steiner 1, 26 - 31
88) Steiner 1, 32 - 33
89) Steiner 28, 50
90) Steiner 1, 15
91) l.c., 26
92) l.c., 16
93) l.c., 19
94) siehe Plügge (1962), 91 - 106
95) Steiner-Wegman 6, 14
96) Steiner 16, 611
97) Steiner-Wegman 6, 16
98) Steiner 4, 204 (Vortr. 24.7.24)
99) l.c., 203
100) Vonessen (1971), 517
101) Steiner 1, 68
102) Jores (1969), 13 ff.
103) Steiner-Wegman 6, 38
104) Steiner 1, 73 - 74
105) Steiner-Wegman 6, 39
106) Steiner 1, 55
107) zit. nach Schipperges (1969), 309
108) Steiner 1, 62
109) l.c., 64 - 65
110) l.c., 66
111) l.c., 66
112) l.c., 67 - 68
113) Steiner 4, 107 (Vortr. 15.11.23)
114) 1. c., 172 (Vortr. 21.7.24)
115) Steiner 4, 102 - 103 (Vortr. 15.11.23)
116) 1. c., 106
117) 1. c., 175 (Vortr. 21.7.24)
118) Steiner-Wegman 6, 74
119) 1. c., 74
120) 1. c., 89
121) 1. c., 90 - 92
122) Steiner 1, 36
123) 1. c., 37
124) Sollberger (1972), 111 - 112
125) Steiner 1, 37
126) 1. c., 37 - 38
127) 1. c., 38 - 39
128) 1. c., 39
129) Carus (1962), 279
130) s. bes. Steiner 1
131) vgl. Steiner 2, 48 - 49
132) Steiner 1, 41
133) 1. c., 42
134) 1. c., 42
135) 1. c., 44
136) 1. c., 44
137) 1. c., 46 - 47
138) 1. c., 50
139) 1. c., 333 - 334
140) 1. c., 332
141) z.B. Steiner 1, 352 - 358
Steiner-Wegman 6, 119 - 121
142) Steiner 4, 17 - 21
143) Steiner 2, 84 - 91
144) Steiner 1, 51
145) 1. c., 95
146) zit. nach Hemleben (1965), 157
147) Steiner 1, 79 - 80
148) 1. c., 79
149) 1. c., 83
150) Steiner 28, 40
151) Steiner 1, 42
152) 1. c., 118
153) 1. c., 115
154) Knapp (1970), 216
155) Steiner 1, 246
156) Steiner 3, 225 (Vortr. 7.4.20)
157) Knapp (1970), 214 und 222
158) Steiner 3, 227 (Vortr. 7.4.20.)
159) Steiner 12, 15
160) Steiner 20, 14
161) Steiner 3, 264 (Votum, Dornach 26.3.20)
162) Steiner 1, 256 - 257

163) Steiner 27
164) Steiner 3, 235 (Vortr. 7.4.20.)
165) Steiner 1, 258
166) 1. c., 257
167) Steiner 17, 156 - 157
168) Steiner 3, (Votum, Dornach 26.3.20)
169) Steiner 2, 113
170) Steiner 22, 118 - 132 (Vortr. 1.12.06)
171) Steiner 11, 306 - 307
172) 1. c., 378
173) 1. c., 378
174) Steiner 3, 240 (Vortr. 7.4.20)
175) Steiner 24, 209 - 211
176) zit. nach Leibbrand (1956), 70
177) Steiner 30, 9
178) Steiner-Wegman 6, 74
179) Steiner 1, 138
180) Steiner 30, 13
181) Steiner 22, 122
182) Steiner 1, 138
183) 1. c., 139
184) Steiner 4, 241 (Vortr. 29.8.24)
185) Steiner 1, 144
186) zit. nach Wolf (1968), 79
187) Steiner 22, 123
188) Steiner 30, 12 - 13
189) Portmann (1970), 70
190) Steiner 22, 124 - 125
191) Steiner 30, 13
192) zit. nach Maier (1964), 55
193) 1. c., 47
194) Steiner 22, 124
195) Steiner 3, 121 (Vortr. 27.10.22)
196) 1. c., 122
197) 1. c., 124
198) 1. c., 127
199) 1. c., 133
200) 1. c., 120 - 121
201) Steiner 1, 143
202) 1. c., 145
203) 1. c., 145
204) Steiner 5, 150 (Vortr. 21.4.24)
205) 1. c., 153
206) Steiner 3, 128 - 129 (Vortr. 27.10.22)
207) 1. c., 129 - 130
208) siehe Heydebrand (1965)
209) Steiner 22, 127
210) 1. c., 127
211) 1. c., 128
212) Steiner 1, 139
213) Holtzapfel (1960), 46
214) Steiner 1, 140
215) nach Holtzapfel (1960)
216) Steiner 5, 153 - 154 (Vortr. 21.4.24)
217) Holtzapfel (1960), 52
218) Steiner 3, 125 (Vortr. 27.10.22)
219) Steiner-Wegman 6, 42
220) Steiner 30, 21
221) Steiner 1, 309
222) Steiner 30, 22
223) Steiner 1, 155
224) Steiner 31, 191
225) Steiner 142 (Vortr. 28.10.22)
226) 1. c., 140
227) 1. c., 107 (Vortr. 27.10.22)
228) 1. c., 104
229) 1. c., 104
230) 1. c., 158 (Vortr. 28.10.22)
231) Steiner 31, 188
232) Steiner 11, 34
233) Steiner 31, 173 - 174
234) ausführlich dargestellt von Steiner-Wegman 6, im 8. - 11. Kapitel
235) siehe auch Mertz-Babucke (1971)
236) siehe Steiner-Wegman 6, 8. und 10. Kapitel
237) Steiner-Wegman 6, 55
238) 1. c., 62 - 63
239) 1. c., 56
240) 1. c., 57
241) Steiner 30, 1. Vortrag
242) Steiner-Wegman 6, 58
243) Steiner-Wegman 6, 67
244) siehe Stauffer (1955), 627 - 636
245) siehe Cremer (1971), 85 - 109 und Last (1972)
246) Steiner 19, 19 - 20
247) Steiner 3, 45 - 46 (Vortr. 9.10.20)
248) Steiner 1, 151
249) 1. c., 152
250) s. auch Stauffer (1955), 438 - 444
251) Steiner 1, 153

252) Steiner 3, 92 - 93 (Vortr. 26.10.22)
253) Steiner 31, 181
254) 1. c., 181 - 182
255) Steiner 1, 246 - 247
256) 1. c., 248
257) 1. c., 248
258) 1. c., 248 - 249
259) 1. c., 248
260) 1. c., 249
261) Steiner 3, 136 - 137 (Vortr. 27.10.22)
262) Steiner 1, 274
263) 1. c., 274
264) 1. c., 274
265) l.c., 250
266) Steiner 1, 111
267) l.c., 250 - 251
268) l.c., 252 - 253
269) Steiner 3, 138 (Vortr. 27.10.22)
270) Knapp (1970), 186
271) Steiner 4, 243 (Vortr. 29.8.24)
272) Steiner 26, 21
273) l.c., 26
274) l.c., 35
275) Jores 91
276) Steiner 26, 60
277) l.c., 80
278) Steiner 1, 141 - 142
279) Steiner 26, 63
280) l.c., 78
281) l.c., 105
282) Steiner 23, 217
283) l.c., 212 - 213
284) Steiner 26, 111
285) Vonessen (1971), 535
286) l.c., 538
287) Steiner 28, 42
288) Steiner (1972), 28
289) Steiner 26, 97
290) Steiner 29, 77
291) Schaefer (1971), 43
292) Steiner 1, 333 - 334
293) Steiner-Wegman 6, 31
294) l.c., 32

Literatur

1. *Das medizinische Werk Rudolf Steiners*

(Die angeführten Werke erschienen alle, soweit nicht anders vermerkt, im Rahmen der Gesamtausgabe (=GA) im Rudolf-Steiner-Verlag Dornach/Schweiz).

Vorträge:

1 *Geisteswissenschaft und Medizin.* 20 Vorträge, Dornach vom 21.3. - 9.4.1920, hrsg. von H.W. Zbinden. 3. Aufl. Dornach 1961 (GA 312)

2 *Geisteswissenschaftliche Gesichtspunkte zur Therapie.* 9 Vorträge, Dornach vom 11. - 18.4.1921, hrsg. von H.W. Zbinden. 3. Aufl. Dornach 1963 (GA 313)

3 *Physiologisch-Therapeutisches* auf Grundlage der Geisteswissenschaft. Zur Therapie und Hygiene, hrsg. von H.W. Zbinden. Dornach 1965 (GA 314)

4 *Anthroposophische Menschenerkenntnis und Medizin.* 11 Vorträge, gehalten in verschiedenen Städten zwischen dem 28.8.1923 und dem 29.8. 1924, hrsg. von W. Belart und H.W. Zbinden. Dornach 1971 (GA 319)

5 *Meditative Betrachtungen und Anleitungen zur Vertiefung der Heilkunst.* Vorträge für Ärzte und Medizinstudierende. Hrsg. von H.W. Zbinden. Dornach 1967 (GA 316)

Schriften:

6 *Grundlegendes für eine Erweiterung der Heilkunst* nach geisteswissenschaftlichen Erkenntnissen. Erster Teil. Verfasst mit Dr. Ita Wegman. Dornach 1925 / 4. Aufl. 1972 (GA 27). Zitate nach der 1. Auflage

2. *Werke Rudolf Steiners, die in der vorliegenden Arbeit besondere Beachtung fanden:*
Schriften:

7 *Grundlinien einer Erkenntnistheorie der Goetheschen Weltanschauung* mit besonderer Rücksicht auf Schiller. Berlin und Stuttgart 1886 / 6. Aufl. Dornach 1960 (GA 2)

8 *Wahrheit und Wissenschaft.* Vorspiel einer "Philosophie der Freiheit". Weimar 1892 / 4. Aufl. Dornach 1958 (GA 3)

9 *Die Philosophie der Freiheit.* Grundzüge einer modernen Weltanschauung. Seelische Beobachtungsresultate nach naturwissenschaftlicher Methode. Berlin 1894 / 13. Aufl. Dornach 1972 (GA 4)

10 *Goethes Weltanschauung.* Weimar 1897 / 5. Aufl. Dornach 1961 (GA 6)

11 *Theosophie.* Einführung in übersinnliche Welterkenntnis und Menschenbestimmung. Berlin 1904 / 29. Aufl. Dornach 1972 (GA 9)

12 *Wie erlangt man Erkenntnisse höherer Welten?* (1. Teil) Erstmals erschienen als Aufsätze in der Zeitschrift "Luzifer-Gnosis" (Nr. 13 - 28) Berlin 1904 - 05. 21. Auflage Dornach 1972 (GA 10)

13 *Die Stufen der höheren Erkenntnis.* Zuerst erschienen in der Zeitschrift "Luzifer-Gnosis" in den Nummern 29, 30, 32, 34 und 35 (Okt. 1905 - Mai 1908). 5. Aufl. Dornach 1959 (GA 12)

14 *Anthroposophie.* Ein Fragment aus dem Jahre 1910. Dornach 1951 / 2. erweit. Aufl. Dornach 1970 (GA 45)

15 *Die Geheimwissenschaft im Umriss.* Leipzig 1910 / 28. Aufl. Dornach 1968 (GA 13)

16 *Die Rätsel der Philosophie* in ihrer Geschichte als Umriß dargestellt. 1. Aufl. Berlin 1914. Zugleich neue Ausgabe des Werkes "Welt und Lebensanschauungen im 19. Jahrhundert" (Band 1, 1900, Band 2, 1901). 8. Aufl. Dornach 1968 (GA 18)

17 *Vom Menschenrätsel.* Ausgesprochenes und Unausgesprochenes im Denken, Schauen, Sinnen einer Reihe deutscher und österreichischer Persönlichkeiten. Berlin 1916 / 4. Aufl. Dornach 1957 (GA 20)

18 *Von Seelenrätseln.* Berlin 1917 / 3. Aufl. Dornach 1960 (GA 21). Zitate nach der 1. Auflage

19 *Aphorismen.* West-Ost-Aphorismen. Psychologische Aphorismen. Erste Veröffentlichung in der Wochenschrift "Das Goetheanum", 1. Jahrgang, Nr. 45 - 47, Juni / Juli 1922. Sonderdruck aus "Der Goetheanumgedanke inmitten der Kulturkrisis der Gegenwart". Ges. Aufsätze 1921 - 1925. Dornach 1971

20 *Anthroposophische Leitsätze.* Der Erkenntnisweg der Anthroposophie. Das Michael-Mysterium. Erstdruck in der Wochenschrift "Was in der Anthroposophischen Gesellschaft vorgeht. Nachrichten für deren Mitglieder". 1. und 2. Jahrgang, 17.2.24 bis 12.4.1925. 5. Aufl. Dornach 1962 (GA 26)

21 *Mein Lebensgang.* Hrsg. von M. Steiner. Erstmals erschienen in der Wochenschrift "Das Goetheanum" Dornach 1923 - 1925; (1. Buchausgabe) Dornach 1925 / 7. Auflage Dornach 1972 (GA 28)

Vorträge:

22 *Die Erziehung des Kindes vom Standpunkt der Geisteswissenschaft.* Vortrag vom 1.12.1906 in Köln. Abgedruckt in "Luzifer-Gnosis" (s. GA 34) und zahlreiche Einzelausgaben

23 *Geisteswissenschaftliche Menschenkunde.* 19 Vorträge in Berlin vom 19.10.1908 bis 17.6.1909, hrsg. von J. Waeger und H.W. Zbinden. Berlin 1915. 2. Aufl. um 11 Vorträge erweitert, Dornach 1959 (GA 107)

24 *Gesundheitsfragen im Lichte der Geisteswissenschaft.* Vortrag vom 14.1.1909 in Berlin. Erschienen in: Wo und wie findet man den Geist? 18 öffentl. Vorträge zwischen dem 15.10.1908 und 6.5.1909 in Berlin. 1. Aufl. in dieser Zusammenstellung Dornach 1961 (GA 57)

25 *Anthroposophie, Psychosophie, Pneumatosophie.* 12 Vorträge in Berlin zwischen dem 23.10.1909 und 16.12.1911. Dornach 1931 / 2. Aufl. Dornach 1965 (GA 115)

26 *Die Offenbarungen des Karma.* Elf Vorträge in Hamburg zwischen dem 16. und 28.5.1910. Berlin 1911 / 4. Aufl. Dornach 1956 (GA 120)

27 *Eine okkulte Physiologie.* Acht Vorträge in Prag vom 20. - 28.3.1911. Dornach 1927/ 2. Aufl. Dornach 1957 (GA 128)

28 *Die geisteswissenschaftlichen Grundlagen der leiblichen und seelischen Gesundheit.* Vortrag in Basel am 6.1.1920. Erschienen in: Geisteswissenschaft und die Lebensforderungen der Gegenwart. Vorträge aus dem Jahre 1920. Heft I hrsg. von H.E. Lauer. 1. Aufl. Dornach 1950

29 *Grenzen der Naturerkenntnis.* 8 Vorträge in Dornach vom 27.9. bis 3.10.1920. Dornach 1939 / 4. Aufl. Dornach 1969 (GA 322)

30 *Zeitgemäße Erziehung im Kindheits- und Jugendalter.* 2 Vorträge gehalten in London am 19. und 20.11.1922. Sonderdruck aus GA 218

31 *Der Mensch als Zusammenklang des schaffenden, bildenden und gestaltenden Weltenwortes.* 12 Vorträge in Dornach vom 19.10. bis 11.11.1923. 1. Aufl. Dornach 1931, 3. Aufl. Dornach 1958 (GA 230)

32 *Heilpädagogischer Kurs.* 12 Vorträge in Dornach vom 25.6. bis 7.7.1924. 1. Aufl. (Manuskriptdruck) Dornach o.J., 3. Aufl. Dornach 1965 (GA 317).

33 *Geistige Zusammenhänge in der Gestaltung des menschlichen Organismus.* Sechzehn Vorträge im Jahre 1922 in verschiedenen Städten. Dornach 1972 (GA 218)

3. *Sekundärliteratur zum medizinischen Werk Rudolf Steiners:*

Husemann, Friedrich: Das Bild des Menschen als Grundlage der Heilkunst. Entwurf einer geisteswissenschaftlich orientierten Medizin. 1. Bd. Zur Anatomie und Physiologie. 4. Aufl. Stuttgart 1967.

- - 2. Bd. Zur Pathologie und Therapie. Unter Mitarbeit verschiedener Autoren. Stuttgart 1956, 2. Auflage Stuttgart 1974

Sieweke, Herbert: Anthroposophische Medizin. Studien zu ihren Grundlagen. Dornach 1959.

Sieweke, Herbert: Gesundheit und Krankheit als Verwirklichungsformen menschlichen Daseins. Anthroposophische Medizin. Studien zu ihren Grundlagen. 2. Teil. Dornach 1967.

4. *Sonstige Literatur*

Adorno, Theodor W.: Erziehung zur Mündigkeit. Vorträge und Gespräche mit Hellmut Becker 1959 - 1969. Hrsg. von Gerd Kadelbach. Frankfurt, 16. - 30. Tsd. 1972.

Angst, Jules: Die Leerpräparate in der medizinischen Therapie und Forschung. Universitas 10 (1969), 1069 - 1076.

Arendt, Hannah: Macht und Gewalt. München 1970.

Babucke, G. und Mertz, D.P.: Epidemiologie und klinisches Bild der primären Gicht. Beobachtungen zwischen 1948 und 1968. Münchner Med. Wschr. 16 (1971), 617 - 624.

Berghoff, Emanuel: Entwicklungsgeschichte des Krankheitsbegriffs. Wiener Beiträge zur Geschichte der Medizin. Hrsg. von E. Berghoff, Band I, Wien 1947.

Blechschmidt, Erich: Vom Ei zum Embryo. Die Gestaltungskraft des menschlichen Keims. Eine Einführung in die Humanembryologie. Hamburg 1970.

Bochenski, I.M.: Die zeitgenössischen Denkmethoden. 4. Aufl. Bern 1969.

Buytendijk, F.J.J.: Das Menschliche. Wege zu seinem Verständnis. Stuttgart 1958.

Buytendijk, F.J.J.: Prolegomena einer anthropologischen Physiologie. Salzburg 1967.

Buytendijk, F.J.J.: Mensch und Tier. Ein Beitrag zur vergleichenden Psychologie. 3. Aufl. Hamburg 1970.

Carus, Carl Gustav: Symbolik der menschlichen Gestalt. Ein Handbuch zur Menschenkenntnis. 1. Aufl. 1852. Fotomech. Nachdruck der 2. Aufl. Leipzig 1858. Darmstadt 1962.

Cremer, Hans-Dietrich: Malnutrition. Möglichkeiten zur Objektivierung verschiedener Formen von Malnutrition und ihrer Folgen, insbesondere für das Nervensystem. In: Grundfragen der Ernährungswissenschaft hrsg. von H.-D. Cremer. Freiburg 1971.

Doerr, W.: Anthropologie des Krankhaften aus der Sicht des Pathologen. In: Neue Anthropologie Bd. 2 hrsg. von H.G. Gadamer und P. Vogler, Biologische Anthropologie 2. Teil. Stuttgart 1972.

Gebhardt, Karl-Heinz: Krebs — Krankheit unserer Zeit. In: Medizin heute. Krankheiten als Probleme unserer Zeit. Hrsg. von W. Kirchesch. München 1971.

Grohmann, Gerbert: Die Pflanze als dreigliedriges Wesen in ihren Wechselbeziehungen zu Erde und Mensch. Hrsg. von der Naturw. Sektion der Freien Hochschule für Geisteswissenschaft am Goetheanum in Dornach. Stuttgart — Den Haag — London 1929.

Gumpert, Martin: Hahnemann. Die abenteuerlichen Schicksale eines ärztlichen Rebellen und seiner Lehre, der Homöopathie. Konstanz 1949.

Habermas, Jürgen: Technik und Wissenschaft als "Ideologie". 3. Aufl. Frankfurt a.M. 1969.

Hartmann, Fritz: Begriff und Funktion der Diagnose. Einfluß moderner ärztlicher Informatik. Münchner Med. Wschr. 4 (1972) 117 - 126.

Hauschka, Rudolf: Heilmittellehre. Ein Beitrag zu einer zeitgemäßen Heilmittelerkenntnis. Unter Mitwirkung von M. Hauschka. Frankfurt a.M. 1965.

Heitler, Walter: Der Mensch und die naturwissenschaftliche Erkenntnis. 3. Aufl. Braunschweig 1964.

Heitler, Walter: Naturwissenschaft ist Geisteswissenschaft. Zürich 1972.

Heisenberg, Werner: Das Naturbild der heutigen Physik. 15. Aufl. Hamburg 1970.

Heisenberg, Werner: Schritte über Grenzen. Gesammelte Aufsätze. München 1971.

Hemleben, Johannes: Rudolf Steiner und Ernst Haeckel. Stuttgart 1965.

Hengstenberg, Hans-Eduard: Die Frage nach verbindlichen Aussagen in der gegenwärtigen philosophischen Anthropologie. In: Philosophische Anthropologie heute. München 1972.

Heydebrand, Caroline von: Vom Lehrplan der freien Waldorfschule. (Neudruck) Stuttgart 1965.

Hiltner, Gerhard: Rudolf Virchow. Ein weltgeschichtlicher Brennpunkt im Werdegang von Naturwissenschaft und Medizin. Stuttgart 1970.

Holtzapfel, Walter: Krankheitsepochen der Kindheit. Schriften der Pädag. Forschungsstelle beim Bund der freien Waldorfschulen, Bd. 11 Stuttgart 1960.

Jaspers, Karl: Philosophische Aufsätze. Frankfurt a.M. und Hamburg 1967.

Jores, Arthur: Um eine Medizin von morgen. Beiträge zur ärztlichen Besinnung auf den ganzen Menschen. Bern und Stuttgart 1969.

Jores, Arthur: Der Mensch und seine Krankheit. 4. Aufl. Stuttgart 1970.

Keller, Wilhelm: Einführung in die philosophische Anthropologie. München 1971.

Knapp, Guntram: Mensch und Krankheit. Stuttgart 1970.

König, Karl: Die Schicksale Sigmund Freuds und Josef Breuers. Studien und Versuche 3. Stuttgart 1962.

König, Karl: Sinnesentwicklung und Leiberfahrung. Heilpädag. Gesichtspunkte zur Sinneslehre Rudolf Steiners. Hrsg. von G. v. Arnim. Stuttgart 1971.

Kütemeyer, Wilhelm: Die Krankheit in ihrer Menschlichkeit. Göttingen 1963.

Laing, Ronald D.: Phänomenologie der Erfahrung. 4. Aufl. Frankfurt 1971.

Last, G.: Astronauten-Diät. Münchner Med. Wschr. 4 (1972), 147 - 153.

Lauer, Hans Erhard: Die zwölf Sinne des Menschen. Umrisse einer neuen, vollständigen und systematischen Sinneslehre, auf Grundlage der Geistesforschung Rudolf Steiners. Basel 1953.

Leibbrand, Werner: Die spekulative Medizin der Romantik. Hamburg 1956.

Leiste, Heinrich: Vom Wesen der Meditation. 3. Aufl. Dornach/Schweiz 1963.

Leiste, Heinrich: Ein Beitrag zur anthroposophischen Hochschulfrage. Selbstverlag Dornach/Schweiz 1970.

Lippert, Herbert: Einführung in die Pharmakopsychologie. München 1972.

Lippross, Otto: Medizin und Heilerfolg. Logik und Magie in der Medizin. Frankfurt 1971.

Lüth, Paul: Ansichten einer künftigen Medizin. München 1971.

Maier, Willi: Das Problem der Leiblichkeit bei J.P. Sarte und M. Merleau-Ponty. Forschungen zur Pädagogik und Anthropologie hrsg. von O.F. Bollnow, W. Flitner und A. Nitschke. 7. Bd. Tübingen 1964.

Merleau-Ponty, Maurice: Phänomenologie der Wahrnehmung. 1. Aufl. aus dem Franz. übersetzt von R. Boehm, Berlin 1966.

Merleau-Ponty, Maurice: Das Auge und der Geist. Philosophische Essays. Hrsg. und übersetzt von H.W. Arndt. Hamburg 1967.

Mertz, D.P. und Babucke, G.: Epidemiologie und klinisches Bild der primären Gicht. Beobachtungen zwischen 1948 und 1968. Münchner Med. Wschr. 16 (1971), 617 - 614.

Meyer, Ernst: Rudolf Virchow. Wiesbaden 1956.

Palmer, Otto: Rudolf Steiner über seine "Philosophie der Freiheit". Monographie eines Buches. Stuttgart 1966.

Parsons, T.: Definition von Gesundheit und Krankheit im Lichte der Wertbegriffe und der sozialen Struktur Amerikas. In: Der Kranke in der modernen Gesellschaft hrsg. von A. Mitscherlich, T. Brocher, O. v. Mering, K. Horn. 3. Aufl. Köln-Berlin 1970.

Philosophische Anthropologie heute. Hrsg. von R. Rocek und O. Schatz. München 1972.

Plessner, Helmuth: Philosophische Anthropologie. Lachen und Weinen. Das Lächeln. Anthropologie der Sinne. Hrsg. von Günter Dux. Frankfurt a.M. 1970.

Plügge, Herbert: Wohlbefinden und Mißbefinden. Beiträge zu einer medizinischen Anthropologie. Forschungen zur Pädagogik und Anthropologie hrsg. von O.F. Bollnow, W. Flitner und A. Nitschke, Bd. 4. Tübingen 1962.

Plügge, Herbert: Vom Spielraum des Leibes. Klinisch-phänomenologische Erwägungen über "Körperschema" und "Phantomglied". Salzburg 1970.

Portmann, Adolf: Um das Menschenbild. Biologische Beiträge zu einer Anthropologie. Stuttgart 1970.

Ricoeur, Paul: Phänomenologie der Leiblichkeit. In: Die Leiblichkeit des Menschen in einer anthropologischen Medizin. IX. Intern. Karwochenseminar in Obertraun / Austria. Hrsg. von IMA-International Medical Congress in Austria, Wien 1965. (Eigene Vervielfältigung).

Sartre, Jean Paul: Der Leib. Ein Kapitel aus "Das Sein und das Nichts". Beitr. zur Sexualforschung hrsg. von H. Bürger-Prinz und H. Giese, 9. Heft. Stuttgart 1956.

Sieweke, Herbert: Von den Heilprinzipien Rudolf Steiners. In: Der Beitrag der Geisteswissenschaft zur Erweiterung der Heilkunst. Ein anthroposophisch-medizinisches Jahrbuch hrsg. von der Freien Hochschule für Geisteswissenschaft Goetheanum Dornach / Schweiz. Dornach - Basel 1950.

Sieweke, Herbert: Der Begriff der Krankheit bei Rudolf Steiner (1861 - 1925). In: Der Beitrag der Geisteswissenschaft zur Erweiterung der Heilkunst. Ein anthroposophisch-medizinisches Jahrbuch Bd. 3 hrsg. von der Freien Hochschule für Geisteswissenschaft Goetheanum Dornach / Schweiz. Stuttgart 1952.

Sieweke, Herbert: Von der menschlichen Bewegung. In: Arzt und Heileurythmie. Hrsg. von der Medizinischen Sektion am Goetheanum. Schriftenreihe: Geisteswissenschaftliche Beiträge zur Medizin der Gegenwart. Dornach / Schweiz 1972.

Sieweke-Opitz, Renate: Die Idee der Medizin bei C.G. Carus. In: Der Beitrag der Geisteswissenschaft zur Erweiterung der Heilkunst. Ein anthroposophisch-medizinisches Jahrbuch Bd. 3 hrsg. von der Freien Hochschule für Geisteswissenschaft Goetheanum Dornach / Schweiz. Stuttgart 1952.

Simonis, Werner Christian: Die Ernährung des Menschen. 2. Aufl. Stuttgart 1971.

Snow, Charles P.: Die zwei Kulturen. In: Literarische und naturwissenschaftliche Intelligenz. Dialog über die "zwei Kulturen" hrsg. von H. Kreuzer unter Mitarbeit von W. Klein. Stuttgart 1969.

Sollberger, A.: Biologische Rhythmusforschung. In: Neue Anthropologie Bd. 1 hrsg. von H.G. Gadamer und P. Vogler, Biologische Anthropologie 1. Teil. Stuttgart 1972.

Schaefer, Hans: Die Medizin in unserer Zeit. Theorie, Forschung, Lehre. 2. Aufl. München 1963.

Schaefer, Hans: Leib, Geist, Gesellschaft. Aspekte einer Biologie des Menschen. München 1971.

Scheler, Max: Die Stellung des Menschen im Kosmos. 7. Aufl. Bern 1966.

Schipperges, Heinrich: Utopien der Medizin. Geschichte und Kritik der ärztlichen Ideologie des 19. Jahrhunderts. Salzburg 1968.

Schipperges, Heinrich: Welt und Mensch bei Paracelsus. In: Antaios, Bd. XI/4 Stuttgart 1969 (293 - 320).

Schipperges, Heinrich: Moderne Medizin im Spiegel der Geschichte. Stuttgart 1970.

Schöffler, Heinz Herbert: Kind im Wandel des Jahrhunderts. Ein Kinderarzt zur Situation. Stuttgart 1971.

Schumacher, Josef: Die Anfänge abendländischer Medizin in der griechischen Antike. Stuttgart 1965.

Stauffer, Karl: Klinische Homöopathische Arzneimittellehre. 4. Aufl. Bearbeitet von M. Schlegel. Regensburg 1955.

Treichler, Rudolf: Vom Wesen der Hysterie. Schriftenreihe hrsg. von der Arbeitsgemeinschaft anthroposophischer Ärzte, Stuttgart, Bd. 6. Stuttgart 1964.

Vogler, Paul: Disziplinärer Methodenkontext und Menschenbild. In: Anthropologie Bd. 1 hrsg. von H.G. Gadamer und P. Vogler, Biologische Anthropologie 1. Teil. Stuttgart 1972a.

Vogler, Paul: Theorienbildung in der Medizin und die Lehre von den Grundfunktionen. In: Neue Anthropologie Bd. 2, Biologische Anthropologie 2. Teil. Stuttgart 1972b.

Vonessen, Franz: Krankheit und Freiheit. In: Antaios, hrsg. von M. Eliade und E. Jünger, Bd. XII/6, Stuttgart 1971 (509 - 539).

Wege der Meditation — heute. Information und Diskussion. Hrsg. von U. v. Mangoldt. Weilheim / Obb. 1970.

Weizsäcker, Carl Friedrich von: Die Tragweite der Wissenschaft. 1. Bd. Schöpfung und Weltentstehung. 2. Aufl. Stuttgart 1966.

Weizsäcker, Carl Friedrich von: Die Einheit der Natur. Studien. München 1971.

Weizsäcker, Viktor von: Der Gestaltkreis. Theorie der Einheit von Wahrnehmen und Bewegen. 3. Aufl. Stuttgart 1947.

Weizsäcker, Viktor von: Diesseits und Jenseits der Medizin. Arzt und Kranker / Neue Folge. 2. Aufl. Stuttgart 1950.

Weizsäcker, Viktor von: Gestalt und Zeit. Göttingen 1960.

Wolf, Heinz: Frühes Lesen — ein Anschlag auf die Kinderseele. In: Programmiertes Lernen — Kein Weg für unsere Kinder. Zürich 1968 (61 - 83).

Menschenwesen und Heilkunst
Schriftenreihe, herausgegeben von der Arbeitsgemeinschaft anthroposophischer Ärzte, Stuttgart

1 **Vom Wesen der Epilepsie**
Von Rudolf Treichler (z.Z. vergriffen)

2 **Niere und Nierensteinkrankheit**
Von Walter Bopp. 45 Seiten, kartoniert

3 **Eisen und Anämie**
Von Walter Bopp. 43 Seiten, kartoniert

4 **Arzneitiere**
Ihr Wesen und ihre biologischen Funktionen unter therapeutischen Gesichtspunkten.
Von Werner Christian Simonis.
166 Seiten, 16 Tafeln, Zeichnungen, kartoniert

5 **Erdengebärde und Menschengestalt**
Das Zinn in Erde und Mensch. Von Gisbert Husemann.
265 Seiten, mit zahlreichen Abbildungen, Leinen

6 **Vom Wesen der Hysterie**
Von Rudolf Treichler. 51 Seiten, kartoniert

7 **Der schizophrene Prozeß**
Beiträge zu einer erweiterten Pathologie und Therapie.
Von Rudolf Treichler.
223 Seiten, Leinen

8 **Das erste Auge**
Ein Bild des Zirbelorgans aus Naturwissenschaft, Anthroposophie, Geschichte und Medizin. Von Dietrich Boie.
126 Seiten, 18 Abb. auf Tafeln und im Text, kartoniert

9 **Mistel und Krebs**
Eine anthroposophisch-medizinische Studie zur Misteltherapie des Krebses. Von Dietrich Boie.
144 Seiten, bibliogr. Übersicht, 21 Abb., kartoniert

10 **Rudolf Virchow**
Ein weltgeschichtlicher Brennpunkt im Werdegang von Naturwissenschaft und Medizin. Von Gerhard Hiltner.
101 Seiten mit Abbildungen, kartoniert

11 **Grundlagen der Potenzforschung**
Von Theodor Schwenk. 2. Auflage, 90 Seiten, kartoniert

VERLAG FREIES GEISTESLEBEN STUTTGART

DAS BILD DES MENSCHEN ALS GRUNDLAGE DER HEILKUNST

Entwurf einer geisteswissenschaftlich orientierten Medizin

Band I: **Zur Anatomie und Physiologie**
Von Friedrich Husemann. 7. Auflage.
288 Seiten, Leinen.

Band II: **Zur Pathologie und Therapie**
Begründet von Friedrich Husemann.
Neu herausgegeben und bearbeitet von Otto Wolff.
1. Halbband: XI, 305 Seiten, Leinen
Mit Beiträgen von F. Husemann, W. Holtzapfel, W. Kaehlin, H. Klimm, H. Matthiolius, W. Pelikan, A. Selawry, W. Spieß und O. Wolff.
2. Halbband: ca. 600 Seiten, Leinen.
Mit Beiträgen von M. Hauschka, F. Husemann, I. Knauer, R. Leroi, K. Magerstädt, E. J. Thiel, R. Treichler und O. Wolff.

»Das Bild des Menschen als Grundlage der Heilkunst« ist das Standardwerk einer geisteswissenschaftlich erweiterten Heilkunst, Lehrbuch und Kompendium der anthroposophischen Medizin.
»Ohne Übertreibung kann man dieses Werk als einen Markstein auf dem Wege der Medizin bezeichnen, die Fülle der errungenen Einzelforschungen zu einer Ganzheit zusammenzuschauen und ein umfassendes Bild des Menschen dem ärztlichen Handeln zugrunde zu legen . . . Es ist dem Verfasser gelungen aufzuzeigen, dass die anthroposophische Medizin der modernen Wissenschaft nicht widerspricht, dagegen über viele Tatsachen verfügt, welche erst durch die anthroposophische Betrachtung in einen verständlichen Zusammenhang gebracht werden können. . .«

Hippokrates